国家社会科学基金项目资助

在"错配"中增长

人力资本错配和形成

Growth in Misallocation
The Formation and Misallocation of Human Capital

李静 著

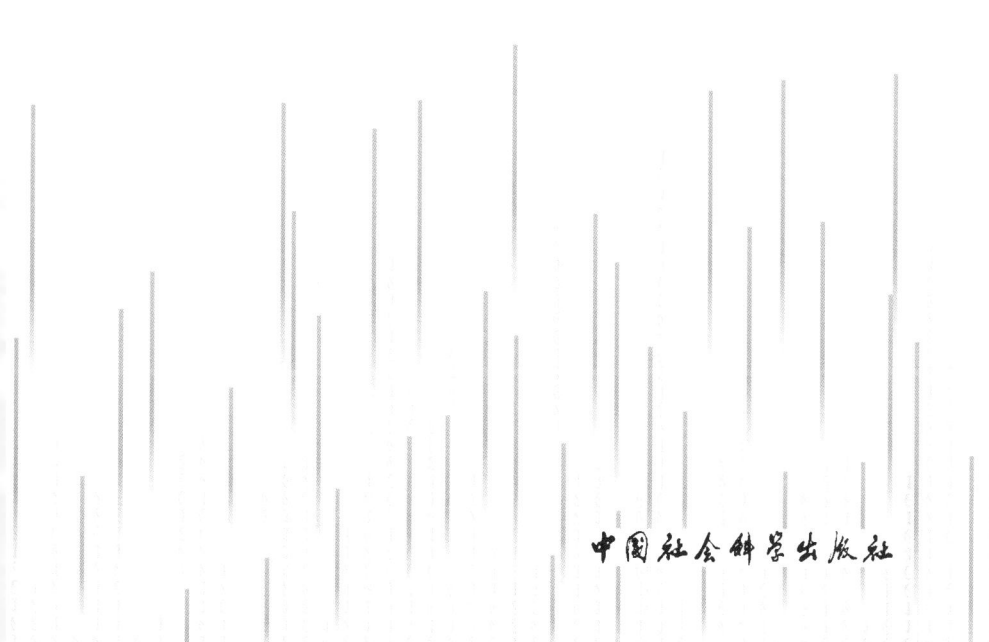

中国社会科学出版社

图书在版编目(CIP)数据

在"错配"中增长:人力资本错配和形成/李静著.—北京:中国社会科学出版社,2023.7
ISBN 978-7-5227-2834-6

Ⅰ.①在… Ⅱ.①李… Ⅲ.①人力资本—研究—中国 Ⅳ.①F249.21

中国国家版本馆 CIP 数据核字(2023)第 240640 号

出 版 人	赵剑英
责任编辑	王 曦
责任校对	殷文静
责任印制	戴 宽

出　　版	中国社会科学出版社
社　　址	北京鼓楼西大街甲 158 号
邮　　编	100720
网　　址	http://www.csspw.cn
发 行 部	010-84083685
门 市 部	010-84029450
经　　销	新华书店及其他书店

印刷装订	北京君升印刷有限公司
版　　次	2023 年 7 月第 1 版
印　　次	2023 年 7 月第 1 次印刷

开　　本	710×1000　1/16
印　　张	21.75
插　　页	2
字　　数	188 千字
定　　价	119.00 元

凡购买中国社会科学出版社图书,如有质量问题请与本社营销中心联系调换
电话:010-84083683
版权所有 侵权必究

目 录

导 论 ………………………………………… 1

第一章 学术史梳理和研究动态 ……………… 10
第一节 学术史梳理 …………………………… 10
第二节 人力资本与"新卡尔多事实" ………… 16
第三节 人力资本错配的相关研究 …………… 19
第四节 转型期人力资本配置及其

经济增长 ……………………………… 27

第二章 我国人力资本发展、特征分析及其

国际比较 ……………………………… 32
第一节 人力资本发展及其特征分析 ………… 38
第二节 人力资本发展的国际比较 …………… 50
第三节 人力资本结构特征国际比较 ………… 58

第三章　人力资本错配形成的现实背景与特征事实 …… 68

第一节　人力资本错配形成的现实背景 …… 68

第二节　人力资本错配的特征事实 …… 73

第四章　人力资本供需结构 …… 85

第一节　专业需要与高校专业方向错配度 …… 88

第二节　专业需要与高校专业方向错配度的动态变化 …… 93

第三节　小结与启示 …… 100

第五章　人力资本错配测度及其对产出的影响 …… 102

第一节　行业人力资本错配模型的构建 …… 106

第二节　人力资本价格扭曲与错配度测算结果 …… 114

第三节　人力资本错配对行业产出的影响程度 …… 128

第四节　消除行业人力资本错配对总产出提升的影响程度 …… 137

第五节　小结与启示 …… 139

第六章　人力资本错配理论机制及其经济稳增长难题　144

第一节　人力资本错配形成的理论分析　149

第二节　政府规制与人力资本错配的解决　160

第三节　纠正人力资本错配与经济稳增长　166

第四节　小结与启示　175

第七章　人力资本错配下的经济高质量增长困境　178

第一节　基于产业维度的分析　185

第二节　基于消费增长维度的分析　199

第三节　基于技术创新维度的分析　206

第四节　基于生态发展维度的分析　214

第五节　小结与启示　223

第八章　人力资本错配微观基础与创新驱动战略　230

第一节　完备契约下的市场均衡　234

第二节　不完备契约下的人力资本错配　249

第三节　提高技术应用效率与推动人力资本有效配置　252

第四节　小结与启示 ………………………… 259

第九章　产业结构差异下的增长路径与人力资本错配下的占优决策 …………… 263
第一节　产业结构差异下的增长路径 ………… 269
第二节　人力资本错配下的占优决策 ………… 279
第三节　小结与启示 ………………………… 284

第十章　人力资本错配下顺序选择：自主创新抑或产业升级？ ………………… 287
第一节　基于互补关系的实证模型 …………… 287
第二节　自主创新和产业升级之间先后顺序 ………………………… 289
第三节　小结与启示 ………………………… 296

第十一章　主要结论和政策含义 ……………… 299
第一节　主要结论 …………………………… 299
第二节　政策含义 …………………………… 306

参考文献 …………………………………………… 313

后　　记 …………………………………………… 338

导　　论

一　本书的写作背景和内容框架

现阶段，中国人力资本在数量上虽已达到足够规模，但传统赶超模式下引起的人力资本错配严重地影响了中国"转方式，调结构"战略实施成功的可能性，并成为阻碍中国经济高质量增长的重要因素。比如，大学及以上学历劳动者大量进入并沉积在非市场化的事业单位和被政府所监管的电信、金融、交通业及公共服务部门，而事业单位体制和管制制约了人力资本生产效率的发挥，出现了全社会平均受教育年限较短和部分行业教育过度并存的现象。人力资本在不完备要素市场上不可避免地出现错配，然而，纠正人力资本错配面临两难困境：根据新古典理论，错配可以是"次优"结果，纠正错配带来的增长潜力往往不足以弥补付出的成本，甚至经济增长面临下行的压力。但考虑到未来增长模式的重塑，人力资本错配又将成为实现经济高质量增长的阻力，需要制定政策予以纠正。因此，解决人力资本错配问题是经济增长面临的一个"难题"。本书将重点从"一点四面"的基本认识出发：第一，着重考察国家通过纠正人力资本错配实现经济高质量增长的可行性和动力转换路径；第二，将中国的现实与理论相结合，以经济高质量增长为目标纠正错配的短期战略问题，设计转型所需的激励规制政策。具体内容如下。

第一，利用多种方法测算人力资本存量，对中国人力资本规模、增速进行测算分析，找出人力资本规模与积累的特点，通过与美国（老牌发达国家且经济体量接近）、印度（发展水平接近）、韩国（高速发展国家）人力资本规模结构进行比较，指出高质量发展逻辑下用人力资本指标衡量经济发展水平的必要性，并提出促进中国人力资本发展的政策建议。

第二，分析人力资本错配形成机制与特征事实。在人力资本错配形成机制方面，主要考察现阶段经济发展模式和制度结构引致人力资本错配、人力资本被动分割形成人力资本错配、人力资本供需结构失衡形成人力资本错配，以及纵向干预与横向竞争矛盾下的人力资本错配等。在人力资本错配特征分析方面，主要考察行业人力资本分布情况、各行业的相对工资水平、与广义人力资本积累相关的知识消费水平、研发人员与研发资本投入错配、人力资本与未来的新型产业结构错配、专业人力资本形成过程和产业结构升级过程的错配，以及体现在工作强度和效率上的错配等。

第三，从人力资本错配如何影响总产出的视角，尝试对中国19个行业中的人力资本错配问题做全面探讨。这一部分将回答如下三个问题：①中国行业间人力资本错配程度有多大，呈现怎样的变化趋势？②行业间人力资本错配对行业产出的影响程度如何？③行业间人力资本错配阻碍了人力资本从低效率的行业转移到生产率高的行业，对中国经济总产出的影响如何？

第四，讨论为什么解决技术生产部门（中间品部门）和最终产品部门之间发生的人力资本错配，是中国经济稳增长政策面临的难题。同时，基于"新卡尔多事实"，把信息共享和知识传递作为有效引致创新部门内部初始知识积累与整个社会人力资本积累适宜匹配，从而实现创新和经济稳定增长的实施条件。

第五，分析人力资本错配对经济高质量增长"四面"的影响。从产业结构上，构建一般均衡理论模型和实证研究框架，探讨人力资本与产业结构错配时的比较优势问题；从消费增长上，构建一个包含公共部门和生产部门的两部门模型，从消费的角度分析公共部门和生产部门之间人力资本比例失衡对消费增长的作用机制，进而分析人力资本专业化比例失衡对消费升级可持续性的非对称作用机制，揭示人力资本配置失衡促使消费升级冲击消弭的动态过程；从技术创新上，基于中性技术进步和偏向性技术进步两个维度，考察人力资本和研发投入匹配与技术进步之间的经验关系，从理论和经验两个方面给出理解产生研发投入"索洛悖论"这一反常结果的形成机制，进而引入人力资本弱流动性假说，检验平稳错配对创新动力产生的负面影响；从生态发展效益上，通过构建增长模型，分析创新部门人力资本缺失对生态发展影响的内在机制，摸清惯常资本运作通过加深人力资本错配对生态效益的抑制程度和矫正办法。

第六，以人力资本配置为切入点，刻画企业研发投入与技术应用效率的均衡选择，以及由其决定的最优增长路径，探讨经济高质量发展创新驱动的微观基础。理论模型将人力资本错配定义为企业生产中的"高技术劳动力从事低技术性生产"现象，得出三个主要结论。①在企业完备契约情景中，如果社会技术水平和技术应用效率都较低，人力资本错配可能是短期市场竞争的均衡结果。②在一定的历史条件下，如果技术应用效率足够有效，那么提高技术应用效率是经济增长过程中的必然趋势，且技术应用效率的提升可以有效解决企业人力资本错配问题。③在企业不完备契约情景中，如果企业仅依靠市场均衡来处理人力资本错配问题，那么其对短期经济增长率的提升，可能比通过提高企业技术应用效率带来的增长率要低。在上述结论的基础上，理论模型还比较了通过市场性政策优化人力资本配置以促进经济增长与以国家创新驱动战略为抓手推动经济增长这两种政策的效果，发现后者对应的均衡发展路径明显优于前者。

第七，从理论上分析经济转型和产业结构调整间的必然联系。基于比较静态分析，发现自由市场会将后发国家的新增人力资本配置到本国技术密集型部门，是因为高质量劳动力进入高新技术产业的收入从短期来看会高于传统产业与研发部门。基于市场的短期有效性，提出当前经济转型的战略应是优先发展技术密集型产业（产业升级）且允许人力资本错配，而不是立刻实施与发达国家相同的人力资本配置结构并强调研发创新。最后，构造了基于互补关系的计量实证模型，对理论部分的核心结论进行了检验。

二　本书的写作思路和创新之处

本书的写作思路如下。

第一，基于中国现实分析经济高质量增长中"四面"与"一点"之间的关系，以及论述四个方面与经济总量关联和四个方面之间的响应机制，"一点"即转型期存在人力资本错配的现实背景，"四面"即创新动力、产业升级、消费升级和生态效益四个方面；第二，对转型期人力资本错配的原因、机制进行分析，并分析解决人力资本错配问题为什么使实现经济高质量增长面临难题；第三，在上述研究的基础上，从四个方面分析人力资本错配影响经济高质量增长的机制；第四，基于"错配纠正→高质量增长"的转换，论证纠正人力资本错配促进经济高质量增长动力转换的可行性和路径；第五，将中国的现实与上述研究所构成的理论相结合，通过对阶段性最优战略分析与"转型—激励"规制设计，明确我国转型期"错配纠正→高质量增长"动力转换具体路径，以及以经济高质量增长为目标，提出人力资本配置机制与补偿机制的改革方案。

具体而言，本书融合定性与定量分析，为人力资本配置设计微观基础，并深入分析经济转型与经济高质量增长问题。第一，通过对人力资本匹配效率的演化分析，揭示短期冲击下低效配置是稳态均衡的原理；第二，厘清人力资本低流速与错配对经济转型和创新的抑制机制，构建结构方程，完成转型速度与人力资本流速间的相关性分析；第三，量化创新效率的增长过程，设计低效配置与经济低速转型的联合演化过程，模拟经济高质量增长的"四面"受抑制过程。此外，本书还建立计量分析框架，对本书构造的理论结论进行检验，并且构建诸如反事实等多重稳健性检验方法。

本书研究的创新之处主要体现在以下几个方面。

第一，关注转型期增长的稳定性，建构了用于刻画经济稳定增长的指标。具体而言，本书以人力资本错配为突破口，寻找实现经济稳定增长的具体解决途径。从技术生产部门内部的创新规制和外部实施条件两个方面考察了人力资本对创新效率的影响，借助"新卡尔多事实"，抛开常规的通过政策偏向、资源垄断等分析人力资本错配产生原因的路径，对转型后的增长均衡进行解释，指出跨越"增长陷阱"需要的初始技术门槛条件。

第二，从结构层面上剖析在发达国家和后发国家之间进行国际贸易时，后发国家产业演进与人力资本错配之间的内在逻辑，并在此基础上挖掘后发国家人力资本与产业结构的匹配机制，探索产业结构转型和升级的实施路径；本书提出为规避增加资本要素投入推动经济增长的方式，应明确后发国家人力资本优化配置的合理方向，以及规避我国经济发展长期以来形成的"赶超"性质，分析我国在经济转型中受到来自人力资本错配的阻力。

第三，本书聚焦创新驱动发展战略的理论，分析探讨经济高质量发展创新驱动的微观基础。具体来说，基于市场经济体系，企业的发展战略决定其人力资本需求，进而对宏观经济增长产生影响。所以，本书构建企业创新驱动过程中研发投入和技术应用效率相互联系的增长模型，以人力资本市场配置为切入点，刻画企业在研发和提升技术应用效率

导 论

之间的短期动态平衡，以及其与经济增长路径的相互影响。

第四，本书以经济高质量增长与经济高速增长之间的区别为主线，通过评估推动经济转型、实现经济高质量增长的作用效果来度量人力资本配置效率，替代原来新古典中增长速度的标准。此外，本书还阐明了人力资本市场化配置水平不能满足经济转型与经济高质量增长的要求，如何构建合适的人力资本配置与补偿机制是我国现阶段经济发展的主要问题，以及阐明如何改变各经济部门人力资本外部性贡献被实物资本物质吸收的困局，促进知识投入替代资本投入成为经济增长的主导是当下实现经济转型最重要的手段。

第五，在研究方法上，本书拟在"不纠结配对"框架基础上，构造协调失灵非参框架，解出多重均衡的参数关系，以简化实证分析；同时，基于政府购买竞标机制和多委托—代理人框架，考察"转型—激励"规制，分析激励规制与人力资本集聚的参数关系，以分析人力资本错配的形成机制。

第一章 学术史梳理和研究动态

第一节 学术史梳理

"人力资本"的概念最初是由美国经济学家费雪（O. I. Fisher）在 1906 年出版的《资本的性质与收入》一书中提出的，当时并未引起人们太多关注。直至 1960 年舒尔茨（T. W. Schultz）在美国经济学联合会年会上系统阐释人力资本理论，人力资本对增长的影响方受到学界关注。与舒尔茨同时代的贝克尔（G. S. Becker）、明瑟（J. Mincer）、丹尼森（E. F. Denison）等，也从不同视角对人力资本进行论述。Schultz 和 Denison（1964）重点对教育投资的收益率和教育对增长的贡献进行了定量研究。Becker（1962）主要从微观角度对人力资本进行研究，着重探讨了人力资本投资与个人收入分配的关系。20世纪80年代中期，以Romer等（1988）为代表的内生增长理论应运而生，他们将接受正规教育和在职培训等形成的人力资本引入增长模型，认为人力资本积累是长期经济增长的关键因素，有力地推动了人力资本理论的深化和发展。随后，相关研究围绕人力资本与国家或区域增长差异（Amitrajeet et al., 2013; Qadri and Waheed, 2013; Teixeira and Queirós, 2016）、人力资本影响经济增长的具体路径机制以及社会经济制度与人力资本的关系等方面展开（Romer, 2010），发展经济学中关于人力资本的讨论，更加重视教育和健康或卫生对人力资本的影响（Bloom et al., 2004; Shukarov and Marc, 2016; Blanchard and Olney, 2017），城市经济学将人力资本纳入城市化和人口流动模型进行讨论，考察人口流动对人力资本的影响。

马克思虽没有关于人力资本的专门理论，但他提出的许多关于劳动的理论观点，成为人力资本理论形成和发展的重要思想基础。马克思从商品生产的劳动二重性出发，在科学的劳动价值论基础上，提出了简单劳动和复杂劳动的理论。他指出，"我们把劳动力或劳动能力，理解为一个人的身体即活的人体中存在的、每当他生产某种使用价值时就运用的体力和智力的总和"。"就使用价值说,有意义的只是商品中包含的劳动的质,就价值量说,有意义的只是商品中包含的劳动的量,不过这种劳动已经化为没有进一步的质的人类劳动。""它是每个没有任何专长的普通人的有机体平均具有的简单劳动力的耗费。""比较复杂的劳动只是自乘的或比如说多倍的简单劳动",二者的不同比例"是在生产者背后由社会过程决定的"。较高级的复杂"劳动力比普通劳动力需要较高的教育费用,它的生产要花费较多的劳动时间,因此它具有较高的价值"。"要改变一般人的本性,使它获得一定劳动部门的技能和技巧,成为发达的和专门的劳动力,就要有一定的教育和训练,而这又得花费或多或少的商品等价物。劳动力的教育费用随着劳动力性质的复杂程度而不同",这种教育费用"包括在生产劳动力所耗费的价值总和中"。"劳动力的价值,就是维持劳动力占有者所必要的生活资料的价值","劳动力的价值规定包含一个历史的和道德的要素",其需要的范围"和满足这些需要的方式一样,本身是历史的产物,因此多半取决于一个国家的文化水平"。马克思强调,关于缔结劳动力商品使用价值的契约与其使用价值的实际发挥在时间上是分开的,后者决定生产活动的效率。"劳动力的使用价值在买者和卖者缔结契约时还没有在实际上转到买者手中","劳动力只有表现出来才能实现,只有在劳动中才能发挥出来","因此,力的让渡和力的实际表现即力作为使用价值的存在,在时间上是相互分开的"。"生产力当然始终是有用的、具体的劳动的生产力,它事实上只决定有目的的生产活动在一定时间内的效率。"因此,复杂劳动在生产活动中的具体发挥程度,对科学技术的应用具有重要意义。马克思阐明了从一定的历史形式出发,区别物质财富及物质生产与精神财富及精神生产的重要性,以及前者对后者的决定作用和后者的反作用,精神生产中包括"创造劳动能力本身的劳动"。复杂劳动的培育或供给首要来自教育科研等部门机构的精神生产,非物质的精神生产劳动不是从自然资源中占有改变了形式的物质产品,而是为了取得反映自然界和社会事物的各种形式的理性观念(如科学理论知识等),或提供某种相应的知识性服务(如教师传授知识等)。当今世界随着科学技术成为第一生产力,劳动结构发生了重大变化,复杂劳动在生产活动中提高生产率的实际发挥程度,复杂劳动力供给的可持续扩大再生产,成为创新驱动的活力源泉。

关于人力资本使用效率的研究，可追溯至西方经济学对要素错配的讨论，相关文献主要分为两类。一类是新古典经济学研究，假设同质要素在部门间充分自由流动、边际报酬相等（Duarte and Restuccia，2010；Alvarez-Cuadrado and Poschke，2011），要素错配主要源于非位似偏好产生的收入效应，以及部门技术差异带来的替代效应，另一类是着重关注结构变动与经济增长的关系（Vollrath，2014；Lagakos and Waugh，2013），要素配置扭曲对经济增长影响的研究，逐渐形成一个重要的分支学派，相关文献多是在两部门模型框架下，通过校准的方法分析要素错配对经济增长或全要素生产率的影响（Rogerson，2008；Chang-Tai and Klenow，2009；Aoki，2012；Guan and Guanliang，2016），其分析路径一分为二。一些研究从劳动错配和资本错配二维角度审视增长问题（Vollrath，2014；Chivers et al.，2017），一些研究着重从微观层面，考察劳动力配置扭曲及其对经济增长的影响。例如，Camacho 和 Conover 利用哥伦比亚制造业企业 1982—1998 年的微观数据，以美国为参照，发现哥伦比亚的劳动力错配和资本配置扭曲程度均高于美国（Camacho and Perez Quiros，2010）；Yang 和 Chen（2012）利用印度尼西亚微观企业数据，通过量化要素错配程度，发现企业要素错配会造成该国全要素生产率下降超过40%。

国内学者对人力资本使用效率的研究主要专注于考察经济转型期人力资本错配对创新或经济增长的影响。相关研究多以直接描述为主，只讨论人力资本错配对经济增长的负向影响，视角较为单一。例如，人力资本结构研究课题组（2012）对中国工业部门人力资本和物质资本要素匹配协调度进行测算，考察二者匹配关系对经济增长的影响；中国经济增长前沿课题组（2015）强调，优化人力资本配置，提高人力资本定价的市场化程度，是优化增长方式与结构变迁的动力机制，提出推进科教文卫体等事业单位的转型和改革，提高服务业供给人力资本的质量；李静等（2017）发现，在经济转型过程中，人力资本的市场化配置可能失灵；袁富华等（2015）提出，以人力资本要素和知识要素积累为核心的效率模式重塑，是跨越中等收入阶段的根本任务，以知识部门为代表的新生产要素供给是增长突破的关键。

关于技术进步或创新的讨论，现有文献基本围绕发展中国家如何缩小与发达国家的差距、创新激励以及技术与要素的匹配展开（Acemoglu and Guerrieri，2008；Acemoglu，2008；Caselli，2012），鲜有学者就技术应用效率提升如何促进经济增长问题展开讨论。

第二节 人力资本与"新卡尔多事实"

新增长理论认为，发展中国家可以利用与发达国家的技术差距所具有的后发优势，通过技术模仿，实现增长"蛙跳"，迅速缩小与发达国家的技术和增长差距（Grossman and Helpman，1991；Brezis et al.，1993）。然而现实却并非如此，很多发展中国家与发达国家的差距不但没有缩小，反而在不断拉大（Romer，1994）。究其原因，一些学者指出，落后国家从西方发达国家引进先进技术的过程中存在严重阻碍。Krusell 和 Rios-Rull（1996）认为，技术采用中的利益冲突是造成阻碍的重要原因。而一些学者从投入要素和技术匹配的角度出发，提出了适宜性技术观点（Basu and Weil，1998），指出发达国家的技术是和发达国家本身所具有的较高资本存量相匹配的，发展中国家的劳动力和引进的技术不匹配是导致引进技术无法推动发展中国家经济增长的一个重要原因（Acemoglu and Zilibotti，2003）。沿着这一研究思路，邹薇和代谦（2003）认为，人力资本是决定引进技术适宜性的关键，必须有相应的人力资本与引进技术相匹配，才能实现经济追赶。

进一步结合以往研究发现，关于技术进步和增长的讨论，基本围绕发展中国家缩小与发达国家的差距（Romer, 1990；Caselli, 2012；Acemoglu and Guerrieri, 2008）、技术创新激励（Berman and Machin, 2000；Caselli and Coleman, 2002；Acemoglu, 2003）以及技术与要素的匹配（Basu and Weil, 1998；Acemoglu and Zilibotti, 2003；Caselli and Coleman, 2006）展开，而鲜有就技术创新如何造成世界经济发展中出现的多重均衡问题展开讨论。同时，一些研究（Romalis, 2004；Ventura, 2005；Ciccone and Papaioannou, 2009）重点关注如何通过高层次人力资本培养和积累，提高发展中国家技术模仿的效率，而忽视了人力资本在部门间的合理配置对创新效率和增长的积极影响。"新卡尔多事实"强调，除一般技术创新外，还有大量新增要素会呈现收益递增的特性，如信息、知识、教育、思想和创意分享等，这些要素不仅可以直接促进技术创新，而且可以通过加速知识生产和消费的一体化过程，间接带来新的技术创新，从而突破经济停滞，实现增长跨越（Jones and Romer, 2010; 中国经济增长前沿课题组, 2015）。实际上, 创新部门实现创新需要技术门槛, 创新部门的内部初始知识积累是突破创新的内部门槛条件, 而引致整个社会人力资本积累和适宜匹配, 特别是高层次人力资本有效配置, 是推动创新行为的外部实施条件。当整个社会人力资本积累不足并且人力资本在部门间错配时, 容易造成创新部门高层次人力资本不足, 从而使创新效率低下, 并使经济陷入低稳态均衡陷阱。但是, 通过提供人力资本外溢渠道, 促进人力资本积累的同时引致高层次人力资本进入创新部门, 可以增强创新动力, 实现经济向高稳态跨越。"新卡尔多事实"认为, 信息共享和知识传递可以有效降低经济体实现增长跨越的初始技术门槛, 同时, 会带动整个社会人力资本积累和在部门间的适宜匹配, 是推动创新部门创新效率的外部实施条件。具体作用机制: 首先, 信息、知识、教育、思想和创意等本身是导致规模收益递增的要素, 这些新增要素不但要生产出来, 而且要扩散出去, 才能产生更大外部性。借助信息共享和知识传递渠道可以加速这些新增要素积累和扩散, 激发整个社会的创新灵感, 并且信息共享和知识传递也可以使创新产品得到更好的推广, 进而有利于激励创新

（Ishise and Sawada，2009；严成樑，2012）。其次，信息共享和知识传递使科教文卫等体制内的创新要素得到一定程度释放，激发市场的创新活力。最后，针对当前中国人力资本在部门间错配，且创新部门高层次人力资本不足的现实，信息共享和知识传递可以提高创新部门效率和工资水平，从而引致高层次人力资本进入创新部门，实现人力资本在部门间适宜匹配，提高创新部门高层次人力资本比例。

第三节 人力资本错配的相关研究

从马歇尔的局部均衡分析、瓦尔拉斯的一般均衡分析、福利经济学完全竞争理论，到张伯伦、罗宾逊的垄断竞争理论，再到鲍莫尔等的可竞争市场理论，经济学家对如何实现资源最优配置进行了探索，但迄今为止学术界对资源错配概念没有形成统一的说法，代表性观点主要由 Hsieh 和 Klenow（2009）、Restuccia 和 Rogerson（2013）阐述。当前，具体到要素错配的文献主要分为两类：一类是新古典经济学研究假设同质要素在部门间充分流动，从而获得相等边际报酬，此时要素错配源于非位似偏好产生的收入效应和部门技术差异带来的替代效应（Duarte and Restuccia, 2010; Cuadrado and Poschke, 2011; David et al., 2017)。另一类可归为发展经济学的新二元增长理论，该理论假设要素在部门间流动存在障碍，通过对要素报酬核算反映劳动力配置扭曲情况（Vollrath, 2014; Lagakos and Waugh, 2013; Patterson et al., 2016)。要素错配作为一种客观存在，其影响程度如何？

相较于国外研究，国内学者主要关注三个问题：①错配原因或机制的讨论（周黎安等，2013；陈斌开等，2015；李力行等，2016；季书涵和朱英明，2017；曲玥和程文银，2017)；②错配程度的测算及比较（袁志刚和解栋栋，2011；杨振和陈甬军，2013；林柏强和杜克锐，2013；王芃和武英涛，2014；韩剑和郑秋玲，2014；林辉和袁礼，2014；李欣泽和黄凯南，2016；杨志才和柏培文，2017）；③错配后果及解决途径（郑江淮和沈春苗，2016；盖庆恩等，2017；刘贯春等，2017；沈坤荣和赵倩，2016；王竹泉等，2017；聂辉华和贾瑞雪，2011；张杰等，2011；戴魁早和刘友金，2016)。除此之外，张建华和邹凤明（2015）就错配对增长的影响及机制进行了系统的评述。

随着中国经济进入转变发展方式、优化经济结构和转换增长动力的关键期，转型期内的我国人力资本错配问题成为关注热点。靳卫东（2010）认为，中国产业结构转型具有明显的"赶超"性质，致使人力资本与产业结构转型不匹配。中国经济增长前沿课题组（2015）指出，转型期人力资本错配阻碍了人力资本有效使用，而提高人力资本定价的市场化程度是优化增长方式的动力机制。袁富华等（2016）进一步认为，面对转型期门槛跨越困难，中国应通过制度改革促进效率模式重塑，并强调知识部门新生产要素供给和纠正人力资本错配是增长突破的关键。此外，很多学者的研究指出，受中国存在的户籍制度和行业壁垒等限制，在劳动力市场化改革滞后的情况下，劳动力不能实现自由流动，从而造成劳动力资源配置效率低下，劳动力价格扭曲造成要素收入分配不公平的激励扭曲，进一步加剧要素错配。张原和陈建奇（2008）的研究表明，国有控股程度越高的行业劳动者的工资水平越高。武鹏（2011）研究了劳动要素价格的负向扭曲效应，工业化阶段生产规模的扩大和利润积累很大程度上是通过将劳动者的部分劳动成果补贴企业投资实现的。劳动要素配置扭曲导致工资收入低于经济增长率，再加上社会保障体系的不完善，就会造成社会整体消费需求低迷。值得注意的是，一些学者已经关注到中国当前发展阶段人力资本要素配置效率的重要性，例如对行业间人力资本错配问题（马颖等，2018）、公共部门或政府—企业间的人力资本错配问题（李世刚和尹恒，2017；李静和楠玉，2019）进行考察。李静和楠玉（2019）的研究指出，在长期经济增长过程中，公共部门存在最优的人力资本配置比。当经济面临结构性减速时，减速后果往往由生产部门消化，从而加速人力资本向无效率的公共部门集中，造成增长动力缺失。

更进一步地，从中国人力资本配置效率来看，与经济整体最优状态下的人力资本配置水平相比，大部分行业存在不同程度的偏离，即人力资本在行业间存在程度不等的错配，部分行业中错配问题愈加严重。概而言之，中国人力资本在行业间的错配主要表现在两个方面：一是人力资本价格在行业间的扭曲。在控制劳动力个体特征后，2013年中国金融业平均收入与整体经济19个行业的平均收入的比值为1.22，而制造业的该比值为1.03，农业的该比值仅为0.98。二是人力资本数量在行业间的错配。2014年中国计算机与电子行业、制药业的研发人员占劳动力的比重分别为4.66%、2.67%，而美国的相应比重分别达11.37%、13.23%（李静等，2017）。中国行业间存在严重的人力资本错配，一方面，将导致各行业未能达到经济总体最优的产出水平，致使经济总产出蒙受损失；另一方面，通过人力资本优化配置释放人力资本潜力的潜在空间仍然较大。中国经济增长前沿课题组（2014）认为，在中国进入经济发展新常态、经济增长速度逐步放缓的态势下，在投资增长动力和劳动力增长动力消失且"干中学"效应递减的压力下，维持经济持续增长的核心途径是改善资源配置效率，释放人力资本潜力。通过人力资本的培育和积累来提高劳动力质量，以抵补劳动力数量的不足，使人力资本成为推动我国经济可持续发展的关键要素，这是摆在中国学者面前的一个重要的具有理论探讨价值和政策参考意义的课题。

　　从现有的国内外相关文献来看，大多数国外学者把研究资源错配的注意力放在分析劳动力和物质资本错配上。Restuccia 和 Rogerson（2008）建立了异质性企业的一般均衡框架，用美国数据对模型进行校准，发现产品价格扭曲政策将导致总产出下降30%—50%。Hsieh 和 Klenow（2009）利用制造业企业微观数据定量分析资源错配对总产出的影响，发现若中国和印度按照美国的方式重新配置劳动力和资本，中国的全要素生产率（TFP）将提高30%—50%，印度的 TFP 将提高 40%—60%。随后，相关学者从多个角度研究要素错配理论，包括从政策规制、产权保护、金融摩擦和贸易政策等方面分析错配原因（Garicano et al.，2016；Ranasinghe，2017；Midrigan and Xu，2014；Khandelwal et al.，2013），将对拉丁美洲和非洲等更多国家资源错配证据的分析（Busso et al.，2013；Kalemliozcan and Sørensen，2014）扩展到对制造业、服务业、农业的资源错配的分析（De Vries，2014；Adamopoulos and Restuccia，2014），以及将对静态资源错配的分析拓展到对动态资源错配的分析（Hsieh and Klenow，2014）。在同一领域内，国内学者所做的研究主要包括：袁志刚和解栋栋（2011）认为，劳动力错配导致中国 TFP 下降 2%—18%。龚光和胡光亮（2013）在拓展了 Hsieh 和 Klenow（2009）的计算方法后，通过 1998—2007 年中国制造业企业微观数据发现，如果中国制造业的资本和劳动力得到有效配置，中国的 TFP 将提高 10.1%。盖庆恩等（2013）采用封闭的两部门经济模型得出了若消除劳动力市场扭曲，中国劳均产出可增加 19.53% 的结论。刘贯春等（2017）用企业 TFP 的离散程度度量资源错配，分析了最低工资标准对资源错配的影响，得出最低工资标准上调将有利于中国资源错配改善的结论。这些研究分析了资源错配程度和成因以及资源错配对生产率和产出的影响程度，其关注点还没有放到人力资本错配上。

随着对资源错配领域研究的深入，国内外学者的研究兴趣逐渐从关注资本、劳动、自然资源等传统要素错配问题转向探讨人力资本错配影响技术创新、产业升级、可持续发展等方面。Vollrath（2014）收集了14个发展中国家的个体工资数据，运用Mincer（1974）的回归方法估算了这些国家各部门之间人力资本错配对TFP的效应。研究结果显示，若能消除不同部门之间因人力资本价格扭曲造成的人力资本错配，将使大部分发展中国家产出增长近5%。London等（2008）研究了人力资本与技术创新之间如何匹配和部分发展中国家因从业者所受教育同社会需要不匹配造成的人力资本闲置甚至浪费等问题。Teixeira和Queirós（2016）检验了经济增长、人力资本和生产结构之间的关系，发现人力资本和一国生产专业化动态过程是促进经济增长的关键要素，人力资本与高知识密集型产业中结构变迁之间的关系显著地影响经济增长。在国内文献方面，钱雪亚和缪仁余（2014）围绕人力资本相对价格偏低而物质资本相对价格偏高对要素配置的影响展开研究。乔红芳和沈利生（2015）分析了中国实物资本和人力资本的产出弹性比远低于两种资本存量比是导致中国实际产出水平远低于潜在产出水平的原因。赖德胜和纪雯雯（2015）解释了为什么配置在市场部门中的人力资本促进了创新，而聚集在政府部门和垄断部门中的人力资本却由于政府干预扭曲了部门间的相对报酬结构，从而造成了人力资本错配的结果。李静等（2017）认为中国人力资本在部门间严重不匹配造成具有创新潜力的科技人才因薪酬激励而选择去非生产性、非创新性部门就业；当创新部门缺少高质量和更多数量的科技人力资本流入时，会造成要素报酬下降和效率低下。因此，解决技术生产部门和最终生产部门之间的人力资本错配问题，是当前中国经济"稳增长"面临的挑战。

在为数不多的研究人力资本错配的文章中，大多是从经济整体、农业部门和非农业部门、三大产业等角度分析资源错配。若以部门间生产率差异程度来衡量资源错配问题，McMillan（2014）指出不仅农业部门和非农业部门之间存在生产率差异，非农部门内部也存在生产率差异。中国农业、采矿业、制造业等10个行业生产率均存在显著差异，行业间生产率标准差为0.122，远高于美国的0.062。由于中国行业间存在显著的生产率差异，因此仅从经济整体、农业部门和非农业部门、三大产业等视角来度量人力资本错配问题，将导致人力资本错配程度高估或低估。此外，这些研究几乎都采用受教育年限来衡量人力资本，无法克服因使用代理变量造成人力资本外延过窄等缺陷，进而高估中国人力资本错配程度。应客观地衡量人力资本错配程度，进而找出缓解人力资本资源错配的方案，从而精确地衡量人力资本优化配置促进中国经济增长的潜力空间。

第四节　转型期人力资本配置及经济增长

　　现代经济增长是以技术进步为基础的、以产业结构转型和产业结构升级为核心的成长模式。在全球范围内，随着新一轮产业革命浪潮的不断拓展，技术突破和业态创新将逐步融合产业边界；虽然中国是一个工业大国，是世界产业分工格局中的重要力量，但仍然未能摆脱后发国家在全球产业分工中存在的普遍问题：产业发展水平低、处于全球产业价值链低端和比较优势陷阱锁定等。在此背景下，"十四五"时期的中国产业发展的定位、方向和政策将面临重大变化：需要摒弃以往追求产业间数量比例关系优化的指导思想，将产业结构调整的主线转向产业升级和创新驱动。党的十九大报告在"两个一百年"奋斗目标的基础上，进一步提出要通过二〇二〇年到本世纪中叶两个阶段的发展，塑造创新驱动的增长模式。然而，随着大规模工业化进程的不断推进和国家创新体系的构建、创新驱动发展战略的实施（龚刚等，2017），当前阶段由资本驱动劳动生产率提升的规模效率模式将逐渐被取代，由社会开发带来的广义人力资本有效利用将成为推动产业结构转型升级和重塑新型效率模式的关键。但从中国行业间人力资本结构层次来看：一方面，低层次人力资本充斥于各行业之间；中等层次人力资本主导增长；高层次人力资本匮乏，难以获得补充（袁富华等，2015）。另一方面，当前大学及以上学历劳动者大量进入并沉积在高度管制的电信、金融、交通业以及公共服务部门，而事业单位体制和管制制约了人力资本生产效率的发挥，出现全社会平均受教育年限较短和部分行业教育过度并存的现象。这意味着，对于后工业化时期通过产业结构转型升级以实现高效率模式重建而言，如果不能实现人力资本结构改善和合理配置，其将会成为创新增长的阻力。Peretto 和 Valente（2015）与 Strulik 等（2013）

的研究表明,经济发展进入内生增长阶段之后,将趋于持续稳定增长,但在向更高质量增长阶段转变过程中,根本上取决于人力资本的有效利用,通过与产业结构适宜匹配诱发技术创新,进而减少产业结构转化过程中产生的震荡。这反过来印证了一些学者的论断:单纯人力资本数量增加并不必然促成产业优化升级和诱发技术创新,人力资本与产业结构错配会阻碍各种生产要素的充分发挥,制约技术进步以及知识和资本密集型产业的发展(靳卫东,2010;李静等,2017)。第一,持续的技术创新是避免比较优势陷阱的重要动力,人力资本与产业结构错配将抑制人力资本水平提升,不利于通过分工深化促进国产业动态比较优势培育,尤其是不利于人力资本结构向有利于实现产业转型的方向调整(Lucas,1988;Young,1993;Dash,2006;Manca,2009;Ciccone and Papaioannou,2009);第二,社会进步是创新和模仿共同作用的结果,自主创新是赶超世界技术前沿的主要方式,而人力资本与产业结构错配往往会引起技能劳动力偏离创新活动(Sequeira,2003;Vandenbussche et al.,2006;Raustiala and Sprigman,2012;袁志刚和解栋栋,2011);第三,人力资本与产业结构错配将抑制劳动生产率提高,易引致经济运行偏离最优增长路径，且对于中等收入国家而言，若不能通过人力资本等创新要素的合理配置来提高劳动生产效率，将面临静态比较优势陷阱的困境（World Bank，2014；Teixeira and Queirós，2016）。

近年来，国内学者也开始专注考察转型期人力资本配置对经济增长或社会创新的影响。例如，邵文波等（2015）从劳动力技能匹配的角度，考察了一个国家人力资本结构与比较优势的关系。中国经济增长前沿课题组（2014，2015）强调人力资本有效配置对经济增长的影响，指出人力资本错配阻碍了人力资本有效使用，而提高人力资本定价的市场化程度，是优化增长方式的动力机制。李静等（2017）则专门探讨解决技术密集型部门和最终产品部门之间人力资本错配为什么是中国经济稳增长政策面临的难题。研究发现，在经济转型过程中，人力资本市场化配置可能失灵，使创新动力不足，如果政府通过规制技术型企业完美解决错配问题，但经济增长将面临下行压力。随后，李静等（2019）进一步以人力资本配置为切入点，探讨经济高质量发展创新驱动的微观基础。他们指出，提高企业技术应用效率可以推动人力资本有效配置，且是选择最优增长路径的重要条件。其成功地实施需要政府在宏观结构上，积极推动培育和积累人力资本的科教文卫体等现代服务业的有效供给，实现先进制造业和现代服务业的深度融合，以形成经济高质量发展的新增长点和新动能。

第二章　我国人力资本发展、特征分析及其国际比较

党的二十大报告明确指出，必须坚持科技是第一生产力、人才是第一资源、创新是第一动力，深入实施科教兴国战略、人才强国战略、创新驱动发展战略，开辟发展新领域新赛道，不断塑造发展新动能新优势。这种全新战略观的确立，既与中国经济由高速增长转向高质量发展的转型趋势有关，也与跨越中等收入陷阱、迈向高收入国家的预期目标有关。为了保持经济高质量转型升级的稳健性，国家在战略部署上进一步强调效率、创新与人力资本升级的协同，即在质量第一、效益优先的原则下，以供给侧结构性改革为主线，推动经济发展质量变革、效率变革和动力变革。从根本上说，创新型国

家的坚实基础，就是在人才培养、激励机制完善的基础上，逐步完成适应于知识经济的人力资本升级。第二次世界大战后日本、欧洲、拉丁美洲等国家和地区现代化的经验教训表明，经济追赶的本质即人力资本追赶。特别是在工业化转型的过程中，人力资本结构升级的成败，直接决定了结构服务化阶段的经济质量，拉美陷阱的实质，在于无法突破服务业主导时代所必需的人力资本门槛。

增长动力从要素驱动转向内生动力驱动，离不开人力资本升级与合理配置。在转型时期，中国人才强国战略不仅有可借鉴的国际经验，而且有系统的理论基础。简要回溯如下。学界较早的理念——如舒尔茨（Schultz, 1961）、贝克尔（Becker, 2009）的认识是，人力资本体现为劳动者的个人能力、知识存量水平和基本技能；丹尼森（Denison, 1962）明确将劳动要素区分为数量和质量两个层面。宇泽弘文（Uzawa, 1965）对人力资本和物质资本的明确区分，进一步推动了人力资本理论的发展，自此，人力资本作为同物质资本一样的增长要素，成为讨论经济增长问题不可或缺的变量。随着新增长理论的发展，以罗默和卢卡斯为代表的学者的开创性贡献是，将人力资本要素视为增长的源泉纳入内生增长模型中，将技术进步内生化，从而能对不同国家的增长差异进行解释。人力资本或知识要素具有的外溢属性，可以实现要素回报递增，能对经济持续增长进行很好的阐释。就人力资本对经济增长的作用机制而言，阿吉翁（Aghion）将其归结为两类：一类是尼尔森—菲尔普斯机制（Nelson and Phelps，1966），强调人力资本是通过提高生产效率而作用于经济增长的；另一类是卢卡斯机制（Lucas，1988），将人力资本视作一种生产要素，以要素积累和投入的方式作用于经济增长。人力资本对经济增长的促进作用，在学界已基本达成共识。

当前，我国经济发展进入新时代，为了实现"两个一百年"奋斗目标、建设社会主义现代化强国，亟须转变发展方式，寻找新的发展动力。新发展理念把创新放在第一位，决定了我国经济发展需要由依靠资源和资本投入为主的粗放型增长向依靠人力资本积累的创新驱动发展转型，与此相对应的是，高质量发展方式下经济发展水平衡量方式也不应拘泥于传统的国内生产总值（GDP），亟待考察人力资本的存量与增速指标。人力资本积累与创新本是同一问题的两个面，不仅是技术上的突破创新，更是整个国家转向创新驱动发展，其不仅需要经济体制、经济结构、企业制度等方面的转型，更需要以人为核心，实现我国人力资本规模增长与结构优化。只有奠定人力资本积累的基础，才能成为现代化强国，进入高收入国家行列，否则根基不稳。

高质量发展内涵丰富，在宏观、中观与微观层面均有体现，宏观上国民经济持续稳定增长，中观上以产业结构为主导的经济结构优化升级，微观上培育企业一流竞争力、生产高质量商品。传统的GDP指标只能从量上度量经济，无法体现创新、经济结构升级与企业竞争力，意味着经济发展的衡量方式转变不可逆转。本书试图找出的人力资本发展在宏观、中观、微观层面都与高质量发展的内涵相契合，是新时代衡量一国发展水平的重要途径。在宏观层面，高质量发展的内涵是国民经济持续稳定增长，而经济的持续增长可以在人力资本存量与增速中找到答案：Nelson和Phelps（1966）推导出经济增长是由人力资本存量驱动的结论，认为人力资本存量影响国家创新的能力。卢卡斯（1988）则支持人力资本的增长是产出增长的源泉，认为增长率差异可以归结于国家人力资本积累速度差异，产出增长率取决于人力资本的增长率。在中观层面，经济高质量发展的内涵是国民经济结构优化，包括产业结构、市场组织结构、技术结构、进出口结构等的优化升级。实现经济结构优化的前提是制度创新与技术创新，又与劳动力素质提高和科研创新人才密不可分了。人力资本存量的积累，是我国国民经济结构优化升级的基础，只有国民人力资本水平提高，全社会范围的经济结构升级才能实现；同时，高等教育和专业训练培养的专用型人力资本与制度创新和技术创新密切相关，制度创新对政府管理提出更高的要求，亟须培养大量专用型人才；技术创新除国家人力资本存量的提高外，还需要大量具有专业知识的研发人员。总之，人力资本能够从基础上影响国家经济结构，理应纳入经济发展衡量体系。在微观层面，高质量发展的内涵是培育企业一流竞争力，生产高质量商品，依靠创新、品牌价值和先进的质量管理理念来培植企业。产品创新来源于技术创新，品牌价值的培育和先进管理理念等都离不开高素质技术人才与管理人才，高质量发展注定是以人力资本为核心的发展。一方面，通过提高社会人力资本存量，提高劳动力平均素质，为企业转型升级奠定基础；另一方面，通过培育专用型人力资本，如企业的高级管理人才、核心研发人员等，通过大量的人力资本计量和专业技能培训，形成"明星科学家"效应,主导企业的升级创新和品牌价值与先进管理理念的形成,从而促进企业的创新绩效,提高企业的核心竞争力。

综合以上观点,无论是宏观层面、中观层面还是微观层面,人力资本存量的积累和质量提高都是至关重要的,在新时代,衡量一国的经济实力的指标不应再惯用GDP,而应转变为考察人力资本规模、结构及其增长情况。

基于此,本章利用多种方法测算人力资本存量,对中国人力资本规模、增速进行测算分析,找出人力资本规模与积累的特点;通过与美国(老牌发达国家且经济体量接近)、印度(发展水平接近)、韩国(高速发展国家)的人力资本规模结构进行比较,指出经济高质量发展逻辑下用人力资本指标衡量经济发展水平的必要性,并提出促进中国人力资本发展的政策建议。此外,本章通过提供代表性国家的人力资本水平和结构的比较研究,找寻人力资本在增长不同阶段的变动规律;同时,考察中国当前人力资本积累水平和配置效率,并发起有关人力资本抑制因素的探讨,以便从人力资本的角度找寻实现高质量发展的优化路径。本书研究发现:①经济体由低收入阶段向高收入阶段的演进过程会伴随人力资本结构的梯度升级。在此过程中，追赶成功的经济体将依次经历初级人力资本的倒"U"形变动、中级人力资本的倒"U"形变动并一直伴随高级人力资本的不断积累和提升。②国际比较分析发现，经济体跨越低收入陷阱的时间点，往往发生在初级教育劳动者占比出现下降的拐点处；向高收入阶段迈进时，跨越中等收入陷阱的时间点，则会略微滞后于中级教育占比下降的拐点。这意味着，在较低发展阶段，低层次人力资本效能的发挥是立竿见影的，人口红利能得到快速释放并转化为增长动能；但进入较高发展阶段之后，高层次人力资本主导格局最终形成，需要予以大力培育。③值得注意的是，中国当前初级和中级教育劳动者占比偏高，高层次人力资本积累严重滞后。通过对中国各行业人力资本分布和配置效率的分析发现，中国人力资本过度集中于政府管制或垄断竞争部门，造成了人力资本使用效率低下。中国垄断竞争部门和政府管制部门的工资差异，致使劳动力市场产生二元分割，进而导致人力资本过多集中于非生产性、非创新性部门，高层次人才使用效率低下。

第一节 人力资本发展及其特征分析

本书采用收入法、成本法和特征法三种方法对人力资本发展进行测算分析。

收入法假设在相同条件下人力资本价值与个人的劳动报酬呈正相关关系，认为劳动报酬收入能够反映人力资本状况。Jorgenson 和 Fraumeni（1989）采取了终生收入法，将投资效益的滞后性考虑在内，把人力资本当作劳动者一生从劳动市场获得的所有预期收益的现值之和。该方法较为科学地反映了教育等长期投资对人力资本存量的影响，是目前国际上最为广泛使用的测量方法，故又称 J-F 法。

$$I_{s,a,e} = Y_{s,a,e} + \frac{1+g}{1+r} [E_{s,a,e} \cdot S_{s,a+1} \cdot V_{s,a+1,e+1} + (1 - E_{s,a,e}) \cdot S_{s,a+1} \cdot V_{s,a+1,e+1}] \quad (2.1)$$

式中：s 为性别；a 为年龄；e 为受教育程度；$Y_{s,a,e}$ 为年收入；$S_{s,a+1}$ 为活到下年的概率；$E_{s,a,e}$ 为升学率；g 为工资增长率；r 为贴现率；$I_{s,a,e}$ 为性别 s、年龄 a、受教育程度 e 的人的终生收入。

收入法测算抓住了人力资本作为资本的重要属性——收益性，人们追求更高水平的教育、在医疗健康等方面进行投资都是为了提高收益。这种方法的逻辑简洁清晰、测算操作性强，但需要得到年龄、工资等微观数据。

成本法又称累计成本法，是从投入的角度来测

量人力资本。Kendrick（1976）进一步拓展了成本法，结合贴现率，形成了永续盘存法。成本法的测算公式为

$$H_t = \sum_{i=1}^{5} H_{it} = \sum_{i=1}^{5} \left[(1-\delta_i) H_{it-1} + I_{it} \right] \quad (2.2)$$

式中：H_t 为报告期人力资本存量；δ_i 为第 i 类投资的折旧率，I_{it} 为第 i 类投资的 t 期投资额，$i = 1, 2, 3, 4, 5$ 分别表示教育、卫生、科研、培训、迁移。

成本法中所需要的教育、医疗、培训等支出数据较易获得，测算方法具有可操作性。

特征法是通过测算能够反映人力资本存量的某个典型指标，来估计人力资本存量，主要思想是将人力资本集中于教育的维度，以一国国民的受教育水平来反映人力资本的水平，具体指标包括劳动力人口的受教育年限、入学率、识字率或文盲率等，具体公式为

$$H_t = \sum_i H \cdot E_{i,t} \cdot e_i \quad (2.3)$$

式中：H_t 为 t 年的劳动人口受教育总年限；E_{it} 为 t 年 i 学历水平的劳动力人数；e_i 为 i 学历水平的受教育年限。

采取特征法计算人力资本存量，其最终结果实际以"人·年"为单位，解决了收入法中未来收入难以估算和成本法中教育成本不易获得的难题，数据收集和处理都较为便捷。具体结论如下。

（1）根据收入法测算我国人力资本存量及其变化。1985—2017年，我国各项人力资本存量持续增长，实际总人力资本从1985年的37.46万亿元增长到2017年的388.55万亿元，增长了约937.24%，年均增长率为7.71%。这段时期快速增长的原因不仅在于我国教育、医疗水平等的提高，而且受到低教育水平的老龄化人口逐步退出劳动市场的影响，新增人口平均受教育水平普遍提高，因此终生收入也较高。进一步研究发现，1985—2017年，我国实际GDP的增长率为9.47%，与人力资本存量的增长趋势接近。根据图2.1能够直观地看出人力资本增长速度与经济增长之间的显著正向关系，且人力资本增长速度对随后年份GDP增速具有明显的影响：实际GDP增长率曲线的峰值、低谷略慢于人力资本增长率曲线。

图2.1中有两处显示了人力资本增速与实际GDP增速的非正向关系，分别是1999年前后与2008年前后，分别受两次金融危机的影响，中国实际GDP增长速度减慢，但人力资本的增速是长期积累的结果，未受到明显影响，且在两次金融危机之后GDP增速与人力资本增速又重新出现正相关关系。由此可见，除世界范围经济风险的冲击外，人力资本增

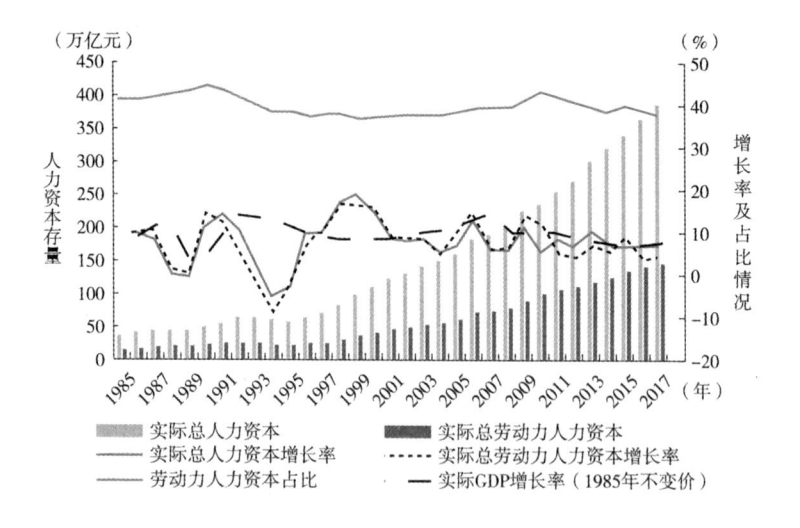

图2.1　J-F法计算的1985—2017年中国人力资本存量

资料来源：《中国人力资本报告2019》和1985—2017年《中国统计年鉴》。

长的速度对中国经济增长也具有显著影响，人力资本指标更好地预测了长时期经济发展的走势，在新时代，衡量经济发展由只注重GDP向依赖人力资本规模、增速指标的转变势在必行。

图2.2提供了中国实际人均人力资本和实际人均劳动力人力资本的存量和环比增长率状况，1985—2017年，中国实际人均劳动力人力资本逐年上升，从1985年的28048元上升到2017年的190590元，增长了约579.51%，实际人均人力资本增长了769.18%，显示了同期中国人力资本投资取得成效。在环比增

长率方面，二者都呈现波动中上升的态势，且存在较为稳定的共同趋势，在2000年前后增长速度达到峰值，近年来实际人均人力资本的增长速度减缓，但仍保持着5%左右的年增长率。

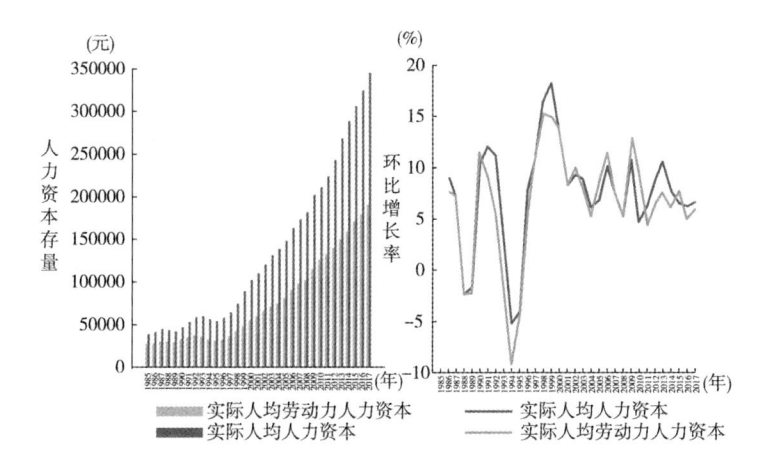

图2.2 1985—2017年实际人均人力资本和实际人均劳动力人力资本的存量及环比增长率

资料来源：《中国人力资本报告2019》。

GDP占劳动力人力资本存量的比重能够反映一国或地区人力资本的利用效率，也能够反映人力资本对长期经济增长的作用，GDP所占劳动力人力资本存量的比重越大，该国或地区开发人力资本的程度就越高，即人力资本对经济增长的贡献率越大，反之亦然。由图2.3可知，1985—2017年，我国名义GDP占名义总劳动力人力资本的比重逐渐提高，人力资本对经济发展的影响逐渐增大，用人力资本指标衡量经济发展也越来越具有合理性。

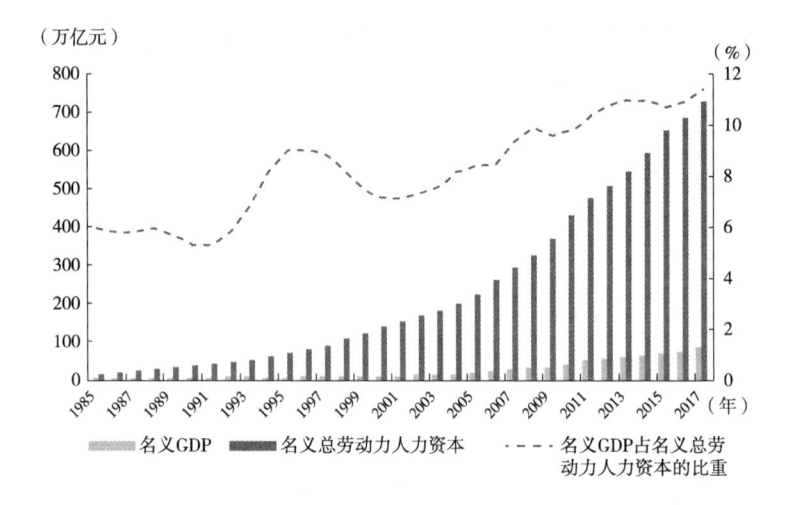

图 2.3 1985—2017 年我国名义总劳动力人力资本与名义 GDP 情况

资料来源：1985—2017 年《中国统计年鉴》。

（2）从教育和医疗支出角度分析中国人力资本规模及其变化。①教育经费支出情况。由图 2.4 可知，自 1991 年以来，我国教育经费总支出逐年增长，教育经费总量从 1991 年的 73.15 亿元增长到 2017 年的 4256 亿元，增加了约 57 倍，增长率多年在 10% 以上，增长迅速。结合 GDP 的情况来看，受到 GDP 增速下降的影响，近年来教育经费支出趋缓，在教育经费支出占 GDP 的比重方面，1991—2017 年一直在增加，体现我国经济发展过程中人力资本正在产生越来越大的影响。总体而言，我国教育经费支出总量不断扩大，占 GDP 的比重不断扩大，对提高人力资本存量起到了重要作用。②卫生总费用状况。由图 2.4 可知，自 1991 年以来，我国卫生总费用始终保持上升趋势，增长率始终保持在 10%以上，卫生总费用增长迅速。与教育经费支出增长率曲线类似，卫生总费用增长率呈现波动式起伏，从 1994 年最高的 27.83% 下降到 2017 年的 13% 左右，增速逐渐趋于合理，反映了我国医疗水平发展和医疗体系的健全化。在 GDP 占比方面，卫生总费用稳中有进，从 1991 年的 4% 上升到 2017 年的 6.36%。

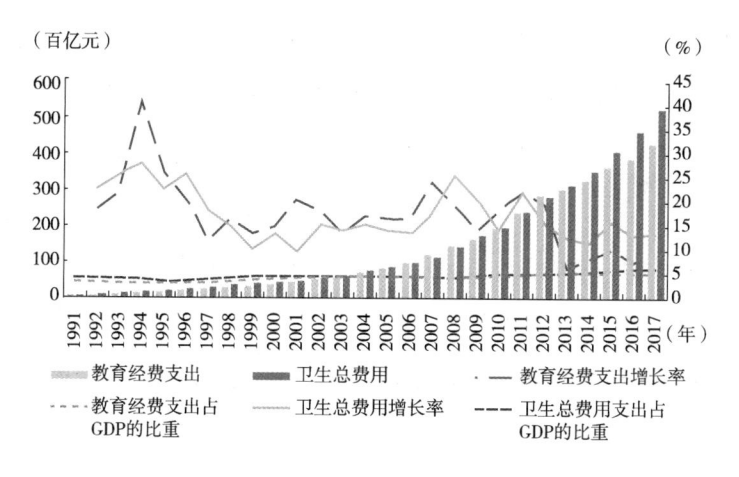

图 2.4 1991—2017 年我国教育经费支出、卫生总费用及其增长率和 GDP 占比情况

资料来源：1991—2017 年《中国统计年鉴》。

中国人力资本规模的基本特征。第一,就业人口的受教育水平情况。本书所需的"按受教育程度、性别分的全国就业人员年龄构成"与"按年龄、性别分的全国就业人员受教育程度构成"来源于《中国劳动统计年鉴》,据此可计算出历年从业人员不同年龄组别的学历分布情况。由于《中国劳动统计年鉴》1998年才开始编撰,因此仅能提供1997年之后的我国从业人员的学历分布数据。

表2.1显示,就业人员受教育程度总体呈现加深态势,就业人口中大专及以上学历的人口比重逐年增加,从1997年的3.5%提高到2017年的18.2%,文盲与小学学历就业人员的比重一直在下滑,高中以上学历的就业人员比重逐渐上升,受过高等教育人员的就业比重迅速增长,劳动力受教育程度显著提高。就业人员受教育程度的指标能够反映我国这一时期的人力资本存量的快速增长和质量改善,高水平人力资本占比上升,人力资本高级化显现,我国生产效率与技术创新能力也随之提高。

表2.1　　　1997—2017年全国就业人员受教育程度构成　　　单位:%

年份	合计	未上过学	小学	初中	高中与职业教育	大学专科	大学本科	研究生
1997[3]	100.0	11.6	34.8	37.9	12.1	3.5		

续表

年份	合计	未上过学	小学	初中	高中与职业教育	大学专科	大学本科	研究生
1999[3]	100.0	11	33.3	39.9	11.9	3.8		
2001	100.0	7.8	30.9	42.3	13.5	4.1	1.4	0.1
2003	100.0	7.1	28.7	43.7	13.6	4.8	1.9	0.1
2005	100.0	7.8	29.2	44.1	12.1	4.5	2.1	0.18
2007	100.0	6	28.3	46.9	12.2	4.3	2.1	0.2
2009	100.0	4.8	26.3	48.7	12.8	4.7	2.5	0.23
2011	100.0	2	19.6	48.7	16.7	7.6	4.9	0.44
2013	100.0	1.9	18.5	47.9	17.1	8.5	5.5	0.51
2015[1]	100.0	2.8	17.8	43.3	18.7	9.2	7.5	0.7
2017[1]	100.0	2.3	16.9	43.4	19.2	9.4	8.0	0.8

注：①由于统计分类变更，为了便于比较，将2015—2017年的"普通高中""中等职业教育""高等职业教育"三项合并成"高中与职业教育"；②2000年数据来源于2000年人口普查数据；由于只能提供"全国分年龄、性别、受教育程度的6岁以上人口"数据，结合我国实际情况，用15—64岁人员的受教育程度进行替代；③1997—1999年仅能提供大专及以上学历的人员比重。

资料来源：根据历年《中国劳动统计年鉴》整理。

第二，各级教育机构发展情况。表2.2包含了1990—2016年我国五类主要教育机构（普通高等学校、普通高中、初中、小学和学前教育机构）的数量：20多年里，我国普通高等学校和学前教育机构呈现不断上升的趋势，高中、初中和小学数量均呈现下降趋势。普通高等学校数量从1990年的1075所增加到2016年的2596所，增加了约1.4倍，年均增长率为3.4%；学前教育机构从1990年的172322所增加到2016年的239812所，增加了约0.4倍，年均增长率为1.3%。普通高等学校和学前教育机构的上升幅度大，说明我国教育投资取得了显著成效，学前教育事业得到进一步重视和普及。普通高中、初中和小学数量的减少则体现了我国教育格局的优化，教育资源配置逐渐合理化。

表2.2　　1990—2016年我国各级教育机构发展情况　　单位：所

年份	普通高等学校	普通高中	初中	小学	学期教育机构
1990	1075	15678	71953	766072	172322
1991	1075	15243	70608	729158	164465
1993	1065	14380	68415	696681	165197
1995	1054	13991	67029	668685	180438
1997	1020	13880	64762	628840	182485
1999	1071	14127	63086	582291	181136
2001	1225	14907	66590	491273	111706
2003	1552	15779	64730	425846	116390
2005	1792	16092	62486	366213	124402
2007	1908	15681	59384	320061	129086
2009	2305	14607	56320	280184	138209
2011	2409	13688	54117	241249	166750
2013	2491	13352	52804	213529	198553
2015	2560	13240	52405	190525	223683
2016	2596	13383	52118	177633	239812

资料来源：1990—2016年《中国教育统计年鉴》。

综合以上三种主要途径和多种测算方法估算的中国人力资本规模与发展情况，根据 J－F 法测算的我国实际人力资本增长迅速，1985—2017年，以平均高达7.71%的增长率增加了8.37倍，体现我国人力资本规模的蓬勃进步；教育经费支出和卫生总费用指标也验证了这一观点，其间，我国教育经费支出与卫生总费用常年以10%以上的增长率扩张，两者占GDP的比重也在不断扩大，教育和健康的投资是培育人力资本的关键，二者的快速增长推动了我国人力资本规模的扩张；劳动力受教育程度和教育机构数指标体现了我国人力资本的规模扩张与结构优化，小学及以下学历劳动力的比重下滑，高中及以上学历的劳动力比重逐渐上升，受过高等教育的劳动力比重快速增长。终生收入法和成本法度量的人力资本存量指标与我国经济同期发展趋势吻合，能够预测我国经济增长走势，人力资本的积累有利于经济持续稳定增长，这是高质量发展的宏观内涵；教育层面的劳动力受教育程度等指标反映了人力资本的结构情况，高水平的专用型人力资本是基础性研究的支撑，有利于各项创新研究为产业转型升级和技术创新奠定基础，这正是高质量发展的中观内涵；就业人员受教育程度构成可以体现高等教育的发展水平，高等教育为劳动市场培育训练有素、专业技能过硬和科研素质高的综合人才，正是微观层面（企业）技术升级和培育一流竞争力的前提。综上所述，我国人力资本存量与结构指标对高质量发展在宏观、中观和微观层面上的不同内涵都有所反映，是新时代衡量一国经济发展水平的重要指标，在新的发展逻辑下，衡量方式理应转变。

第二节 人力资本发展的国际比较

一 人力资本指数

人力资本指数指标从教育和健康两个维度度量了各国的人力资本状况，用来估算人力资本的理论逻辑在于教育和健康是人力资本投资的两大组成部分，教育水平高和健康状况良好可以提高工人的生产力并促进经济增长。更高的受教育年限意味着工人拥有更多的技能，带来平均劳动生产率的提高，这也是教育的直接目的。在健康方面的投资，可以通过对各种健康结果和健康相关因素的影响，包括劳动力市场参与和劳动生产率、预期寿命、储蓄和生育决定等，来影响经济增长的速度；相反，健康状况不佳不仅会妨碍体力，还会影响受教育水平，造成更大的人力资本损失。

人力资本指数（HCI）的测算公式如下：

$$HCI = A \cdot B \cdot C \qquad (2.4)$$

具体指标含义和测算方法如表 2.3 所示。

表 2.3　度量 2018 年出生的儿童未来作为工人所具有的生产率的方法

	指标	第 25 百分位	第 50 百分位	第 75 百分位
1	部分 1：成长至 5 周岁的概率	0.95	0.98	0.99
A	对生产率的贡献	0.95	0.98	0.99
	部分 2：所期望的受教育年限	9.5	11.8	13.1
	考试分数（约 600 分）	375	424	503
2	受教育年限	5.7	8.0	10.5
B	对生产率的贡献	0.51	0.62	0.76
3	部分 3：未受发育迟缓困扰的儿童比例	0.68	0.78	0.89
4	成人存活率	0.79	0.86	0.91
C	对生产率的贡献	0.88	0.92	0.95
	人力资本指数总量	0.43	0.56	0.72

资料来源：World Development Report 2019。

表 2.4 显示，在中国、美国、韩国、印度四个国家中，韩国的人力资本指数排名最高；美国排名次之；中国排名第 46 位；印度在四国当中排名最低。美国人力资本指数高于大部分国家，体现了其教育和医疗水平领先世界的事实。韩国是一个高速发展的国家，其人力资本指数在 157 个受调查国家中排名第 2 位。这表明自 20 世纪 90 年代以来，韩国的人力资本水平快速提高，已赶上甚至超越大部分发达国家，这也是韩国能够实现创新转型和技术

赶超的重要原因。处在社会经济转型时期的中国，人力资本指数排名第 46 位，高于大多数发展中国家，但是落后于韩国和美国。印度的发展水平和发展阶段与中国相似，但人力资本指数排名第 115 位，HCI 值仅为 0.44。

表 2.4　　　　2018 年中、美、韩、印四国的人力资本指数与世界排名

排名	国家	HCI 值
2	韩国	0.84
24	美国	0.76
46	中国	0.67
115	印度	0.44

资料来源：World Development Report 2019。

二　公共教育经费支出情况

公共教育经费支出是教育经费的主要部分，对各国教育事业发展有着重要的支撑作用。由表 2.5 可见，中国公共教育经费支出占 GDP 的比重在 2000—2015 年接近世界平均水平，2000 年同美国（4.9%）差距较大；印度公共教育经费支出占比在四国中最低；美国的公共教育经费支出占比保持在 5% 左右的较高水平，积累了丰富的人力资本；韩国公共教育

经费支出增长迅速，在四国中由最低跃升至最高。其间，中国公共教育经费支出占比不断增加，2015年为5.0%，与美国、韩国水平接近，结合中国同期GDP的高增长，可见中国对教育事业的重视程度在不断提高。

表 2.5　　　　中、美、韩、印四国的公共教育经费支出

占 GDP 的比重　　　　　　单位：%

国家	2000 年	2005 年	2010 年	2015 年
全世界	3.9	4.2	4.6	4.9[①]
中国	3.7	4.5	4.7	5.0
美国	4.9[④]	5.1	5.4	5.0[①]
韩国	3.4[④]	3.9	4.7[③]	5.1
印度	4.3	3.1	3.4	3.8[②]

注：①为 2014 年数据；②为 2013 年数据；③为 2009 年数据；④为 1999 年数据。
资料来源：国际数据来源于《国际统计年鉴 2018》；中国数据来源于《中国统计年鉴 2019》。

三　入学率

从纵向上看，2005 年四国的初等教育的入学率差异较小；在中等教育方面，中国 2005 年的入学率与中等收入国家的入学率相当，印度的入学率最低，美国和韩国的中等教育入学率几乎与高收入国家平均水平持平；在高等教育方面，2005 年中国和印度的高

等教育入学率低于世界平均水平,远落后于高收入国家,而韩国(90.3%)和美国(82.1%)的高等教育入学率则超过高收入国家平均水平(65.7%)。2016年,在中等教育方面,中国(94.3%)已经大大高于中等收入国家平均水平(77.8%),印度与中等收入国家平均水平相当,美、韩两国接近高收入国家平均水平;在高等教育方面,2016年中国高等教育入学率超过世界平均水平,但是比高收入国家低约27个百分点,印度(26.9%)低于世界平均水平,而韩国(93.3%)、美国(85.8%)远高于高收入国家的平均水平(见表2.6)。

表2.6　　　　　中、美、韩、印四国的入学率　　　　　单位:%

国家或地区	高等教育入学率 2005年	高等教育入学率 2016年	中等教育入学率 2005年	中等教育入学率 2016年	初等教育入学率 2005年	初等教育入学率 2016年
高收入国家平均	65.7	75.2	100.8	107.1	102.1	102.0
中等收入国家平均	19.6	34.5	62.2	77.8	103.7	105.3
低收入国家平均	4.5	7.5	28.5	40.0	92.6	101.0
中国	19.3	48.4	62.3[①]	94.3[②]	113.5[①]	100.9
印度	10.7	26.9	54.2	75.2	103.0[①]	114.5
韩国	90.3	93.3[②]	93.2	100.2[②]	111.6	97.6[②]
美国	82.1	85.8[②]	95.7	97.2[②]	100.7	99.3[②]
世界平均	24.3	36.8	63.8	76.4	102.2	104.3

注:①为2003年数据;②为2015年数据。
资料来源:世界银行WDI数据库。

从横向上看，2005—2016年，我国高等教育入学率和中等教育入学率迅速增长，分别从19.3%和62.3%提高到48.4%和94.3%，均已超过世界平均水平，但距离高收入国家的入学率还有一定差距，尤其是高等教育入学率；印度的中等教育入学率和高等教育入学率均有所发展，其中，中等教育入学率接近世界平均水平，高等教育入学率尚未达到中等收入国家的入学率水平；韩国的高等教育入学率和中等教育入学率分别从90.3%和93.2%提高到93.3%和100.2%，入学率水平极高，尤其是高等教育入学率远超其他国家，体现了韩国作为世界上快速发展的国家之一，其人力资本水平的发达程度，也在一定程度上促进了韩国生产率的提高，高等教育的发展为韩国20余年的技术创新转型提供了人才基础；在此期间，美国的高等教育和中等教育入学率分别从82.1%和95.7%上升到85.8%和97.2%，作为老牌发达国家，美国的人力资本水平依旧处于世界领先位置。

四 医疗卫生费用支出情况

如图2.5所示，医疗卫生支出占GDP的比重中国仅高于印度，低于其他国家，以2014年为例，中国2014年医疗卫生支出占GDP的比重为5.6%，较印度高0.9个百分点，但低于支出比重最高的美国11.5个百分点，距离世界平均水平9.9%还差4.3个百分点。这说明中国的医疗卫生开支相对GDP的水平来说，处于比较低的位置。中国人均医疗卫生支出仅高于印度，低于其他国家人均支出。以2014年为例，人均医疗卫生支出高于1053.5美元（世界平均水平）的国家有韩国和美国，中国2014年的人均医疗卫生支出为419.7美元，比印度高344.7美元，但比人均医疗卫生支出最高的美国低8982.8美元，距离世界平均水平1053.5美元还差633.8美元。在医疗卫生支出比重指标方面，中国的医疗保健体系需要进一步完善，公共保障水平需要进一步提高，医疗保健代表了高质量发展的民生方面，这一指标应当在衡量经济发展水平时予以考虑。

五　每百万人中研究人员数

由表2.7可以看出，尽管中国的科研人员总量不断上升，但对比其他国家，还存在一定差距。以2018年为例，韩国排名第一位，每百万人中研究人员数为7497.6人，美国次之，每百万人中的研究人

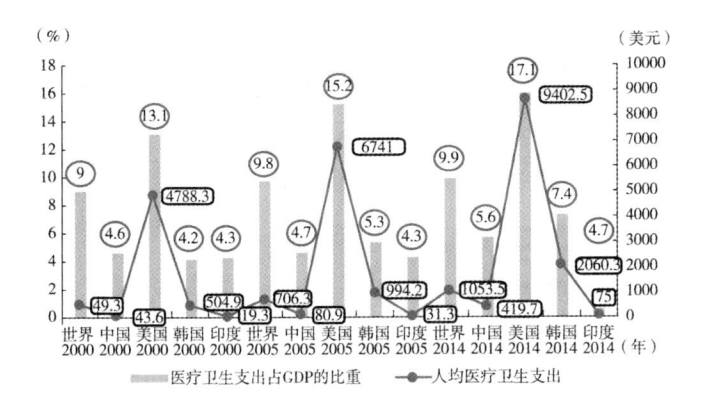

图 2.5　中、美、韩、印四国的医疗卫生支出占 GDP

比重和人均医疗卫生支出情况

资料来源：《国际统计年鉴 2017》。

员数为 4245.3 人，中国的每百万人中研究人员数为 1224.8 人，与美国韩国的差距明显，高于印度（252.7 人）。每百万人中研究人员数是体现一国创新能力的重要指标，在创新驱动发展背景下尤为重要。

表 2.7　　　中、美、韩、印四国每百万人中研究人员数　　单位：人

国家	2000 年	2005 年	2010 年	2015 年	2018 年
中国	547.3	856.8	903.0	1176.6	1224.8[①]
美国	3475.5	3718.0	3868.6	4232.0[③]	4245.3[②]
韩国	2345.4	3777.1	5380.3	7087.4	7497.6
印度	110.1	135.3	156.6	215.9	252.7

注：①为 2017 年数据；②为 2016 年数据；③为 2014 年数据。
资料来源：《国际统计年鉴 2018》。

第三节 人力资本结构特征国际比较

一 各国平均教育水平特征

根据巴罗—李（Barro-Lee）给出的每隔5年的各年龄层的教育年限数据，我们测算出劳动者年龄人口（20—59周岁）的平均受教育年限情况。由表2.8可知，处于不同发展阶段的经济体，劳动年龄人口的平均受教育年限均稳步提升。其中，整体教育水平提升幅度较大的是韩国，1950年平均教育年限为4.55年，2010年已经接近美国的教育水平。阿根廷1950年的平均教育年限为4.82年，高于韩国的教育水平，而2010年已经远落后于韩国。中国教育水平提升幅度较大，从1950年的1.21年逐步提升至2010年的8.12年。

结合样本国家增长阶段跨越和教育水平的演进过程，研究发现，跨出低收入阶段而进入中等收入阶段的经济体，已基本呈现初级教育年限的收敛趋势；跨过中等收入阶段而进入高收入阶段的经济体，会进一步表现出中级教育年限的收敛趋势。[1] 依据世

---

[1] 对国家发展阶段的划分，我们根据世界银行2012年的划分标准，即按图集法（Atlas）测度的人均GNI水平衡量，将人均GNI小于或等于1005美元的国家定为低收入国家；人均GNI在1005美元至12276美元之间的国家定为中等收入国家；人均GNI大于12276美元的国家定为高收入国家。

第二章 我国人力资本发展、特征分析及其国际比较

表 2.8　劳动年龄人口（20—59 周岁）各级教育平均年限

单位：年

整体教育平均年限

国家	1950 年	1960 年	1970 年	1980 年	1990 年	2000 年	2010 年
美国	8.90	9.90	11.40	12.60	12.90	13.40	13.60
英国	6.28	6.79	8.14	8.54	9.45	10.30	12.80
日本	6.73	7.63	8.14	9.68	10.90	12.10	12.80
韩国	4.55	4.23	6.45	8.45	10.60	12.10	13.30
巴西	2.09	2.63	3.20	3.19	4.74	6.70	8.53
阿根廷	4.82	5.57	6.47	7.54	8.72	9.23	9.98
马来西亚	2.18	2.78	3.94	5.71	7.82	9.35	10.90
泰国	1.80	2.49	2.27	3.54	4.87	5.87	8.54
中国	1.21	2.45	3.89	5.53	6.49	7.84	8.12

初级教育平均年限

国家	1950 年	1960 年	1970 年	1980 年	1990 年	2000 年	2010 年
美国	5.30	5.49	5.79	5.93	5.89	5.96	5.97
英国	4.99	5.13	5.39	5.42	5.56	5.63	5.92
日本	5.13	5.37	5.53	5.70	5.82	5.91	5.95
韩国	4.14	3.32	4.64	5.37	5.78	5.91	5.96
巴西	1.71	2.05	2.33	2.06	3.25	4.80	6.16
阿根廷	4.40	4.76	5.25	5.73	6.13	6.47	6.77
马来西亚	1.73	2.22	3.04	3.96	4.72	5.21	5.55
泰国	1.57	2.20	1.90	2.80	3.80	4.40	5.50
中国	1.00	2.00	3.10	4.20	4.50	5.20	5.20

中级教育平均年限

国家	1950 年	1960 年	1970 年	1980 年	1990 年	2000 年	2010 年
美国	3.14	3.77	4.83	5.47	5.46	5.73	5.77
英国	1.23	1.61	2.44	2.74	3.28	3.80	5.85
日本	1.44	2.04	2.31	3.38	4.21	4.97	5.38
韩国	0.37	0.80	1.57	2.73	4.19	5.05	5.50
巴西	0.35	0.53	0.79	0.94	1.27	1.63	1.99

高级教育平均年限

国家	1950 年	1960 年	1970 年	1980 年	1990 年	2000 年	2010 年
美国	0.48	0.59	0.82	1.18	1.57	1.67	1.82
英国	0.06	0.05	0.30	0.38	0.62	0.82	1.00
日本	0.17	0.22	0.29	0.60	0.91	1.19	1.44
韩国	0.05	0.11	0.24	0.35	0.64	1.14	1.82
巴西	0.03	0.05	0.08	0.18	0.22	0.26	0.37

59

续表

国家	中级教育平均年限							高级教育平均年限						
	1950年	1960年	1970年	1980年	1990年	2000年	2010年	1950年	1960年	1970年	1980年	1990年	2000年	2010年
阿根廷	0.38	0.71	1.05	1.53	2.15	2.47	2.90	0.04	0.11	0.16	0.27	0.44	0.29	0.31
马来西亚	0.41	0.51	0.86	1.66	2.83	3.83	4.77	0.04	0.04	0.04	0.09	0.27	0.31	0.57
泰国	0.20	0.27	0.33	0.60	0.83	1.19	2.51	0.02	0.03	0.04	0.15	0.23	0.26	0.54
中国	0.20	0.42	0.75	1.34	1.93	2.51	2.71	0.01	0.03	0.04	0.04	0.07	0.17	0.16

资料来源：巴罗—李教育数据库（Barro-Lee Educational Attainment Dataset, 2018 June），表中数据为笔者根据巴罗—李提供的数据测算得出的。

界银行给出的国家发展阶段的划分标准以及 WDI 数据库给出的人均国民总收入 GNI 数据（依 Atlas 法测度），样本国家跨过中等收入门槛的时间点分别为：英国（20 世纪 60 年代中期）、[①] 日本（1966 年）、韩国（1978 年）、巴西（1975 年）、阿根廷（1964 年）、马来西亚（1977 年）、泰国（1988 年）、中国（2001 年）。样本国家均已跨过低收入阶段，各个国家初级教育年限也基本呈现出收敛至 6 年左右的水平。而跨过高收入门槛经济体的中级教育年限收敛趋势较为明显，呈稳步收敛至 6 年左右的水平，其他仍在中等收入阶段的经济体则存在明显的差距。样本国家中，跨过高收入门槛经济体的时间点分别为：美国（1980 年）、英国（1987 年）、日本（1986 年）、韩国（1996 年）。这意味着，经济体如果能避开贫困陷阱，进入中等收入发展阶段，均经历了初级教育的普及和饱和；而有能力突破中等收入陷阱并进入高收入发展阶段的经济体，均经历了中级教育的饱和过程，即必须经历的初级到中级人力资本的升级过程。当前，中国劳动年龄人口初级教育平均年

---

① 世界银行 WDI 数据库为各个国家 1960 年之后的数据，美国 1962 年人均 GNI 为 3120 美元，大致推测美国跨过中等收入门槛的时间点应在 20 世纪 50 年代甚至更早；英国最早的数据为 1970 年人均 GNI 为 2450 美元，故推测跨过中等收入门槛的时间点为 20 世纪 60 年代中期。

限接近发达经济体的水平,但中级教育和高级教育水平仍有较大差距。

（2）人力资本结构变动特征。一个经济体在向高收入阶段迈进过程中,会依次经历初级教育劳动者占比先上升后下降的倒"U"形变动、中级教育劳动者占比先上升后下降的倒"U"形变动,并始终伴随高级教育劳动者占比不断上升的过程。

图2.6和图2.7分别给出了样本国家不同受教育程度劳动者占比情况与美国的对比,可以发现:①样本国家初级教育劳动者占比的变动形态均呈现快速下降的趋势,而其中增长追赶表现较好的日本和韩国,均呈现中级教育劳动者占比快速上升后又下降的态势。韩国尤为明显,自1990年之后已出现明显向下变动的趋势,同时高级教育劳动者占比已经超过了中级教育劳动者占比,形成了以高级教育劳动者为主导的增长形态。②各个发展中国家的初级教育劳动者呈现先上升后下降的倒"U"形变动特征,但是,这些国家仍处于中级教育劳动者占主导的发展阶段,初级教育劳动者占比也高于发达经济体水平。值得注意的是,中国的中等教育劳动者占比超过70%,远高于其他国家,而高级教育劳动者占比较低且增长缓慢。值得关注的一个规律性趋

势是：初级教育和中级教育劳动者占比发生下降的拐点，也是经济体实现增长跨越的关键节点。经济体跨越贫困陷阱的时间点，往往处于初级教育劳动者占比开始下降的拐点处；而跨过中等收入陷阱的时间点，会略微滞后于中级教育劳动者占比发生下降的拐点。如图2.6所示，巴西、马来西亚、泰国初级教育劳动者占比发生下降的时间点分别为1975年、1975年、1985年，与这些国家跨入中等收入阶段的时间点基本吻合。美国、英国、韩国中级教育劳动者占比开始下降的时间点分别发生在1970年、1985年、1990年，而这些国家迈进高收入门槛的时间点分别为1980年、1987年和1996年，稍微滞后数年。

自1980年起，日本中级教育劳动者占比一直维持在45%—50%的水平，1986年进入高收入国家行列。值得注意的是，中国初级教育劳动者占比从1975年开始下降，但直至2001年中国才跨入中等收入阶段。

发达国家普遍的经验是，经济体要成功实现增长阶段的转型，需要逐步实现由以初级教育劳动者为主，转变为以中级教育劳动者为主，并最终呈现由高级教育劳动者主导的增长状态。对此，我们提

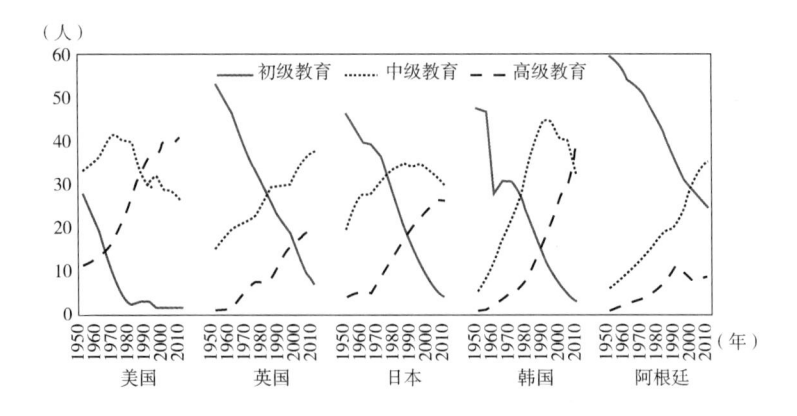

图 2.6 人力资本分布变化趋势

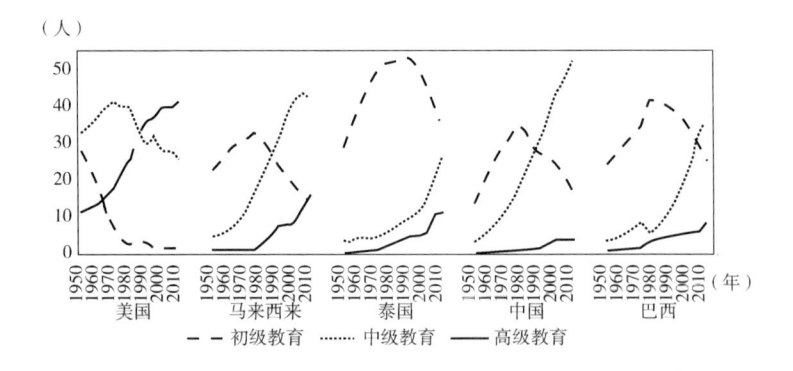

图 2.7 人力资本分布变化趋势

供进一步的理论解释。钱纳里将经济增长划分为六个阶段，分别为初级产品生产阶段、工业化初期阶段、工业化中期阶段、工业化后期阶段、后工业化社会阶段以及发达阶段。经济体在初级产品生产阶段，增长驱动模式以资源禀赋为主，处于农业社会发展阶段,经济发展以初级教育劳动者为主。进入工业化发展阶段后,劳动和资本密集型产业发展意味着增长以劳动和资本驱动为主,尤其是随着工业化深化,进入工业信息化和智能化发展阶段,经济发展对劳动者教育水平的要求逐步升高。中国增长经验表明,工业化初期阶段,劳动力部门间重新配置能产生极大的增长动能,初级教育劳动者直接从农业部门流动至工业部门,依靠人口红利优势就可以释放极大的增长潜能。但随着工业化深化,工业发展对劳动者技能和教育水平的需求逐步升高,要实现工业化阶段较好的发展,劳动力应以中级教育劳动者为主,并逐步向以高级教育劳动者为主过渡。因此,如果经济体不能在各个阶段较好地完成劳动者教育结构的转换,经济发展将会面临较大阻碍。如泰国,虽然初级教育劳动者占比已经历较长时期的下降,但由于占比过大,至今仍是以初级教育劳动者占主导,从而阻碍了其工业化发展过程中产业升级路径。大野健一(Ohno,2009)在关于落入中等收入陷阱国家面临的产业升级的"玻璃屋顶理论"中就指出,处于技术吸收阶段的泰国,正是由于不能及时提升自身的人力资本收入,才很难达成经由技术吸收实现高质量产品生产的阶段,无法突破迈入下一个产业发展阶段的隐形"玻璃屋顶",从而使增长陷入停滞的状态,泰国2018年人均收入仅为6610美元,离跨越高收入门槛仍有较大的距离。

国际比较研究发现,经济体由低收入阶段向高收入阶段的演进,会伴随人力资本结构的梯度升级,追赶成功的经济体在这个过程中会依次经历初级人力资本的倒"U"形变动,到中级人力资本的倒"U"形变动,最后实现高层级人力资本的不断积累和提升。阿西莫格鲁(Acemoglu et al.,2002)专门强调了高等教育和教育组织的重要性,主要认识是,对于经济增长而言,不仅教育支出的总量会起作用,教育的组织尤为重要,那些更接近技术前沿的国家都会更加重视高等教育。美、英、日、韩等发达经济体均表现出高等教育比重较高且稳定增长,而其他发展中国家的初级教育已基本实现饱和增长,中级教育水平和高级教育水平仍有待提升。发达经济体的增长经验显示,中级人力资本积累达到拐点并转向高层次人力资本积累后,需要经过多年的发展才能有效实现高收入门槛的跨越。成功实现增长追赶的东亚经济体在增长跨越阶段,能快速完成低层次劳动者占比的迅速下降,并转向中高层次的人力资本积累过程。这意味着,人力资本的培育、积累并发挥功效是长期的过程,当前的人力资本结构在某种程度上决定了未来的增长成效。与此相比,发展中国家通常出现的问题是,在其完成初级和中级人力资本积累之后,由于无法在较短时间内实现人力资本结构的优化升级,导致增长陷入停滞状态。在高收入门槛徘徊不前的经济体,多数仍以中级人力资本占主导,高层次人力资本积累不足。

第三章　人力资本错配形成的现实背景与特征事实

第一节　人力资本错配形成的现实背景

自 20 世纪 70 年代以来，中国经济增长经历了完整的人口红利窗口开启、人口红利实现和人口红利窗口闭合的过程，这个人口结构转型过程正好与由高增长向增长减缓转变的阶段重叠。当前，在投资增长动力消失、劳动力增长动力消失和"干中学"效应递减的压力下，维持持续增长的核心途径就是改善人力资本配置效率，释放人力资本潜力（中国经济增长前沿课题组，2014）。中国目前人力资本在数量上已经达到足够规模，在质量上也得到很大提升，而人力资本作为供给侧结构性改革的重要动力因素，中国庞大的人力资本规模并没有形成人力资本比较优势的动态演进，其重要原因就是人力资本错配。具体体现在：大学及以上学历劳动者大量进入并沉积在服务业部门，特别是分布在科教文卫等非市场化的事业单位和高度管制的电信、金融、交通业及公共服务部门，表现出全社会平均受教育年限较短和部分行业教育过度并存。一方面，事业单位体制和管制制约了人力资本生产效率的发挥；另一方面，人力资本错配使人力资本的要素功能和外部性无法实现最大化，从而抑制了人力资本红利的释放。因此，如何将专业化人力资本形成过程与人力资本匹配过程有效结合，最大化释放庞大人力资本规模的人力资本红利，以实现在供给侧结构性改革的新形势下经济的平稳过渡和适度增长成为一个重要的理论和现实问题。

人口红利问题的研究发端于"人口变化如何影响经济增长"论题的讨论。相关研究主要围绕两条主线展开：第一，Chong-Bum 和 Seung-Hoon（2006）、Bailey 等（2006）从供给的角度考察人口结构变化使劳动力供给增加所产生的"人口红利"。第二，Lee 和 Mason（2010）从需求的视角考察人口结构变化对宏观经济影响而产生的"第二次人口红利"。国内学者关于人口红利的争论主要集中于中国人口红利到底能持续多久。如蔡昉（2021）提出1980—2010年间，我国经济年均实际增长速度接近10.1%。这就是人们常说的"人口红利"。但随着我国劳动年龄人口在2010年左右达到峰值，人口老龄化挑战开始显现，"人口红利"开始逐步减弱。关于资源错配的研究文献较多关注错配的形式、错配的形成机制和错配产生的经济后果。Restuccia和Rogerson（2008）在异质性厂商假设前提下，通过增长模型论证异质性厂商间会存在要素错配现象，并指出要素配置扭曲程度受劳动所得税和资产税等经济政策的影响。Temple（2008）在一般均衡分析框架下，考察二元劳动力市场成本差异造成的城乡收入差异对总生产率的影响，强调劳动力市场刚性会造成劳动力错配。Duarte和Restuccia（2010）、Alvarez-Cuadrado和Poschke（2011）指出源于非位似偏好产生的收入效应和部门技术差异带来的替代效应所引发的劳动力错配，使农业部门劳动力逐渐减少，服务业部门劳动力不断增加，而工业部门劳动力则会呈现先增加后减少的"驼峰"形状，并把这种错配称为劳动力配置"库兹涅茨事实"。沈可挺和刘煌辉（2010）认为我国产生要素错配现象的主要原因在于以政府为主导的经济发展模式。他们还指出可以通过破除行政垄断、推进市场化等措施改善我国要素错配水平。中国经济增长前沿课题组（2014）特别强调人力资本有效配置对经济增长的影响，并指出人力资本的错配阻碍了人力资本的有效使用，而只有优化人力资本配置，提高人力资本定价的市场化程度，才能优化经济增长与结构变迁的动力机制。对于我国而言，人力资本错配的形成主要体现在如下几个方面。

第一，现阶段经济发展模式和制度结构引致人力资本错配。中国经济增长发展路径沿着工业主导向服务业主导的方向演进，这种长期资本驱动型增长惯性的存在引起人力资本错配问题。同时，传统赶超模式中的"纵向"干预体制尚未深入改革，从而使有利于创新和生产效率改进的"横向"市场竞争机制和激励因素未发挥作用，这种传统赶超模式也容易产生人力资本错配问题（中国经济增长前沿课题组，2014）。比如，中国投资向非生产部门的过度分流和对廉价劳动力的过度依赖使高人力资本无法向科技创新部门流动，政府扶持垄断部门及事业单位等非市场部门的庞大规模、利益固化等也使大量拥有科学和工程技术学位的毕业生蜂拥到高收入的垄断行业工作，尤其是以国有企业为主的金融业。

这表明，具有创新潜力的科技人才很可能因为薪酬激励而到非生产性、非创新性的部门就业，那么，在缺少更高质量和更多数量的科技人力资本流入时，研发部门创新效率低下，要素报酬下降，进一步恶化了人力资本向研发部门的聚集。

第二，人力资本被动分割局面形成人力资本错配。随着大规模工业化的发展，农村大量剩余劳动力流向工业部门和传统服务业部门，逐渐形成低层次劳动者汇集工业和传统服务业部门，高层次劳动者聚集至非生产性事业单位以及公共管理部门，形成人力资本分布被分割的局面，而这种分割局面造成不同部门间人力资本流动性缺乏，因此产生人力资本错配问题。

第三，人力资本供需结构失衡形成人力资本错配。一方面，从人力资本需求侧来看，在中国劳动市场不完善的背景下，虽然大量人力资本聚集至受政府管制的事业单位部门和公共服务部门，但现代服务业高层次人力资本集聚不足，从而产生对劳动要素的偏向性需求以及对劳动要素偏向性供给偏差，即形成所谓人力资本供需结构失衡。另一方面，从人力资本供给侧来看，不同层次人力资本自由流动还面临制度限制及中低层次人力资本向高层次人力资本转化的障碍。比如,当前中国的生产要素依然镶嵌在已有的经济制度内,如户籍制度、社会保障制度等,而现有制度在一定程度上阻碍了要素的有效配置,抑制发达地区集聚效应的扩散。从人力资本需求侧来看,尽管中国人力资本累积程度已经达到推动产业结构优化升级的临界门槛,从而潜在地具备人力资本与产业结构适宜匹配并产生良性互动的条件;但当前中国产业转型的方向依然是偏向性增长的路径跃迁,对高层次人力资本需求依然不足。

第二节 人力资本错配的特征事实

一 中国各行业人力资本分布情况

本书基于纪雯雯和赖德胜(2018)的方法,通过构建人力资本沉淀系数计算出中国 18 个行业部门人力资本配置情况,人力资本沉淀系数越大,表明该行业人力资本越密集,具体计算结果见图 3.1。

图 3.1 显示,文化、体育和娱乐业人力资本沉淀系数为 5.58,水利、环境和公共设施管理业人力资本沉淀系数为 5.26,卫生、社会保障和社会福利业人力资本沉淀系数为 3.04,公共管理和社会组织

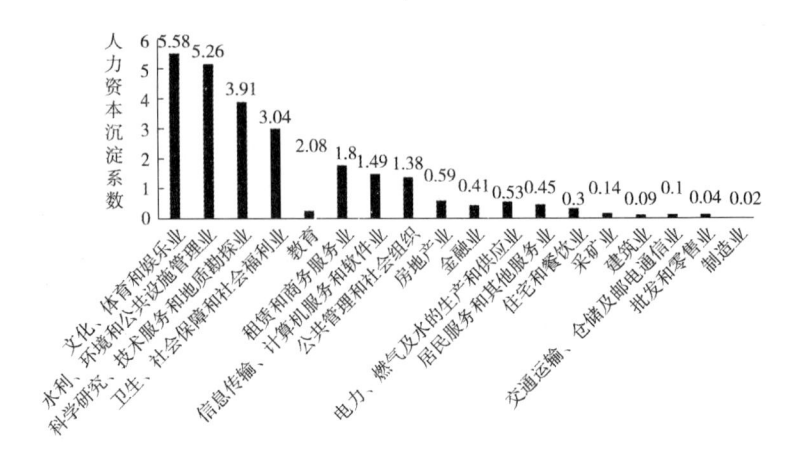

图3.1 中国不同行业部门人力资本配置情况（平均值：2004—2016年）

人力资本沉淀系数为1.38，但是生产部门，比如制造业人力资本沉淀系数仅为0.02。平均而言，中国以政府为主的公共部门人力资本占比是以制造业为主的生产部门的7.6倍。进一步，从高等教育及以上学历的劳动力占比来看，中国公共管理和社会组织高等教育及以上学历的劳动力占比为66%，卫生、社会保障和社会福利业高等教育及以上学历的劳动力占比为65.2%，电力、燃气及水的生产和供应业高等教育及以上学历的劳动力占比也高达42.3%（纪雯雯和赖德胜，2018）。这意味着，相对于生产部门，中国公共部门积聚大量人力资本，而生产部门人力资本则相对不足。

为了对比中国与发达国家各行业人力资本分布的差异，我们利用美国综合社会调查（GSS）数据和第六轮欧洲社会调查（ESS Round6）数据，以及《中国统计年鉴》各行业的数据，通过测算中国与欧美国家各个行业的人力资本强度，来进一步观察不同国家行业人力资本分布的情况。人力资本强度指标[①]越大，表明行业人力资本越密集。根据数据的可得性，我们选取的欧洲国家包括英国、法国、意大利和比利时。测算结果如表3.1所示。

表3.1　　　　　不同国家行业人力资本强度对比

行业	美国	英国	法国	意大利	比利时	中国
农林牧渔业	0.176	2.070	2.777	3.696	2.251	0.004
采矿业	0.000	0.075	2.358	1.330	4.299	0.306
制造业	0.661	1.222	1.465	1.206	1.501	0.040
电力、燃气及水的生产和供应业	0.502	0.435	0.595	0.651	0.432	2.235
批发和零售业	0.580	1.452	1.140	1.282	0.984	0.304
交通运输、仓储及邮电通信业	0.553	1.269	1.264	0.633	0.833	0.817
信息传输、计算机服务和软件业	1.031	0.439	0.322	0.362	0.697	1.651
金融业	0.945	0.426	0.690	0.388	0.630	1.700
房地产业	0.084	0.093	0.073	0.006	0.045	0.944

① 人力资本强度，即各行业大学及以上学历人口占比/行业增加值占GDP的比重。

续表

行业	美国	英国	法国	意大利	比利时	中国
租赁和商务服务业	2.808	0.314	0.363	1.120	0.465	3.449
科学研究、技术服务和地质勘探业	0.556	1.697	1.351	0.113	6.115	9.197
教育	23.647	1.648	1.364	1.675	1.115	4.129
卫生、社会保障和社会福利业	1.469	1.757	0.976	1.503	1.256	5.794
文化、体育和娱乐业	1.654	1.535	1.304	2.737	3.936	12.230
公共管理和社会组织	0.878	1.395	1.048	1.114	1.026	2.772

资料来源：美国综合社会调查（GSS）、第六轮欧洲社会调查（ESS，Round 6）、《中国统计年鉴》以及中国经济增长前沿课题组（2014）。

首先，从国内来看，如表 3.1 所示，中国的电力、燃气及水的生产和供应业，卫生、社会保障和社会福利业，文化、体育和娱乐业以及公共管理和社会组织等属于典型的国家行政事业单位，而这些行业的人力资本强度是最高的。这表明，相较于欧美市场化部门，中国行政管制部门的人力资本聚集较多，这些部门主要依靠财政拨款，属于非市场化的参与主体，但汇集了大量的科研人才和创新人才，是由政府管制部门的激励扭曲造成的。现实中这些部门的工资收入未必具有绝对优势，但其工作中的隐含福利使政府部门或事业单位长期收益预期高于市场化部门，从而形成对高层次人才极大的吸引力，一直存在的"公务员热"现象就是对此最好的说明。

同时，中国扭曲程度较高的垄断竞争部门也集聚了大量的人力资本，典型的如金融业和房地产业。这些部门由于垄断经营、不公平竞争以及较易获得政府高额补贴，因而能长期获得高额利润，形成高层次人才集聚的核心吸引力。其次，从国际比较来看，中国、美国、英国、德国等经济合作与发展组织OECD国家公共部门和生产部门人力资本配置比情况。如图3.2所示，中国公共部门和生产部门人力资本配置比为5.436，而美国、德国、法国、英国、日本、韩国、卢森堡和比利时公共部门和生产部门人力资本配置比分别为1.402，1.607、1.217、1.028、1.916、2.759、1.271和1.302。由此可见，中国公共部门和生产部门人力资本配置比远高于美国、英国等OECD

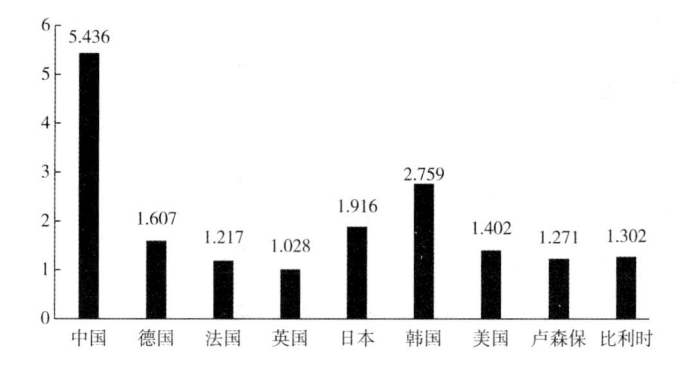

图 3.2 不同国家公共部门和生产部门人力资本配置比

（平均值：1995—2015 年）

国家。中国经济增长前沿课题组（2014）也发现，美国、英国和法国等 OECD 国家，制造、批发和零售、教育、卫生、公共管理等行业，人力资本配置程度相当。相比而言，中国人力资本规模最高的行业依次为：科学研究和技术服务业、教育、公共管理和社会组织、社会保障和社会福利业、卫生和社会工作、金融业，这些行业大多是市场化程度较低的政府管制性公共部门。具体到数值比较，中国的公共管理、社会保障和社会福利部门人力资本强度是美国的 3 倍多，但美国制造业人力资本强度是中国的 16 倍多。另外，相比其他国家，中国研发人员不足。2014 年，中国计算机与电子行业、制药业的研发人员分别占劳动力比重为 4.66%、2.67%，而美国的相应比重为 11.37% 和 13.23%；根据世界银行最新公布的数据，2005—2015 年，中国每百万人中研发人员数为 1113，不到法国、德国、英国和美国的 1/3，不及日本和韩国的 1/4，大约是俄罗斯的 1/3。最后，从纵向发展来看，国家统计局的数据显示，2008 年政府机关人员 1328 万人，事业单位人员 2618 万人，财政供养人员合计为 3946 万人，到 2014 年年底，中国财政实际供养人数远超过 6400 万。其中，大学及以上学历人员中，新增公务员人数从 2009 年的 13

万增加到 2015 年 19.4 万，年增长率为 8.2%。由此可见，不管是国内不同行业部门之间比较，还是与 OECD 等发达国家进行比较，都表明中国公共部门具有较高人力资本规模，并且呈现递增趋势。

二　中国各行业的相对工资水平

为了进一步印证上述观点，这里提供的是中国各行业相对工资水平的对比分析。部门间要素报酬扭曲，造成人力资本大多沉积于事业单位和垄断部门，而不能进入科技创新型部门。中国的制造业是竞争性行业，市场化程度较高，因此本书以制造业为基准，比较其他行业相对于制造业的平均工资水平。图 3.3 显示，交通运输、仓储和邮政业，电力、燃气及水的生产和供应业，信息传输、计算机服务和软件业等垄断竞争行业，以及科学研究、技术服务和地质勘探业，教育，卫生、社会保障和社会福利业，文化、体育和娱乐业，公共管理和社会组织等政府管制部门的相对工资水平较高。其中，金融业相对工资水平仅次于信息传输、计算机服务和软件业，而之前连续多年（2009—2015 年）金融业平均工资排名第一位。

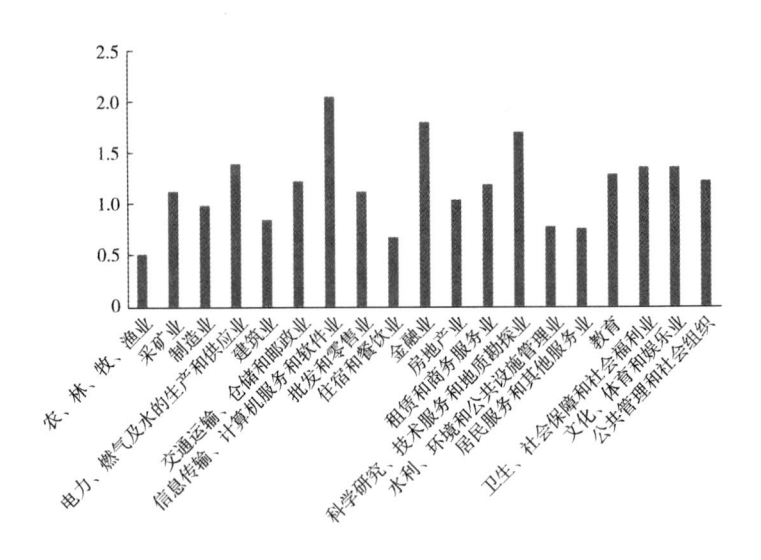

图 3.3　中国各行业与制造业平均工资比

中国垄断竞争部门和政府管制部门的工资差异，使市场化部门和非市场化部门存在劳动力市场的二元分割，造成人力资本过多集中于非生产性、非创新性部门，高层次人才使用效率低下。在劳动力市场充分开放、信息透明的情况下，人才在市场条件下能通过充分流动发掘自身价值。当存在高度垄断部门或政府管制部门（也称"体制内部门"）时，劳动力市场分割使信息不对称，造成劳动力流动受阻，个体的自我配置能力由活跃状态转变为休眠状态，甚至是关闭状态。美国80%左右的优秀人才聚集在企业部门，而中国有大量的科技人才集聚在党政机关、高校和科研院所等部门，科研人员过多地分布在企业之外的地方，不利于人才的充分利用和开发。而政府管制部门的工资政策也不能鼓励高层次人力资本获取与其能力和努力相符的回报水平，因此缺乏个人进行人力资本投资的激励，不利于这些部门的人力资本结构升级。劳动力市场的二元分割使体制内外劳动力市场存在制度性障碍，造成体制内和体制外的人才在收入、激励和福利等方面存在巨大差距。这也严重制约人才的流动和优化配置。

人力资本培育是长期的过程，现有人力资本配置的不合理极大地降低了人力资本的使用效率，造成对人才的极大浪费。我们在重视人才长期培养的同时，也应注重有效引导人力资本的合理配置，最大限度地发挥人力资本的使用效能，助推经济增长。

三　与广义人力资本积累相关的知识消费水平

广义恩格尔定律表明，当发展阶段进入工业化后期时，随着生活水平的提高，消费者偏好多样性变得越来越重要，需求弹性较大的科教文卫等项目居于消费模式的高端，通过消费结构升级实现人力资本积累并转化为创新动力。但当前中国知识消费水平与发达经济体相比，存在较大差距。本书关于知识消费的界定主要借鉴中国经济前沿课题组（2015）的相关研究，与广义人力资本积累有关的消费项包括健康、文化娱乐、教育以及杂项。鉴于国内数据的可得性，这里把知识消费支出归拢为以下三个项目之和，即教育文化娱乐消费、医疗保健消费、其他用品及服务消费。如表3.2所示，改革开放以来，中国知识消费占比稳步提升，从1980年的16.6%提升至2000年的24.3%，但进入21世纪之后，却逐渐表现出下降的趋势，2010—2017年知识消费占比平均水平为21.7%，与2017年水平一致。这意味着，随着中国居民收入水平的提升，知识消费占比呈现出下降的趋势。而通过对中国各区域知识消费水平的分析发现，经济发达的东部地区知识消费水平不及中西部地区。这在一定程度上反映了中国人力资本深化过程受阻的现状。

表3.2　　　　　　各国知识消费占比情况　　　　　　单位：%

国家	1970年	1980年	1990年	2000年	2010—2017年	2017年
美国	29.5	34.3	40.6	44.0	46.0	47.2
日本	31.8	25.8	28.5	29.8	27.6	27.7
新加坡	27.8	31.8	35.7	36.3	39.6	40.8
韩国	15.1	24.5	28.6	31.6	32.9	32.7

续表

国家	1970 年	1980 年	1990 年	2000 年	2010—2017 年	2017 年
中国	—	16.6	18.2	24.3	21.7	21.7

资料来源：根据 UNDATA 数据库和 1970—2017 年《中国统计年鉴》居民消费支出数据计算而得。

从国际增长经验来看，自 20 世纪 70 年代以来，伴随经济减速增质，发达经济体普遍呈现出高城市化率、高服务业占比和高知识消费占比的特征。换句话说，城市化阶段高质量发展的核心是，摆脱大规模工业化时期以产品供给为中心的增长模式，转而塑造以要素质量高端化为支撑的发展模式，发挥城市化的消费带动功能，实现劳动力要素质量提升和效率持续改进。对此，中国经济增长前沿课题组（2016）提出消费的效率动态补偿命题，强调"消费结构升级→人力资本提升和知识创新→效率提升→消费结构升级"的动态循环至关重要，这是创新发展的基础。因此，如果知识消费促进人力资本提升的链条受阻，将不利于整个动态循环的实现。现阶段，中国知识消费水平落后且增长缓慢的主要原因，在于知识消费相关的现代服务业发展不充分，这也是转型时期高质量发展的重大挑战。在知识和人力资本积累升级中本应发挥重要作用的科教文卫部门，大多受到管制，市场竞争的缺乏使相关产业活力不足，从提供服务的数量和质量来看，均有待发展和改善。

四 人力资本错配的其他表现

第一，研发人员与研发资本投入错配。2014年中国研发投入为1.302万亿元，占GDP的比重为2.05%。与世界其他国家相比，只有15个国家研发投入占GDP的比重超过2%。然而，研发投入占GDP比重高于中国的15个国家的研发人员占百万人口的比例均在3500人以上，例如，东亚地区的日本、韩国和新加坡分别是5158人、5928人和6438人，而中国仅为1020人。第二，高人力资本在行业间的错配。具体而言，中国计算机与电子行业和制药业是制造业中高人力资本占劳动力比例较高的行业，高人力资本占比分别为4.66%和2.67%，而美国的相应比例分别是11.37%和13.23%。第三，中国人力资本与未来的新型产业结构错配，这种错配直接表现为作为人力资本的生产要素虽然在数量上达到足够规模，但在专业化程度上同资本和技术密集型产业不匹配，最终给产业转型造成困难。第四，中国人力资本错配不仅体现在数量错配，还体现在工作强度和效率的错配，等等。

第四章 人力资本供需结构

中国高等教育在大学生人才培养问题上存在两种不同的观念：一种是直接面对市场需要，培养"对口"人才；另一种是与市场保持距离，从长远利益出发，着重为大学生未来发展奠定基础。前一种人才观通常被企业家和用人部门所接受，而后一种人才观则是教育家所信奉的。一方面，高校扩张使专业门类庞大，分支林立，这意味着，人力资本受教育专业常常与用人单位实际专业需要不匹配，因此，失业摩擦经常发生，大学生岗位转换频繁，人力资本红利释放受阻。另一方面，中国经济转型之后的效率模式应该是人的发展和社会开发，而人力资本供需错配带来的资源配置低效率事实已经严重影响当前中国"转方式，调结构"战略实施成功，并成为阻碍中国经济高质量增长的重要因素（李静和楠玉，2019）。相关研究文献主要集中在要素错配的测度及其经济效应两个维度展开讨论。比如，Shimer（2005）通过量化劳动力错配水平，在构建的动态错配模型中，分析劳动力错配与职位空缺、失业和再就业率间的相互关系。Satchi和Temple（2009）在两部门一般均衡分析框架下，考察二元劳动力市场成本差异造成的城乡收入差异对总生产率的影响。Yang和Chen（2012）利用印度尼西亚企业数据，研究发现企业要素错配会造成整个国家全要素生产率下降超过40%。Patterson等（2016）的研究则表明，劳动力部门错配可在67%的程度上解释2007年后英国劳动生产率出现的持续严重的停滞现象。关于人力资本错配测度的研究，Restuccia和Rogerson（2013）总结出两种测度要素错配度的方法，即直接评价法和间接评价法。考虑人力资本的异质性之后，Hsieh和Klenow（2009）通过不断放松完全竞争市场环境和规模报酬不变的假设，构建用于测度要素错配度的多维度指标。Aoki（2012）基于存在特定部门（行业）扭曲的多部门均衡模型对造成跨国TFP差距的原因进行分解，测定出跨国TFP差距究竟是哪个部门（行业）人力资本错配，以及测定是否由人力资本与其他要素配置扭曲所致。沿着这一思路，盖庆恩等（2013）将劳动力市场扭曲纳入封闭的两部门模型分析框架，分析了劳动力市场扭曲同经济增长和经济结构变迁的关系。王恕立和刘军（2014）采用半参数的LP方法研究发现，国有化程度越高的技术密集型服务业，劳动力资源再配置效应会越差。曲玥（2016）进一步测算了劳动力的配置损失程度。人力资本结构研究课题组（2012）借鉴"耦合协调"理论，对中国工业部门人力资本和物质资本要素匹配协调度进行测算，并强调人力资本和物质资本在数量和结构上匹配和均衡。

用人单位专业需要与高校专业方向错配一直是摆在中国高等教育改革面前的重要问题，研究高校就业供需错配程度具有重要的政策含义：第一，有利于清楚地区分由人力资本供需结构矛盾造成的错配以及由人力资本激励扭曲造成的错配，便于国家采取针对性的措施对不同人力资本错配进行矫正；第二，有利于制定适宜的由人力资本积累阶段性策略，避免教育资源与其他生产要素的浪费，促进人才培养战略的合理化。但是，以往研究也存在一定的局限性。首先，已有研究未充分考虑人力资本的异质性，可能正是因为人力资本间存在横向与纵向的质量差异,而市场机制并不能给予完美的甄别致使错配发生;其次,以往研究通常在规模报酬不变的生产函数假设条件下构造人力资本错配测度模型,研究设定过于苛刻,模型设定过于复杂。因此,本章将借助 Hotelling 产品质量横向差异化性质,放松原有测度模型假设,以贴近经济现实,构造高校专业方向与企业的实际需要错配程度指标,借此体现人力资本市场均衡需求和中国高校的专业设置之间的矛盾。

第一节 专业需要与高校专业方向错配度

高校专业方向与企业实际需要错配度指标的构造步骤如下。

(1) 根据《普通高等学校本科专业目录》以及《学位授予和人才培养学科目录》对专业进行分类,令两个专业 X 和 Y 间的市场化差异度为

$$\varphi(X, Y) = \#\{A \cap B\} / \{A \cup B\} \quad (4.1)$$

式中:A 为雇用专业 X 人力资本的(全部产业的)所有企业构成的集合;B 为雇用专业 Y 人力资本的(全部产业的)所有企业构成的集合;$A \cap B$ 为企业同时面向 X 专业与 Y 专业的岗位;$A \cup B$ 为只要满足 X 专业或 Y 专业的其中一个的岗位总和。# 为集合

$A\cap B$ 与 $A\cup B$ 中元素的个数。式（4.1）体现了人力资本市场需要和学校的专业设置之间的矛盾，如果用人单位专业需求与真实招工的人力资本专业有一定差异，则体现人力资本供需结构的错配。比如，银行想招聘金融学专业的硕士，但是金融学专业的硕士市场供给不足，只能招聘产业经济学专业的硕士，这种配置降低了人力资本使用效率，同时也增加了培训成本。

（2）为测算整个社会平均错配度，本节选择不同企业雇佣成本比重作为权重。具体而言，令产业内所有企业共同方向为 Z，且令 $x_i(X)$ 为企业 i 对专业为 X 的人力资本雇佣成本占所有人力资本雇佣成本的比重，Δ_i 为企业 i 雇佣人力资本专业的集合。因此，整个社会所有专业方向与就业岗位错配度的平均值可以表示为

$$\varphi_i = \sum_{X\in\Delta_i} x_i(X)\,\varphi(X,Z) \qquad (4.2)$$

由于存在不同专业市场化相似性，共同方向为 Z 的企业 i 会招聘所有专业的劳动力，所以，式（4.2）可以分解为以下累积之和的形式：

$$\varphi_i = \sum_{X\in\Delta_i} x_i(X)\,\varphi(X,Z) = \varphi(a,Z)\sum x_i(a)$$
$$+\cdots+\varphi(l,Z)\sum x_i(l) \qquad (4.3)$$

并且,当企业 i 共同方向为 $a,b,\cdots,l$ 时,φ_a, $\varphi_b,\cdots,\varphi_l$ 的概率为企业共同方向为 $a,b,\cdots,l$ 时 φ_i 的概率,令概率为 $p_a,p_b,\cdots,p_l$,则式(4.3)可以进一步转换为

$$E(\varphi) = p_a(\varphi_a) + p_b(\varphi_b) + \cdots + p_l(\varphi_l)$$
(4.4)

因此,由式(4.4)可以测算出社会所有专业方向与就业岗位错配度的平均值。

本章数据来源:各专业招聘总人数来自 2017 上半年"校园招聘网",不同专业的雇佣成本分布情况来自"百度招聘"。具体而言,2017 上半年各专业的招聘总人数如下:工学(a)123140,理学(b)37431,医学(c)1039,管理学(d)68321,文学(e)25263,农学(f)28025,哲学(g)26298,经济学(h)3285,历史学(i)9733,教育学(j)24626,法学(k)6835,艺术学(l)29398。

(1)不同专业市场化差异度。首先,计算出不同专业 A∩B 的人数分别如下。ab:24692,ac:637,ad:34000,ae:3728,af:1039,ag:17652,ah:3285,ai:6974,ag:17652,ak:6835,al:21401,bc:22,bd:24188,be:1129,bf:198,bg:210,bh:1035,bi:78,bj:4392,bk:6346,bl:2625,cd:216,ce:

1032，cf：739，cg：1035，ch：36，ci：418，cj：32，ck：44，cl：10，de：13947，df：15402，dg：16083，dh：1711，di：5814，dj：14507，dk：3872，dl：18312，ef：1008，eg：912，eh：136，ei：533，ej：6195，ek：2422，el：1941，fg：159，fh：40，fi：67，fj：1835，fk：3162，fl：689，gh：3285，gi：0，gj：2243，gk：3065，gl：700，hi：2978，hj：317，hk：341，hl：132，ij：1149，ik：1030，il：645，jk：701，jl：2208，kl：3138。

其次，借助式（4.1），计算出不同专业市场化差异度，具体见表4.1。

表4.1　　　　　　　不同专业市场化差异度

指标Ⅰ	工学	理学	医学	管理学	文学	农学	哲学	经济学	历史学	教育学	法学
理学	0.154										
医学	0.005	0.001									
管理学	0.178	0.229	0.003								
文学	0.025	0.018	0.039	0.149							
农学	0.007	0.003	0.026	0.160	0.019						
哲学	0.118	0.003	0.038	0.170	0.018	0.003					
经济学	0.026	0.026	0.008	0.024	0.005	0.001	0.111				
历史学	0.053	0.002	0.039	0.075	0.015	0.002	0	0.229			
教育学	0.050	0.071	0.001	0.156	0.124	0.035	0.044	0.011	0.034		
法学	0.053	0.143	0.006	0.052	0.076	0.090	0.093	0.034	0.062	0.022	
艺术学	0.140	0.039	0	0.187	0.036	0.012	0.013	0.004	0.017	0.041	0.087

（2）企业专业需要与专业方向错配度。式（4.2）中，不同专业的 $\sum x_i(X)$ 计算方法为：企业对所有专业为 X 劳动力雇佣成本的平均值×企业招聘专业为 X 劳动力占总招聘人员的比重/企业对所有劳动力的总雇佣成本。计算结果具体为：$\sum x_i(a) = 0.294$；$\sum x_i(b) = 0.104$；$\sum x_i(c) = 0.003$；$\sum x_i(d) = 0.218$；$\sum x_i(e) = 0.056$；$\sum x_i(f) = 0.058$；$\sum x_i(g) = 0.072$；$\sum x_i(h) = 0.013$；$\sum x_i(i) = 0.018$；$\sum x_i(j) = 0.058$；$\sum x_i(k) = 0.022$；$\sum x_i(l) = 0.084$。

将上述结果代入式（4.3），可以得出共同方向为 Z 的企业专业需要与专业方向错配度，见表4.2。

表4.2　　　　　企业专业需要与专业方向错配度

指标	工学	理学	医学	管理学	文学	农学	哲学	经济学	历史学	教育学	法学	艺术学
错配度	0.374	0.212	0.013	0.352	0.113	0.102	0.105	0.043	0.059	0.107	0.090	0.178

根据表4.2，基于2017上半年就业数据，工学的错配度为0.374；理学的错配度为0.212；医学的错配度为0.013；管理学的错配度为0.352；文学的错配度为0.113；农学的错配度为0.102；哲学的错配度为0.105；经济学的错配度为0.043；历史学的

错配度为 0.059；教育学的错配度为 0.107；法学的错配度为 0.090；艺术学的错配度为 0.178。

进一步地，可以测算出 2017 上半年中国的专业方向与就业岗位匹配度的均值 $E(\varphi)$。由于企业 i 共同方向为 $a,b,\cdots,l$ 时，$\varphi_a,\varphi_b,\cdots,\varphi_l$ 的概率为企业共同方向为 $a,b,\cdots,l$ 时的概率，取值为"校园招聘网"中企业对不同学科招聘人数/招聘总人数。因此，均值测算结果为

$$E(\varphi) = p_a(\varphi_a) + p_b(\varphi_b) + \cdots + p_l(\varphi_l) = 0.2420$$

根据以上测算结果，平均而言，2017 上半年中国总体专业方向与就业岗位错配度为 0.2420。其中，医学、经济学和历史学错配度最低，只有 5% 的错配度；其次为教育学、法学、农学和文学，有 10% 的错配度；排名最高的为工学、理学和管理学，有高于 30% 的错配度。

第二节 专业需要与高校专业方向错配度的动态变化

为进一步测算用人单位专业需要与高校专业方向错配度的动态变化情况，需要进一步将以上 φ 的构造放到时间序列中。但是引入时间序列数据，上

述测算需要排除经济波动对 φ 的影响,即排除专业的选择会因为经济波动而改变。为解决此问题,首先,需要对式(4.1)进行修正:

$$\varphi_t(X, Y) = \#\{A_t \cap B_t\} / \{A_t \cup B_t\} \quad (4.5)$$

式中:A_t 与 B_t 分别为 t 年招聘 X 专业与 Y 专业人力资本的企业集合;φ_t 为 t 年新增的专业市场化差异度。其次,优化与经济增速相关的权重函数 q_t,构造

$$\varphi(X, Y) = \sum_{t=1}^{T} q_t \varphi_t(X, Y) \quad (4.6)$$

保证所有产业在可观测到的所有时间内一致。其中,权重函数 q_t 可以采用熵值法测算,进一步结合式(4.3)和式(4.4)可以测算出各个专业与岗位需求的错配度。

本章寻找了2011年、2014—2016年共4年的人力资本情况。2011年数据来源于"中国教育在线",2014—2016年数据来源于"应届生就职网"。具体而言,2011年各专业的招聘总人数如下:工学(a)3260,理学(b)121,医学(c)293,管理学(d)1617,文学(e)135,农学(f)92,哲学(g)90,经济学(h)2873,历史学(i)90,教育学(j)97,法学(k)100,艺术学(l)113;2014年各专业的招聘总人数如下:工学(a)1654,理学(b)195,医学(c)401,管理学(d)383,文学(e)

166，农学（f）174，哲学（g）86，经济学（h）700，历史学（i）34，教育学（j）1222，法学（k）216，艺术学（l）173；2015年各专业的招聘总人数如下：工学（a）4049，理学（b）598，医学（c）698，管理学（d）798，文学（e）235，农学（f）336，哲学（g）104，经济学（h）511，历史学（i）148，教育学（j）917，法学（k）185，艺术学（l）209；2016年各专业的招聘总人数如下：工学（a）564，理学（b）369，医学（c）330，管理学（d）232，文学（e）57，农学（f）144，哲学（g）46，经济学（h）256，历史学（i）24，教育学（j）93，法学（k）70，艺术学（l）23。

（1）不同专业的市场化差异度。2011年不同专业A∩B的人数如下。ab：121，ac：92，ad：611，ae：114，af：90，ag：90，ah：228，ai：90，ak：100，al：100，bh：58，cd：25，ch：9，cj：45，de：3，dh：930，eh：34，el：2，fk：2，gh：9，hi：9，hj：9，hk：95，hl：9。

2014年不同专业A∩B的人数如下。ab：163，ac：19，ad：179，ae：59，af：19，ah：184，ai：19，aj：115，ak：30，al：137，bc：10，bd：3，bh：50，bj：66，cd：2，ce：2，ch：13，cj：170， ck：2，de：63，df：16，dg：3，dh：168，di：3，dj：62，dk：21，dl：13，ef：10，eh：49，ej：46，fh：23，fj：18，fk：10，gh：13，gj：29，hi：13，hj：24，hk：124，hl：13，ij：7，jk：16，jl：41。

2015年不同专业 A∩B 的人数如下。ab：123，ac：51，ad：512，ae：177，af：128，ag：45，ah：149，ai：45，aj：212，ak：55，al：61，bc：54，bd：44，be：11，bf：18，bg：10，bh：26，bi：10，bj：145，bk：11，bl：10，cd：45，ce：6，cf：6，cg：6，ch：6，ci：6，cj：29，ck：7，cl：6，de：1，df：50，dh：117，dj：88，dk：17，ef：3，eh：6，ej：100，ek：6，fg：3，fh：6，fi：3，fj：68，fk：4，fl：4，gh：3，gj：65，gk：1，hi：3，hj：165，hk：41，hl：13，ij：78，jk：43，jl：175，kl：115。

2016年不同专业 A∩B 的人数如下。ab：122，ac：26，ad：113，ae：40，af：59，ah：82，ai：21，aj：44，ak：32，al：21，bc：105，bd：5，be：11，bf：5，bh：6，bj：6，cd：5，cf：5，de：4，df：33，dh：83，dj：1，dk：7，ef：5，eh：2，fh：7，fj：5，fk：5，gh：26，hi：2，hj：24，hk：24，hl：2，ij：1。

（2）权重函数 q_t 的测算。本章采用熵值法测算不同年份权重函数 q_t，计算过程：首先，构造出算例；其次，求出属性在不同方案下的贡献度 $E_j = -K \sum p_{ij} \times \ln(p_{ij})$，其中，$K = 1/\ln(66)$，$p_{ij}$ 为算例中每行的数值与上一列数值之和的比；再次，计算各方案贡献度的一致性程度 $D_j = 1 - E_j$；最后，计算出各方案贡献度的一致性程度 D_j 与所有 D_j 和的商，则 2011 年、2014 年、2015 年和 2016 年市场化差异的权重分别为 0.25、0.27、0.23 和 0.25。优化与经济增速相关的权重函数 q_t 之后，根据式（4.5）测算修正后的市场化差异度值见表 4.3。

表 4.3　　　　　修正后的市场化差异度

指标 I	工学	理学	医学	管理学	文学	农学	哲学	经济学	历史学	教育学	法学
理学	0.072										
医学	0.019	0.052									
管理学	0.115	0.011	0.015								
文学	0.043	0.010	0.003	0.035							
农学	0.037	0.007	0.004	0.040	0.015						
哲学	0.021	0.003	0.002	0.002	0	0.002					
经济学	0.063	0.028	0.006	0.157	0.022	0.013	0.028				
历史学	0.021	0.003	0.002	0.001	0	0.002	0	0.008			
教育学	0.045	0.038	0.061	0.023	0.029	0.021	0.021	0.048	0.021		
法学	0.027	0.003	0.003	0.019	0.003	0.017	0	0.077	0	0.012	
艺术学	0.040	0.003	0.002	0.006	0.002	0.002	0	0.008	0	0.044	0.009

进一步地，根据式测算企业专业需要与专业方向错配度，结果见表 4.4。

表 4.4　　　　　　　　　　修正后的错配度

指标	工学	理学	医学	管理学	文学	农学	哲学	经济学	历史学	教育学	法学	艺术学
错配度	0.340	0.132	0.022	0.264	0.081	0.082	0.083	0.079	0.027	0.091	0.039	0.102

根据表 4.4，修正之后，工学的错配度为 0.340；理学的错配度为 0.132；医学的错配度为 0.022；管理学的错配度为 0.264；文学错配度为 0.081；农学的错配度为 0.082；哲学的错配度为 0.083；经济学的错配度为 0.079；历史学的错配度为 0.027；教育学的错配度为 0.091；法学的错配度为 0.039；艺术学的错配度为 0.102。其平均值为

$$E(\varphi) = p_a\varphi_a + p_b\varphi_b + \cdots + p_l\varphi_l = 0.1937$$

根据模型修正后的测度结果，2017 年上半年中国总体专业方向与就业岗位错配度相比修正之前下降了 0.05 左右，但是各个专业继续保持一致结果：历史学、法学和医学错配度最低，数值在 5% 左右，其次为经济学、农学、文学、教育学、艺术学和哲学，数值在 10% 左右，错配度最高的是工学和管理学，存在 30% 的错配度。

为了更直接体现中国的专业方向与就业岗位错配度的变化，本书进一步测算 2011 年、2014—2017 年中国的专业方向与就业岗位错配度，结果见表 4.5。根据测算结果，2011 年、2014—2017 年中国的专业

方向与就业岗位错配度均值分别为 0.186、0.194、0.191、0.204、0.242。因此，从时间变化上看，中国的专业方向与就业岗位错配度随时间呈上升趋势，2017 年错配度相比 2011 年上升约 7.39%，这表明中国高校专业设置和市场需求的矛盾在不断扩大。

表 4.5　　　　2011 年、2014—2017 年错配度变化情况

年份	工学	理学	医学	管理学	文学	农学	哲学	经济学	历史学	教育学	法学	艺术学	均值
2011	0.337	0.116	0.021	0.259	0.068	0.067	0.081	0.073	0.027	0.068	0.033	0.094	0.186
2014	0.337	0.136	0.017	0.261	0.096	0.072	0.080	0.087	0.024	0.092	0.040	0.114	0.194
2015	0.330	0.130	0.021	0.261	0.077	0.084	0.082	0.054	0.028	0.122	0.040	0.101	0.191
2016	0.360	0.149	0.031	0.270	0.083	0.107	0.084	0.094	0.030	0.083	0.045	0.096	0.204
2017	0.340	0.132	0.022	0.264	0.081	0.082	0.083	0.079	0.027	0.091	0.039	0.102	0.242

具体到各个专业的测算结果可以看出，理学、医学、文学和管理学变化较稳定，但经济学、教育学和艺术学变化幅度较大，这些专业需求受市场波动冲击影响较大。具体而言，不同专业的职位需求会因经济增长波动所处不同阶段而存在较大差异。经济波动周期分别为经济增长的复苏期、繁荣期、衰退期和萧条期。而不论处于哪个阶段，职位刚性需求较大的专业则变动较小，如医学，医生等职位的需求不会因经济繁荣而增加，也不会因经济衰退而出现较大程度的下降，变动较为稳定。理学、文学和管理学等也具有同

样性质。而另一些与实体经济增长联系较为紧密的学科，则职位需求变动较大，如经济学，当经济繁荣时，经济、金融活动增加，因此对相应人才的需求就会较多；当经济处于萧条期时，经济活动会急剧减少，因此对相应职位的需求也会减少。现实中体现得非常明显，当股市行情表现为牛市时，当年银行、证券等金融行业招聘职位就会增加；但当股市行情表现为熊市时，则对相关人才的招聘会缩减，甚至裁撤在职人员以应对危机。因此，这类学科受市场波动冲击的影响很大，类似的还包括教育学等。

第三节　小结与启示

本章构造出高校专业方向与用人单位实际需要的错配模型，测算出工学、理学、医学、哲学、经济学、历史学、管理学、文学、农学、教育学、法学和艺术学12个学科与就业岗位的错配程度，并且考察若干年份错配状态值的变化趋势。结果显示，①平均而言，历史学、法学和医学错配度最低，数值仅有5%的错配度，这些专业人力资本培育基本和市场需求相一致；其次为经济学、农学、文学、艺术学和哲学，约有10%的错配度；错配度最高的是工学和管理学，存在30%的错配度。②从变化趋势来看，中国的高校专业方向与就业岗位错配度随时间呈上升趋势，错配度从2011年的0.186上升到2017年上半年的0.242，上升约7.39%，这表明中国高校专业设置和市场均衡需求矛盾不断扩大。③从状态稳定性来看，理学、医学、文学和管理学变化较稳定，但经济学、教育学和艺术学变化幅度较大，这意味着，经济学、教育学和艺术学专业人力资本容易受市场冲击影响，与市场均衡需求矛盾突出，存在根据市场需求波动发生过度或者不足的情况。

本章的政策含义是：首先，改变高校规模扩张的"锦标赛"现象，这意味着，在强调人力资本积累的同时，也要规避片面强调学科发展来设置专业，逐渐弱化高校专业化人力资本设置与用人单位实际需求之间的摩擦。其次，如何将人力资本积累与产业结构转型有机结合起来，须制定适宜的人力资本积累阶段性目标以及稳健的产业政策，以促进人才培养战略的合理化和规避教育资源的浪费。最后，除调整以人力资本的回报率为基础来重塑人力资源的配置模式之外，还需要借助推进市场化改革，改变因政策偏向、资源垄断以及要素市场扭曲等导致人力资本供需错配的机制。

第五章　人力资本错配测度及其对产出的影响

中国经济已由高速增长阶段转向高质量发展阶段，亟须转变发展方式、优化经济结构、转换增长动力，以确保经济总产出高质量地增长。然而，在经济发展新阶段到来伊始，却出现了经济活动人口持续数年下降的问题。中国的经济活动人口数由2015年的9.11亿下降至2022年的7.69亿。根据人口预测，经济活动人口将进入负增长阶段。经济活动人口持续下降之所以值得警惕，是因为这些活动人口构成人力资本的载体，"皮之不存，毛将焉附"。当前，中国人口转型之势已不可逆转，即便提高劳动力参与率也无法阻止经济活动总人口的下降，在这种情况下，迫切需要从增加人力资本存量和提高人力资本的配置效率两方面入手来培育和积累人力资本，促使人力资本在推动中国经济可持续发展方面发挥更大的作用。然而，中国人力资本的整体数量和配置效率两方面状况均不容乐观。从中国人力资本整体数量来看，世界银行公布的数据显示，2005—2015年中国每百万人中研发人员数量为1113人，不到法国、德国、英国和美国的1/3，不及日本和韩国的1/4，大约是俄罗斯的1/3。从以上数据来看，中国人力资本发展水平处于中等收入国家水平，与中国经济总量居于世界第二位不相称。从中国人力资本配置效率来看，与经济整体最优状态下的人力资本配置水平相比，大部分行业都存在不同程度的偏离，即人力资本在行业间存在程度不等的错配，部分行业中错配问题趋于严重。概而言之，中国人力资本在行业间的错配主要表现在两个方面：一是人力资本价格在行业间的扭曲。在控制劳动力个体特征后，2013年中国金融业平均收入与整体经济19个行业的平均收入的比值为1.22，而制造业的该比值为1.03，农业的该比值仅为0.98。二是人力资本数量在行业间的错配。2014年中国计算机与电子行业、制药业的研发人员占劳动力比重分别为4.66%、2.67%，而美国的相应比重达11.37%、13.23%（李静等，2017）。中国行业间存在严重的人力资本错配，一方面，将导致各行业未能达到经济总体最优的产出水平，致使经济总产出蒙受损失；另一方面，表明在中国通过人力资本优化配置以释放人力资本潜力的潜在空间仍然较大。中国经济增长前沿课题组（2014）的一份研究成果认为，在中国进入经济发展新常态，其经济增长速度逐步放缓的态势下，在投资增长动力和劳动力增长动力消失且"干中学"效应递减的压力下，维持经济持续增长的核心途径是改善资源配置效率，释放人力资本潜力。能否通过人力资本的培育和积累来提高劳动力质量，以抵补劳动力数量的不足，使人力资本成为推动我国经济可持续发展的关键性要素，这是摆在中国学者面前的一个重要的具有理论探讨价值和政策参考意义的课题。

本章选择从人力资本错配如何影响总产出的视角，尝试对中国19个行业中的人力资本错配问题做全面探讨。本章将回答如下三个问题：①中国行业间人力资本错配度有多大，呈现怎样的变化趋势？②行业间人力资本错配对行业产出的影响程度如何？③行业间人力资本错配阻碍了人力资本从低效率的行业转移到生产率高的行业，这对中国经济总产出的影响如何？鉴于此，本章将基于局部均衡模型，采用微观个体数据，用个体性别、年龄、受教育年限和职业等信息度量人力资本，建立一个测算行业间人力资本错配的理论模型，以此客观地衡量中国人力资本错配对行业产出和总产出的影响程度。与以往研究相比，本章在推进要素错配的研究方面所做的贡献主要体现在如下三个方面。

（1）已有文献中建构的数理模型主要分析单个或数个行业中劳动力和资本资源错配问题，而针对研究多行业间人力资本错配所建构的模型实属鲜见。本章拓展了 Vollrath（2014）研究人力资本错配影响发展中国家总量生产率的原模型，将其构造为一个从微观行业层次推进到宏观总量层次上探讨中国 19 个行业中人力资本错配如何影响行业与经济总产出的理论框架。

（2）现有研究多从不同角度对劳动力和资本要素的错配对中国经济总产出的影响做了探讨，而本章建构了数学模型阐释了人力资本错配影响行业产出和经济总产出的机制，且使用中国 19 个行业的 CHIP 数据对模型进行了有效验证，测算出人力资本错配所导致的各行业实际产出和实际总产出偏离最优产出的程度，对当前要素错配的研究进行了有益的补充。

（3）本章利用从 CHIP 数据库中搜集的个体从

业者性别、年龄、受教育年限、职业等微观信息建构了人力资本变量。本章依据大量的第一手调查数据建构人力资本变量，这种做法与以往研究因无法获得人力资本变量，而不得不将大学或中学毕业生人数、受教育年限或科研人员全时当量等单一指标作为人力资本代理变量的传统做法相比，不仅更准确地反映了人力资本的内涵，而且有效地克服了因代理变量使用不当造成的人力资本外延过窄等缺陷，凸显了本书特有的优势。

第一节　行业人力资本错配模型的构建

1. 基本设定

（1）N 行业生产问题。为简单起见，本章提出以下假设：①经济中只使用两种要素，物资资本 K 和人力资本 H；②单个行业中所有企业生产函数相同，从而将行业的生产问题转化为代表性企业生产的问题；③在中国转型期内多种引致性扭曲因素发生作用，使企业面临被扭曲了的人力资本价格。该价格以高于或低于人力资本市场均价的"工资楔子"（wage-wedge）的方式呈现出来。定义行业 j（$j = 1, 2, \cdots, N$）中代表性企业的生产函数为

$$Y_j = A_j K_j^\alpha H_j^{1-\alpha} \qquad (5.1)$$

式中：Y_j 为 j 行业产量；A_j 为 j 行业全要素生产率；K_j 为 j 行业物质资本投入量；H_j 为 j 行业的人力资本投入量；α 为物资资本的要素投入份额。另外，定义 w 为社会均衡时人力资本获得的边际报酬（未扭曲的人力资本价格），给定人力资本价格扭曲 τ_j^w，则企业面临的扭曲人力资本价格为 $(1+\tau_j^w)w$。在 j 行业中，代表性企业的生产目标是在存在人力资本价格扭曲的条件下实现利润最大化，即

$$\max \{ p_j Y_{obs,j} - w(1+\tau_j^w) H_{obs,j} - rK_j \} \qquad (5.2)$$

式中：p_j 为 j 行业产品的价格；r 为 j 行业的物质资本价格；$Y_{obs,j}$ 和 $H_{obs,j}$ 分别为扭曲条件下 j 行业产量和人力资本投入量，即经济中的实际观测值。由式（5.2）对 $H_{obs,j}$ 的一阶导可得，j 行业代表性企业利润最大化的条件为

$$(1-\alpha) p_j A_j K_j^\alpha H_{obs,j}^{-\alpha} = (1+\tau_j^w) w \qquad (5.3)$$

式中：$(1-\alpha) p_j A_j K_j^\alpha H_{obs,j}^{-\alpha}$ 为 j 行业代表性企业的人力资本边际产品。当 $\tau_j^w > 0$ 时，企业面临"税收"性扭曲，表示 j 行业代表性企业面临的人力资本价格高于社会均衡时要素价格 w；当 $\tau_j^w < 0$ 时，企业面临"补贴"性扭曲，表示 j 行业代表性企业面临的人力资本价格低于社会均衡时要素价格 w；当 $\tau_j^w = 0$ 时，

表示 j 行业代表性企业不存在人力资本价格扭曲。因而 j 行业代表性企业的人力资本价格扭曲 $|\tau_j^w|$ 越大（越小），行业人力资本价格扭曲程度越大（越小）。

（2）竞争均衡。基于以上对各个行业代表性企业生产行为的刻画，这里将定义一个带有扭曲的行业间的竞争性均衡。假设在每期中，经济中人力资本的总量都是外生给定的。这样，给定 j 行业的人力资本数量 $H_{obs,j}$，可得行业竞争的资源约束条件为

$$\sum_j^N H_{obs,j} = H \qquad (5.4)$$

由于前面假设了代表性企业的生产满足规模报酬不变的条件，因此经济总产出等于其各个行业产出的加总，即总产出 Y_{obs} 可以写为

$$Y_{obs} = \sum_j^N p_j Y_{obs,j} \qquad (5.5)$$

根据以上设定，竞争性均衡可以定义为：给定 j 行业的产出效率 A_j 和人力资本价格扭曲 τ_j^w，以及整个经济中的人力资本存量 H，则各行业产出、人力资本数量、产品价格和人力资本价格的竞争性均衡 $\{Y_{obs,j}, H_{obs,j}, p_j, w,\}$ 需要满足以下条件：①行业的最优化一阶条件［式（5.3）］；②资源约束条件［式（5.4）］；③全社会加总函数具有规模报酬不变

性质 [式 (5.5)]。

2. 人力资本价格扭曲与人力资本错配

由于行业中存在人力资本价格扭曲，j 行业面临的人力资本价格 $(1+\tau_j^w)w$ 偏离整体经济均衡时的人力资本价格 w，j 行业人力资本实际配置数量 $H_{obs,j}$ 将偏离最优配置状态下的人力资本数量 $H_{opt,j}$，由此导致人力资本错配。根据式（5.3），可得 j 行业人力资本实际配置数量 $H_{obs,j}$，同理可获得资源最优配置状态人力资本投入数量 $H_{opt,j}$，两者的比值 Λ_j 可度量人力资本价格扭曲对人力资本错配的影响，即

$$\Lambda_j = H_{obs,j}/H_{opt,j} = (1+\tau_j^w)^{-\frac{1}{\alpha}} \quad (5.6)$$

式中：物资资本的要素投入份额 $\alpha \in (0,1)$，$(1+\tau_j^w) > 0$。如果人力资本价格扭曲 $\tau_j^w < 0$，则人力资本错配 $\Lambda_j > 1$，即 j 行业人力资本实际使用数量 $H_{obs,j}$ 大于 j 行业最优配置状态的人力资本的数量 $H_{opt,j}$，意味着 j 行业人力资本供给过多；反之，则意味着 j 行业人力资本供给不足。根据式（5.6），人力资本错配 Λ_j 对 $(1+\tau_j^w)$ 的一阶导数为

$$\partial \Lambda_j / \partial (1+\tau_j^w) = -\frac{1}{\alpha}(1+\tau_j^w)^{\frac{-1-\alpha}{\alpha}} \quad (5.7)$$

由 $\alpha \in (0,1)$ 和 $(1+\tau_j^w) > 0$ 可得 $\partial \Lambda_j / \partial (1+\tau_j^w) < 0$，即人力资本错配值 Λ_j 随着 $(1+\tau_j^w)$ 单调

递减。因而，当 $\tau_j^w > 0$ 且 $\Lambda_j < 1$ 时，扭曲程度 $|\tau_j^w|$ 值越大〔$(1+\tau_j^w)$ 越大〕，Λ_j 越小，此时人力资本供给不足，错配越严重；当 $\tau_j^w < 0$ 且 $\Lambda_j > 1$ 时，扭曲程度 $|\tau_j^w|$ 值越大〔$(1+\tau_j^w)$ 越小〕，Λ_j 越大，人力资本供给过多错配同样越严重。由此可得：

命题 5.1：人力资本价格扭曲与人力资本错配在数值上存在负向关系，即人力资本价格"税收"性扭曲越严重，人力资本供给不足错配越严重；人力资本价格"补贴"性扭曲越严重，人力资本供给过多错配越严重。

3. 人力资本错配对各行业产出的影响

因行业人力资本价格扭曲的存在，行业人力资本出现错配，造成行业实际产出偏离人力资本最优配置时的潜在产出。本章设经济中实际产出份额 $p_j Y_{obs,j}/pY_{obs}$ 对资源最优配置状态下的行业产出份额 $p_j Y_{opt,j}/pY_{opt}$ 的差值（下文简称"行业产出份额差值"）为 Ω_j，表示为 j 行业人力资本价格扭曲 τ_j^w 的函数，以此分析人力资本错配对行业产出的影响。考虑到行业产出份额能反映行业规模的差异性，并且能消除量纲影响，使行业之间相互比较，因此本章采用行业产出份额来衡量行业产出。根据式（5.1）、式（5.3）—式（5.6），可得 j 行业产出份额差值 Ω_j 为

第五章 人力资本错配测度及其对产出的影响

$$\Omega_j = p_j Y_{obs,j}/pY_{obs} - p_j Y_{opt,j}/pY_{opt} = [(1+\tau_j^w) - (1+\tau_j^w)^{\frac{1}{\alpha}}] H_{obs,j}/H \quad (5.8)$$

由于一定时期内经济中人力资本总量 H 固定，式（5.8）表明 Ω_j 受到 τ_j^w、$H_{obs,j}$ 的共同影响。其中，当 $\tau_j^w < 0$ 时，$\Omega_j > 0$，j 行业面临"补贴"性扭曲，该行业实际产出份额高于最优配置状态下的产出份额；反之，$\Omega_j < 0$，行业 j 面临"税收"性扭曲，该行业实际产出份额低于最优配置状态下的产出份额。式（5.8）对 $(1+\tau_j^w)$ 求一阶导数，可以得到

$$\partial \Omega_j/\partial (1+\tau_j^w) = [(\alpha - 1)/\alpha](1+\tau_j^w)^{-\frac{1}{\alpha}} H_{opt,j}/H \quad (5.9)$$

式中，由 $(1+\tau_j^w) > 0$、$H_{opt,j}/H > 0$、$0 < \alpha < 1$ 可得 $\partial \Omega_j/\partial (1+\tau_j^w) < 0$。这表明，$\Omega_j$ 与 τ_j^w 存在单调递减的关系。具体来说，当 $\tau_j^w < 0$ 时，行业面临的"补贴"性扭曲越大，该行业实际产出份额越高于最优配置状态下的产出份额；当 $\tau_j^w > 0$ 时，行业面临的"税收"性扭曲越大，该行业实际产出份额越低于最优配置状态下的产出份额。结合命题 5.1 可得以下命题。

命题 5.2：在其他条件相同的情况下，人力资本价格扭曲 $|\tau_j^w|$ 和行业产出份额差值在数值上存在负向关系，即人力资本价格扭曲越严重，行业产出越

偏离最优配置状态下的产出。式（5.8）对 $H_{obs,j}$ 求一阶导数，可以得到

$$\partial \Omega_j / \partial H_{obs,j} = [(1+\tau_j^w) - (1+\tau_j^w)^{\frac{1}{\alpha}}]/H \quad (5.10)$$

式中，由 $(1+\tau_j^w)>0$、$H_{opt,j}/H>0$、$0<\alpha<1$ 且结合式（5.1）可知，$Y_{obs,j}$ 与 $H_{obs,j}$ 存在正向关系。当 $\tau_j^w<0$ 时，$\partial \Omega_j / \partial H_{obs,j}>0$，则 $\partial \Omega_j / \partial Y_{obs,j}>0$，即随着 $Y_{obs,j}$ 变大，Ω_j 为正且逐渐变大；当 $\tau_j^w>0$ 时，$\partial \Omega_j / \partial H_{obs,j}<0$，则 $\partial \Omega_j / \partial Y_{obs,j}<0$，随着 $Y_{obs,j}$ 变大，Ω_j 为负且逐渐变小。由此可得：

命题5.3：在其他条件相同的情况下，行业规模越大，人力资本价格扭曲对行业产出影响程度越大。

4. 人力资本错配对经济总产出的影响

由上文可知，人力资本错配将使行业实际产出偏离人力资本最优配置时的潜在产出，进而会影响行业的加总产出，即经济总产出：

$$pY_{obs} = \sum_j p_j Y_{obs,j} = [\sum_j (1-\alpha)(p_j A_j K_j^\alpha)^{\frac{1}{\alpha}}/(1+\tau_j^w)^{\frac{1}{\alpha}}]^\alpha H^{1-\alpha} \quad (5.11)$$

假设通过体制性、结构性、政策性改革能够消除人力资本价格扭曲，使实际总产出能达到人力资本最优配置时的潜在最优总产出水平：

第五章 人力资本错配测度及其对产出的影响

$$pY_{opt} = \sum p_j Y_{opt,j} = \left\{ \sum_j \left[(1-\alpha) p_j A_j K_j^\alpha \right]^{\frac{1}{\alpha}} \right\}^\alpha H^{1-\alpha}$$

(5.12)

人力资本错配对总产出的影响可由潜在最优总产出与实际总产出的比值 R 来度量：

$$R = pY_{opt}/pY_{obs} = \left(\sum_j (p_j A_j K_j^\alpha)^{\frac{1}{\alpha}} \right)^\alpha /$$

$$\left(\sum_j (p_j A_j K_j^\alpha)^{\frac{1}{\alpha}} / (1+\tau_j^w)^{\frac{1}{\alpha}} \right)^\alpha \quad (5.13)$$

式（5.13）表明，人力资本价格扭曲导致人力资本错配，从而使实际总产出偏离潜在最优总产出。R 值越大，实际总产出与最优总产出的缺口就越大，即人力资本错配对总产出造成的损失越大。

本章进一步讨论单个行业人力资本价格扭曲消除对经济总产出的影响，即最优配置状态时单个行业产出对总产出的贡献度。为此，本章将潜在最优总产出与实际总产出的比值 R 分解为 j 行业产出变动形式 Δ_j：

$$R = Y_{opt}/Y_{obs} = \sum (Y_{obs,j} + Y_{opt,j} - Y_{obs,j})/Y_{obs} = 1 +$$

$$\sum (Y_{opt,j} - Y_{obs,j})/Y_{obs} \quad (5.14)$$

式中，最优配置状态下的行业产出对行业实际产出的偏离程度记为 $\Delta_j = (Y_{opt,j} - Y_{obs,j})/Y_{obs}$。不难看出，$\Delta_j > 0$，纠正 j 行业人力资本错配对总产出提升产生正向作用；反之，产生负向作用。

第二节 人力资本价格扭曲与错配度测算结果

本章根据 Mincer（1974）的收入方程构建计量模型，使用微观信息对模型关键变量进行估算。[①] 估算的基本思想是：根据完全竞争理论，作为生产要素的人力资本可以自由流动，同质的人力资本将获得相同的报酬；如果观测到同质的人力资本获得的报酬存在差异性，则说明人力资本价格存在扭曲。因此，本章控制行业中个体差异性特征，构造同质的人力资本，通过考察同质的人力资本在各行业获得报酬的差异程度，估算模型中行业人力资本价格扭曲值。在此基础上，进一步计算人力资本错配对行业产出、总产出的影响程度。

（1）人力资本价格扭曲的估算。根据 Mincer（1974）的收入方程，在建立起相关行业个体收入的计量模型基础上，对人力资本价格扭曲进行估计。设个体 i 在 j 行业中的收入为

$$I_{ij} = w \ (1 + \tau_j^w) \ h_{ij} \qquad (5.15)$$

[①] 本章证明用个体收入和人力资本等微观信息可估计出人力资本价格扭曲、行业产出和总产出等变量值。

其中，j 行业第 i 个体的人力资本 h_{ij} 对数为

$$\ln h_{ij} = X_i'\beta_X + \varepsilon_{ij} \tag{5.16}$$

式中：X_i' 为个体人力资本的特征：如性别、年龄、年龄的平方、受教育年限、职业等；β_X 为将个体特征转换为人力资本的向量；ε_{ij} 为残差项，即影响个体收入的其他因素。将式（5.15）取对数，结合式（5.16）可得需要估算的模型：

$$\ln I_{ij} = \ln w + \ln(1 + \tau_j^w) + X_i'\beta_X + \varepsilon_{ij} \tag{5.17}$$

可以看出，j 行业是否存在人力资本价格扭曲，取决于 $\ln(1 + \tau_j^w)$ 是否为零。在估算人力资本价格扭曲 τ_j^w 时，本章选择农业为基准行业 J，[①] 用于度量 j 行业的人力资本价格扭曲值。定义 $\beta_0 = \ln w + \ln(1 + \tau_J^w)$，$\delta_j = \ln(1 + \tau_j^w) - \ln(1 + \tau_J^w)$，则式（5.17）为

$$\ln I_{ij} = \beta_0 + \delta_j + X_i'\beta_X + \varepsilon_{ij} \tag{5.18}$$

式（5.18）估算出的变量 $\hat{\delta}_j$ 是 j 行业相对于农业而言的人力资本价格扭曲，而本章研究的侧重点在于行业间人力资本错配问题，因此，需要估算 j 行业相对于行业平均水平的人力资本价格扭曲。用就业人数份额 s_j 来度量 j 行业在经济中的权重，可计算出 j 行业相对的人力资本价格扭曲为

[①] 本章可证明选择哪个行业作为基准行业不会影响行业人力资本价格扭曲值的结果。

$$\mu_j = \widehat{\delta}_j - \sum_{j=1}^{N} \widehat{\delta}_j s_j \qquad (5.19)$$

因此，前文理论框架中的人力资本价格扭曲可估算为

$$(1 + \widehat{\tau}_j^w) = \exp(\mu_j) \qquad (5.20)$$

需要指出的是，此处的人力资本价格扭曲是控制个体信息后 j 行业个体平均收入与所有行业个体平均收入的差异程度。

（2）人力资本错配对行业产出、总产出影响的估算。基于个体 i 的人力资本信息，可得到行业 j 人力资本总量为

$$\widehat{H}_{obs,j} = \sum_i \widehat{h}_{obs,ij} = \sum_i X_i' \widehat{\beta}_X \qquad (5.21)$$

另外，基于式（5.18）可估算出变量 $\ln(1+\tau_j^w)$ 和 $\ln w$，进而得到实际需要支付的人力资本价格的对数 $\ln \widehat{w}(1+\tau_j^w)$。对于潜在最优总产出与实际总产出的比值 R 的估算，根据式（5.13），只需计算出关键变量：

$$p_j A_j K_j^\alpha = \widehat{w}(1+\widehat{\tau}_j^w)\widehat{H}_{obs,j}^\alpha / (1-\alpha) \qquad (5.22)$$

式中，根据 Hamermesh（1993）的研究，人力资本要素投入份额 $1-\alpha$ 的合理区间为 [0.15, 0.75]，最合适的数值为 0.7，因此本章将 $1-\alpha$ 设定为 0.7。对模型相关参数进行估计和设定后，便可衡量人力资本价格扭曲对行业人力资本错配的影响程度，并且度量

人力资本错配对行业产出和总产出的影响程度，以及单个行业人力资本错配消除后对经济总产出的影响程度。本章数据来自中国家庭收入研究项目（China Household Income Projects，CHIPs）。CHIPs是在国家统计局统一规划和协助下，由北京师范大学和澳大利亚国立大学联合课题组联手建立的数据库，目前已公布的子数据库为CHIP2013。本章采用了数据库中城镇住户、农村住户、外来务工住户的分类统计数据。由于CHIP2008子数据库在剔除农村住户的缺失值后，样本量剧减，使该子数据库无法使用，因此，本章主要依据CHIP2007和CHIP2013两个子数据库中提供的数据。在剔除样本缺失值和异常值后，最终得到2007年23921个样本，2013年26858个样本。CHIPs数据库将中国国民经济所有行业划分为20个门类，鉴于国际组织行业在删除异常值和缺失值之后，样本量剧减，只好在剔除了"国际组织"之后对剩下的19个行业进行实证分析。为了方便后文对行业分类分析，本章以国家统计局统计口径为依据，将19个行业按三大产业来分类。第一产业为农林牧渔业。第二产业包括采矿业，制造业，电力、燃气及水的生产和供应业、建筑业4个行业。在第三产业的划分上，采用国内学术界通行的做法，将服务业分为三大类：第一类为生活性服务业，包括批发和零售业、住宿和餐饮业、居民服务修理和其他服务业 3 个行业；第二类为生产性服务业，包括交通运输、仓储和邮政业，信息传输软件和信息技术服务业，金融业，房地产业，租赁和商务服务业，科学研究和技术服务业共 6 个行业。第三类为公共服务业，包括水利环境和公共设施管理业、教育、卫生和社会工作、文化体育和娱乐业、公共管理社会保障和社会组织 5 个行业。

基于 CHIP 数据库 19 个行业的数据，本章进一步将个体信息划分为个体收入信息和个体人力资本信息两组，从个体人力资本信息组中选取性别、年龄、受教育年限、职业等构建人力资本变量。CHIP 数据库将个体职业细分为 51 种类型，并且这些职业具有互斥特征，即某个职业只属于某个行业，有利于本章控制个体差异性和行业差异性，因此可以说，本章估计出来的人力资本价格扭曲是由人力资本错配造成的，而不是由个体差异性和行业差异性所导致的。基于上述变量数据，表 5.1 给出了 2013 年中国各个行业个体的年收入、年龄、受教育年限等平均值，[1] 其中，年

---

[1] 本章省略的个体性别和职业等定性变量信息，可登录《中国工业经济》杂志网站（http://www.ciejournal.org/）查阅。

收入比值Ⅰ为行业中个体平均年收入与所有行业的个体平均年收入的比值,年收入比值Ⅱ是在控制个体性别、年龄、年龄的平方、受教育年限和职业等信息后,行业中个体平均年收入与所有行业个体平均年收入的比值。

表 5.1　　　　　　2013 年部分变量描述性统计

行业	年收入（元）	年收入比值Ⅰ	年收入比值Ⅱ	年龄（岁）	受教育年限（年）	样本量
所有行业	30727.7641	1.0000	1.0000	39.2766	9.7516	26858
农林牧渔业	16994.4512	0.5531	0.9752	48.0025	7.3700	1219
采矿业	33813.8112	1.1004	1.0945	40.8525	9.1047	678
制造业	30578.7541	0.9952	1.0258	36.5125	9.4285	5715
电力、燃气及水的生产和供应业	35726.2163	1.1627	0.9870	38.5910	10.7409	467
建筑业	28540.6027	0.9288	0.9871	42.0381	8.0891	3934
批发和零售业	30799.9869	1.0024	1.0881	38.7566	9.6553	2974
交通运输、仓储和邮政业	35917.1762	1.1689	1.0450	38.8412	9.6099	1833
住宿和餐饮业	23947.9954	0.7794	0.9741	36.6809	8.9047	1526
信息传输软件和信息技术服务业	44180.8559	1.4378	1.0934	31.2278	13.0819	562
金融业	56463.8501	1.8376	1.2155	36.7597	13.6796	387
房地产业	38019.8673	1.2373	1.0555	37.0443	11.5487	226
租赁和商务服务业	31137.2203	1.0133	1.0296	36.0380	10.5040	631
科学研究和技术服务业	44923.6984	1.4620	1.0593	34.1111	13.8810	126
水利环境和公共设施管理业	32233.8982	1.0490	0.9653	42.0531	10.7655	226

119

续表

行业	年收入（元）	年收入比值Ⅰ	年收入比值Ⅱ	年龄（岁）	受教育年限（年）	样本量
居民服务修理和其他服务业	25038.8873	0.8149	0.9167	40.7851	9.1650	2848
教育	38412.9497	1.2501	0.8796	39.1671	13.6979	874
卫生和社会工作	33119.9561	1.0779	0.9190	40.0190	12.0644	683
文化体育和娱乐业	36746.9831	1.1959	1.0586	36.3989	11.7051	356
公共管理社会保障和社会组织	34834.1814	1.1336	0.8624	41.9385	12.2806	1593

资料来源：笔者整理。

在市场经济中，人力资本要素能够自由流动，同质的人力资本获得相同的报酬，如果同质的人力资本获得的报酬存在差异性，则说明人力资本存在错配。从表5-1可知，中国19个行业个体平均年收入存在显著差异。行业个体平均年收入最低的是农林牧渔业，其年收入只有全国个体平均年收入的0.55倍；最高的是金融业，其年收入是全国个体平均年收入的1.84倍，是农林牧渔业的3.32倍。19个行业个体在性别、年龄、年龄的平方、受教育年限和职业等方面的差异性可能造成行业间个体平均收入的差异性，本章在控制这些信息后，年收入比值Ⅱ相对于年收入比值Ⅰ缩小了，但该值依然偏离1并存在差异性，其中金融业个体的平均年收入是总体平均年收入的1.22倍。由此可知，19个行业间确实存在人力资本错配。

根据上文建立的模型和 CHIP 数据库,首先估算出以农业为基准的中国 19 个行业的人力资本价格扭曲值 $\hat{\delta}_j$,然后根据式(5.20)和 j 行业就业人数占 19 个行业就业总人数的份额 s_j,计算以行业平均水平为基准的 j 行业人力资本价格扭曲值 $\hat{\tau}_j^w$。得到人力资本价格扭曲值后,根据式(5.6),测算出行业人力资本错配值 Λ_j。表 5.2 给出了本章对 2007 年和 2013 年中国 19 个行业人力资本价格扭曲值 $\hat{\tau}_j^w$ 和人力资本错配值 Λ_j 的具体测算结果。为了直观感受人力资本错配值的影响,表 5.2 还给出了中国 19 个行业需要增加或减少的人力资本比例,该值是用行业实际人力资本份额对最优配置状态下人力资本份额的偏离程度来表示的。人力资本价格"税收"性扭曲越严重,人力资本供给不足错配越严重;人力资本价格"补贴"性扭曲越严重,人力资本供给过多错配也越严重,从而验证了命题 5.1。

(1)第一产业农林牧渔业面临严重的"补贴"性人力资本价格扭曲,人力资本配置过多,亟须向其他行业转移。具体来讲,2007—2013 年农林牧渔业中的人力资本价格扭曲加重,使相当数量的人力资本滞留在农林牧渔业中,导致该行业 2007 年需要流出13.12%人力资本增至2013年的22.87%，才能达到最优配置水平。户籍制度松绑和土地流转的联合改革能够加快中国城市化进程（周文等，2017），推动大量农村劳动力迁往城市。而自改革开放以来，中国的户籍制度和土地制度未发生根本性的变化，导致农林牧渔业人力资本供给过多。

表5.2　　2007—2013年中国19个行业人力资本价格扭曲值与人力资本错配值

行业	人力资本价格扭曲值 $\widehat{\tau}_j^w$		人力资本错配值 Λ_j		人力资本应增加或降低比例	
	2007年	2013年	2007年	2013年	2007年	2013年
农林牧渔业	-0.1227	-0.2230	1.5471	2.3188	-0.1312	-0.2287
采矿业	0.0726	0.0873	0.7917	0.7565	0.0622	0.0793
制造业	0.0254	0.0818	0.9198	0.7694	0.0155	0.0739
电力、燃气及水的生产和供应业	0.0769	0.0373	0.7812	0.8851	0.0665	0.0297
建筑业	0.1075	-0.0376	0.7115	1.1363	0.0968	-0.0447
批发和零售业	0.0910	0.0572	0.7480	0.8308	0.0804	0.0495
交通运输、仓储和邮政业	0.0503	0.0949	0.8491	0.7392	0.0402	0.0868
住宿和餐饮业	-0.1031	-0.0424	1.4372	1.1554	-0.1118	-0.0495
信息传输软件和信息技术服务业	-0.0275	0.1464	1.0974	0.6342	-0.0369	0.1380
金融业	0.1890	0.1849	0.5616	0.5681	0.1775	0.1762
房地产业	0.1772	0.1339	0.5805	0.6578	0.1658	0.1256
租赁和商务服务业	0.0440	0.0541	0.8663	0.8389	0.0339	0.0463

续表

行业	人力资本价格扭曲值 $\widehat{\tau}_j^w$		人力资本错配值 Λ_j		人力资本应增加或降低比例	
	2007年	2013年	2007年	2013年	2007年	2013年
科学研究和技术服务业	-0.0407	0.0405	1.1486	0.8760	-0.0500	0.0328
水利环境和公共设施管理业	0.0461	0.0311	0.8605	0.9030	0.0360	0.0236
居民服务修理和其他服务业	-0.1383	-0.0900	1.6424	1.3694	-0.1467	-0.0967
教育	0.0556	-0.0510	0.8350	1.1906	0.0454	-0.0580
卫生和社会工作	0.0254	-0.0642	0.9198	1.2475	0.0155	-0.0711
文化体育和娱乐业	0.0588	0.0415	0.8266	0.8732	0.0485	0.0338
公共管理社会保障和社会组织	-0.0743	-0.1187	1.2935	1.5238	-0.0833	-0.1252

注：表中最后两列，负号表示行业人力资本需要降低的比例，正号表示行业人力资本需要增加的比例。

资料来源：笔者利用 Matlab 软件计算得出。

（2）第二产业2007年所有4个行业面临着"税收"性人力资本价格扭曲，人力资本供给不足；2013年除建筑业存在"补贴"性人力资本价格扭曲外，其他3个行业依然面临着"税收"性人力资本价格扭曲。其中，采矿业和制造业一直存在人力资本供给不足的错配，且错配度轻微上升，需要增加的人力资本比例分别从2007年6.22%和1.55%，提高至2013年7.93%和7.39%。随着人们对职业安全性需求的增加，作为高危行业的采矿业对人力资本的吸引力逐步下降，导致该行业人力资本供给不足。中国制造业创新水平不高致使其产品质量和个性化程度无法满足人民日益增长的美好生活需要，进而使产品的附加值偏低，抑制了制造业利润的提高，最终导致制造业从业人员工资水平较低,[①] 无法吸引人力资本流入该行业，造成制造业人力资本供给不足。

而电力、燃气及水的生产和供应业人力资本价格扭曲值从 2007 年的 0.08 下降到 2013 年的 0.04，人力资本供给不足的错配得到缓解，使需要增加的人力资本比例从 2007 年的 6.65% 下降到 2013 年的 2.97%。该人力资本错配缓解的原因在于，工作稳定、福利待遇优厚，逐渐吸引人力资本进入该行业。而建筑业的人力资本价格扭曲值从 2007 年的 0.11 转变为 2013 年的 -0.04，人力资本由供给不足转变为供给过多，需要从 2007 年流入 9.68% 的人力资本转变为 2013 年需要流出 4.47% 的人力资本。2008—2010 年中国政府为了摆脱国际金融危机和扩大内需实施了"四万亿计划"，在拉动建筑业扩张的同时，也吸引了过量的人力资本流入建筑业，造成该行业

[①] 根据《中国统计年鉴》可计算出 2007—2013 年制造业从业人员年平均工资为 3257 元，低于所有行业的年平均工资 3749 元。

人力资本供给过剩。

（3）与第二产业相比，第三产业各行业的人力资本错配度差异明显。在生活性服务业和公共服务业中大多数行业面临人力资本供给过剩的错配，而在生产性服务业中几乎所有行业存在人力资本供给不足的错配。

在生活性服务业中，批发和零售业、住宿和餐饮业、居民服务修理和其他服务业3个行业人力错配都有所缓解。批发和零售业人力资本价格扭曲值从2007年0.09下降至2013年的0.06，人力资本供给不足错配减轻，需要增加的人力资本份额从2007年的8.04%下降至2013年的4.95%。住宿和餐饮业、居民服务修理和其他服务业人力资本价格扭曲值分别从2007年的-0.10和-0.14转变为2013年的-0.04和-0.09，人力资本供给过剩错配缓解，需要降低的人力资本份额从2007年的11.18%、14.67%，下降到2013年的4.95%、9.67%。生活性服务业人力资本错配缓解的原因在于，这些行业的人力资本技能层次较低，能在相同或相近的行业之间自由流动。

在生产性服务业中，交通运输、仓储和邮政业，信息传输软件和信息技术服务业，金融业，房地产业，租赁和商务服务业，科学研究和技术服务业6个行业存在不同程度的人力资本供给不足的错配。其中，交通运输、仓储和邮政业，租赁和商务服务业人力资本价格"税收"性扭曲程度加重，扭曲值分别从2007年的0.05、0.04增至2013年的0.09、0.05，人力资本供给不足，需要增加的人力资本比例从2007年的4.02%、3.39%，提高到2013年的8.68%、4.63%。这两个行业人力资本供给不足加重的原因是，中国服务产业快速发展特别是物流、供应链行业，对人力资本的需求越来越高，而人力资本供给在短期内又无法满足其发展需要，导致人力资本错配度上升。信息传输软件和信息技术服务业、科学研究和技术服务业在2007年经历了人力资本价格"补贴"性扭曲，转变为2013年的"税收"性扭曲，人力资本由供给过剩转为供给不足，由2007年分别需要降低3.69%、5.00%人力资本份额，转为2013年需要提高13.80%、3.28%人力资本份额。这两个行业对人力资本要求较高，且2007—2013年互联网快速发展，特别是移动互联网兴起，造成了对人力资本的大量需求，因而使人力资本从供给过量转向供给不足。金融业、房地产业人力资本面临较为严重的"税收"性价格扭曲。这两个行业人力资本价格扭曲值分别从 2007 年的 0.19、0.18 延至 2013 年的 0.18、0.13，一直处于严重的人力资本供给不足状态，需要增加的人力资本比例分别从 2007 年的 17.75%、16.58%，转变为 2013 年的 17.62%、12.56%。金融业、房地产业近些年快速发展，加上其对人力资本质量要求较高，致使从业人员数量无法快速扩张，呈现人力资本供给不足的错配。

在公共服务业中，公共管理社会保障和社会组织面临较为严重的"补贴"性扭曲，其他 4 个行业存在轻微的人力资本"补贴"性扭曲或"税收"性扭曲。教育、卫生和社会工作两个行业由人力资本供给不足转为供给过剩，其中教育行业人力资本份额从 2007 年需要增加 4.54% 转变为 2013 年需要降低 5.80%，卫生和社会工作行业人力资本份额从需要增加 1.55% 转变为需要降低 7.11%。水利环境和公共设施管理业、文化体育和娱乐业人力资本供给不足减轻，需要增加的人力资本比例分别从 2007 年的 3.60% 和 4.85% 下降为 2013 年的 2.36% 和 3.38%。这 4 个行业人力资本流动障碍少，使得它们的人力资本错配度轻。而在公共管理社会保障和社会组织行业中，人力资本价格一直存在"补贴"性扭曲，其值从 2007 年的 -0.07 转变为 2013 年的 -0.12，人力资本处于供给过剩的错配,需要降低的人力资本比例由 8.33% 提高到 12.52%。该行业错配原因在于,行业的从业者大多属于国家机关公务员,工作稳定、社会地位高、收入待遇好、福利优厚,因此,吸引了大量的大学及以上学历毕业生。

第三节 人力资本错配对行业产出的影响程度

由前面的计算结果可知,人力资本价格扭曲影响行业之间人力资本错配,致使单个行业人力资本供应不足或过量,从而对行业产出造成影响。根据式(5.8)可计算出行业产出份额差值 Ω_j,如图5.1—图5.3所示,图中气泡的大小表示行业实际产出规模大小。图5.1和图5.2中,横坐标表示人力资本价格扭曲,纵坐标表示行业产出份额差值。在图5.3中,横坐标表示2013年的行业人力资本价格扭曲相对于2007年的变化情况,即 | τ (2013,j) | - | τ (2007,j) |,纵坐标表示2013年行业产出份额损失相对于2007年的变化情况,即 | Ω (2013,j) | - | Ω (2007,j) |。根据图5.1—图5.3可得出以下结论。

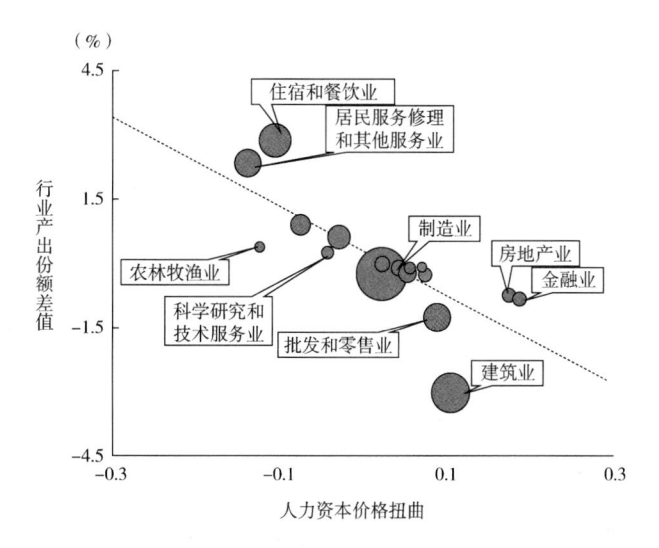

第五章 人力资本错配测度及其对产出的影响

图 5.1　2007 年人力资本价格扭曲对行业产出的影响

资料来源：笔者绘制。

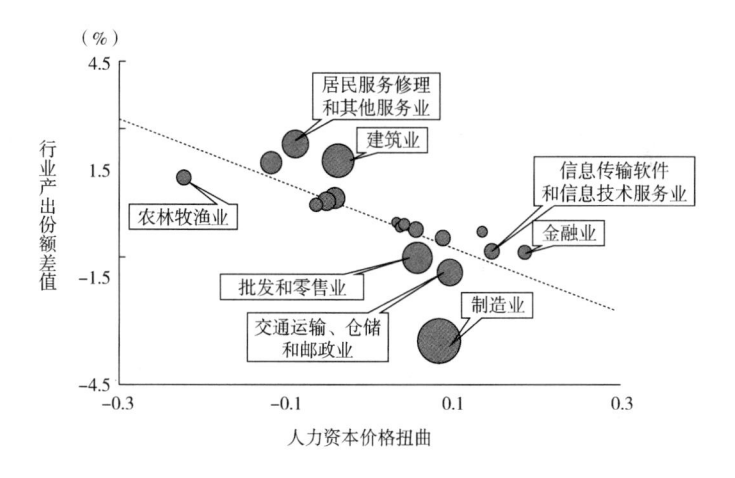

图 5.2　2013 年人力资本价格扭曲对行业产出的影响

资料来源：笔者绘制。

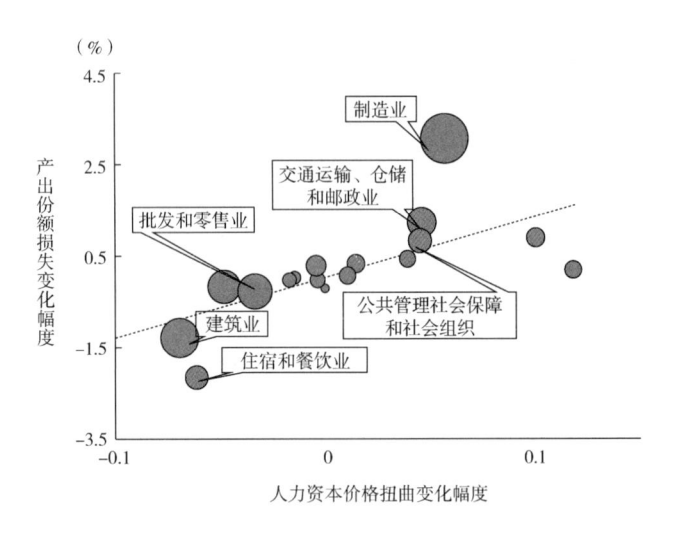

图5.3 人力资本价格扭曲变化对行业产出的影响

资料来源：笔者绘制。

（1）人力资本价格扭曲值 τ_j^w 与行业产出份额差值 Ω_j 之间存在明显的负向关系，τ_j^w 越大，Ω_j 便越小。这意味着，$|\tau_j^w|$ 越大，行业人力资本错配越严重，错配导致的 $|\Omega_j|$ 越大。具体来说，当行业 j 的 $\tau_j^w < 0$，即行业 j 面临人力资本供给过多的错配时，$\Omega_j > 0$。例如，2013年居民服务修理和其他服务业、农林牧渔业、建筑业人力资本供给过多，实际产出份额远高于最优产出份额，两者差值在所有行业中排在前三名，分别为2.16%、1.26%和1.74%。反之 $\tau_j^w > 0$，即行业 j 面临人力资本不足的错配时，

$\Omega_j < 0$。比如，2013 年制造业，交通运输、仓储和邮政业，批发和零售业人力资本严重供给不足，实际产出份额小于最优产出份额，两者差值在所有行业中排在后三名，分别为 -3.35%、-1.41%、-0.98%。上述结果很好地验证了命题 5.2，即行业人力资本错配越严重，行业产出越偏离最优配置状态下产出。

（2）行业实际产出规模越大，人力资本错配导致行业产出份额偏差 $|\Omega_j|$ 越大，即人力资本错配将会对规模大的行业施加的影响更大。从图 5.1 中可以看到，2007 年居民服务修理和其他服务业的人力资本价格扭曲值与农林牧渔业的较为接近，分别为 0.86、0.88，但是因为居民服务修理和其他服务业的当年实际产出份额为 7.14%，远超农林牧渔业的 1.23%，因而前者的产出份额差值为 2.34%，远大于后者的 0.37%。从图 5.2 中可以看到，2013 年制造业，交通运输、仓储和邮政业的人力资本价格扭曲值较为接近，分别为 1.08 和 1.10，但由于制造业当年实际产出份额为 22.82%，远远超过交通运输、仓储和邮政业的 7.88%，结果制造业的行业产出份额差值达到了 -3.35%，幅度远大于交通运输、仓储和邮政业的 -1.41%。上述结果很好地验证了

命题5.3，即行业产出规模越大，人力资本错配对行业产出的影响越大。

（3）人力资本价格扭曲变化幅度跟行业产出份额偏差（$|\Omega_j|$）的变化幅度存在正向关系。其经济学含义是：在时间维度上，行业人力资本错配程度加重，该行业产出也将受到影响而随之上升。具体而言，当行业人力资本价格扭曲值变化幅度大于0时，即该行业2013年人力资本错配较2007年加重，则产出份额偏差将扩大。例如，公共管理社会保障和社会组织，交通运输、仓储和邮政业，制造业明显表现出该种特征。当行业人力资本价格扭曲值变化幅度小于0，即该行业2013年人力资本错配较2007年减轻时，产出份额偏差将缩小。比如，批发和零售业、建筑业、住宿和餐饮业再现此种特点。因此，从时间的纵向维度看，行业人力资本错配越严重对该行业产出影响越大，此处区别于命题5.2从某一年的截面角度说明人力资本错配与行业产出之间的关系。上述3点结论是关于人力资本错配对行业产出影响的一般规律，而人力资本错配对不同类型行业的影响程度，如表5.3所示，行业产出份额偏差（$|\Omega_j|$）越大，人力资本错配对行业产出的影响程度也越大。

表 5.3　　2007 年和 2013 年行业产出份额与最优配置状态下的产出份额差值

行业		产出份额		产出份额差值	
		2007 年	2013 年	2007 年	2013 年
第一产业	农林牧渔业	0.0037	0.0126	0.0037	0.0126
第二产业	制造业	-0.0025	-0.033	-0.0367	-0.0213
	其他行业	-0.0342	0.0123		
第三产业	生活性服务业	0.0391	0.0186	0.0330	0.0087
	生产性服务业	-0.0103	-0.0357		
	公共服务业	0.0042	0.0258		

资料来源：笔者通过 Matlab 软件计算得出。

从表 5.3 中能够得出以下结论：人力资本错配导致第一产业和第三产业的实际产出份额高于最优配置状态的产出份额。其原因在于这两个产业面临人力资本供给过多的错配。在第三产业内部，生活性服务业和公共服务业因人力资本供给过多，导致其实际产出份额高于最优配置状态的产出份额，其中，2007—2013 年，生活性服务业产出份额差值变小，公共服务业产出份额差值变大；而生产性服务业由于人力资本供给不足，致使其实际产出份额严重低于最优配置状态产出份额，且幅度呈扩大趋势。人力资本错配导致第二产业（特别是制造业）的实际产出份额低于最优配置状态的产出份额。制造业和生产性服务业对提高中国技术创新水平和经济高质量发展至关重要。而本章的结果却表明，制造业和生产性服务业面临严重的人力资本供给不足的错配，导致它们的产出份额低于最优配置状态的产出份额，这在某种程度上阻碍了中国经济高质量发展。由前一部分的分析结果可知，人力资本价格扭曲造成的人力资本错配将导致一些行业产出在达到社会最优均衡水平后继续增加，而对另外一些行业却产生了负面影响（产出下降），这势必会影响行业加总产出，即经济总产出。

（1）人力资本错配对总产出的影响程度。正如前面的理论模型［式（5.13）］所示，本章用最优配置状态的总产出 Y_{opt} 与所估计实际总产出 Y_{obs} 的比值 R 来衡量人力资本错配对中国总产出的影响。通过前面的计算结果可知，可知中国 19 个行业存在人力资本价格扭曲，致使行业间人力资本存在错配，造成中国总产出小于最优配置状态的总产出，因而 R 值大于 1。行业人力资本价格扭曲越严重，行业间人力资本错配将越严重，实际总产出与潜在有效总产出比值 R 的缺口越大，R 值将越大。

2007 年最优配置状态的总产出 Y_{opt} 与实际产出 Y_{obs} 的比值 R 为 1.0179，2013 年最优配置状态的总产出 Y_{opt} 与实际产出 Y_{obs} 的比值 R 为 1.0163。换句话来说，如果纠正行业人力资本价格扭曲，2007年中国总产出比值 R 将提高1.79个百分点，2013年将提高1.63个百分点。2007年潜在产出 Y_{opt} 与实际产出 Y_{obs} 的比值 R 大于2013年潜在产出 Y_{opt} 与实际产出 Y_{obs} 的比值 R，这显然是由于中国市场化改革不断深入，要素市场扭曲逐渐得到了缓解，行业间资源配置效率逐步提升，使实际总产出与潜在总产出的差距缩小。若以2007年为基年，按GDP平减指数估算中国因人力资本价格扭曲所引起的人力资本错配造成的实际GDP损失的比例和金额，那么人力资本错配造成2007年和2013年的损失比例分别占当年GDP的1.79%和1.63%，损失金额分别达到4819.82亿元和5742.38亿元。

（2）人力资本错配对总产出的影响机制分析。由于人力资本价格扭曲导致行业间人力资本错配，一小部分人力资本没有配置到边际产品更高的行业中，而一大部分人力资本配置到边际产品更低的行业中，不仅导致行业实际产出与最优配置状态下的行业产出存在缺口，最终导致经济总产出没有达到最优配置状态的产出水平。根据2013年中国行业间人力资本配置情况可阐释人力资本错配对实际总产出的影响机制，如图5.4所示。

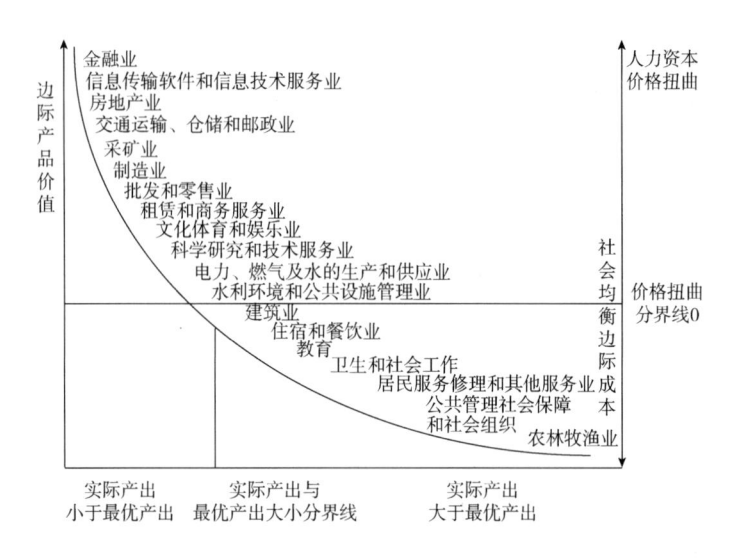

[图 5.4 行业人力资本错配对总产出的影响机制]

图中标注：边际产品价值；人力资本价格扭曲；社会均衡边际成本；价格扭曲分界线0；实际产出小于最优产出；实际产出与最优产出大小分界线；实际产出大于最优产出。

行业标签（自上而下）：金融业；信息传输软件和信息技术服务业；房地产业；交通运输、仓储和邮政业；采矿业；制造业；批发和零售业；租赁和商务服务业；文化体育和娱乐业；科学研究和技术服务业；电力、燃气及水的生产和供应业；水利环境和公共设施管理业；建筑业；住宿和餐饮业；教育；卫生和社会工作；居民服务修理和其他服务业；公共管理社会保障和社会组织；农林牧渔业。

图 5.4 行业人力资本错配对总产出的影响机制

资料来源：笔者绘制。

在图 5.4 中，当行业面临的人力资本价格扭曲值大于 0 时，即企业面临"税收"性扭曲，其人力资本边际成本高于社会均衡时的边际成本，此时，企业倾向于投入较少的人力资本，虽然在利润最大化条件下企业的边际产品较高，但行业面临人力资本使用不足的错配，其实际产出低于最优配置状态时的产出。当行业面临的人力资本价格扭曲值小于 0 时，即企业面临"补贴"性扭曲，其人力资本边际成本低于社会均衡时的边际成本，企业倾向于投入较多的人力资本，虽然在利润最大化条件下其边际产品也相应较低，但行业面临人力资本使用过度的错配，其实际产出高于最优配置状态时的产出。若通过某些体制性、结构性、政策性改革，人力资本价格扭曲得以纠正，可以使人力资本从边际产品低的行业流入边际产品高的行业，最终使行业间的人力资本边际产品相等，从而达到最优配置状态新的均衡。

在资源达到最优配置均衡的过程中，尽管边际产品低的行业人力资本流出会使该行业产出下降，边际产品高的行业人力资本流进使该行业产出增加。总体来看，由于人力资本边际产品随着投入递减，提高边际产品高的行业人力资本投入所带来的产出增加，将大于减少边际产品低的行业人力资本投入所带来的产出减少，最终使经济总产出增加，即通过消除行业间人力资本错配，可以提高经济总产出。

第四节　消除行业人力资本错配对总产出提升的影响程度

本章按照式（5.14）测算，消除了人力资本错配后，各个行业推动经济总产出达到最优产出所做的贡献程度，如图 5.5 所示。以 2013 年为例，如果

图表显示:

(%) 纵轴范围 -3.0 到 3.0

横轴行业:
农林牧渔业、采矿业、制造业、电力燃气及水的生产供应业、建筑业、批发和零售业、交通运输仓储和邮政业、住宿和餐饮业、信息传输软件和信息技术服务业、金融业、房地产业、租赁和商务服务业、科学研究和技术服务业、水利环境和公共设施管理业、居民服务修理和其他服务业、教育、卫生和社会工作、文化体育和娱乐业、公共管理社会保障和社会组织

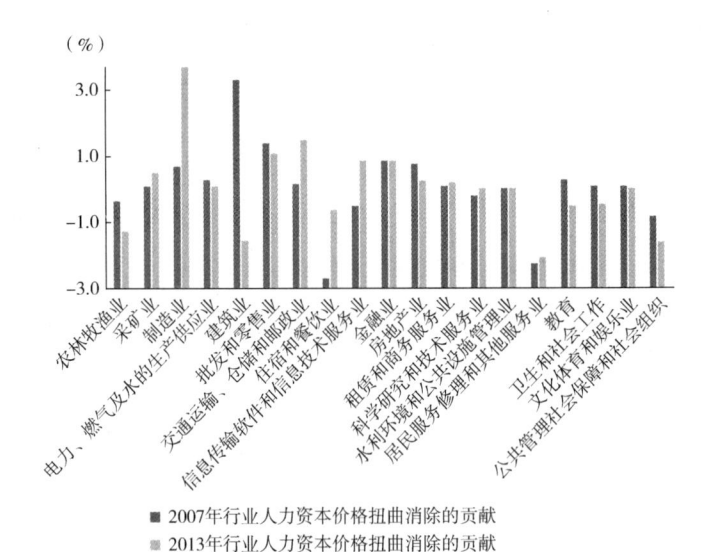

图例：
■ 2007年行业人力资本价格扭曲消除的贡献
■ 2013年行业人力资本价格扭曲消除的贡献

图 5.5 人力资本扭曲消除后各行业对经济总产出提升的贡献

资料来源：笔者绘制。

纠正行业间人力资本错配，制造业，交通运输、仓储和邮政业，批发和零售业，信息传输软件和信息技术服务业及金融业5个行业对提升总产出的贡献排在前五位，即分别提升3.78%、1.57%、1.18%、0.88%和0.88%。其中，制造业，交通运输、仓储和邮政业，信息传输软件和信息技术服务业3个行业与实体经济密切相关。这表明人力资本错配对实体经济密切相关的行业影响程度很大。但遗憾的是，通过纠正其他一些行业的人力资本错配，如居民服务修理和其他服务业、公共管理社会保障和社会组

织、建筑业、农林牧渔业、住宿和餐饮业,将分别使总产出降低2.04%、1.60%、1.55%、1.23%和0.61%。其中,农林牧渔业、生活性服务业占据了主导地位,这意味着这两类行业配置了过多人力资本造成人力资本浪费,阻碍总产出的提升。

第五节 小结与启示

为了探讨中国人力资本配置扭曲程度,本章提出了一个测算行业间人力资本错配的理论模型,并从理论层面论述了人力资本错配对行业产出和总产出的影响机制。在此基础上,本章使用中国家庭收入研究项目的微观个体调查数据,测算了中国19个行业人力资本错配程度,并估算出了行业间人力资本错配对不同行业产出和总产出的影响程度。根据以上研究,得出以下结论。

(1)第一产业、第二产业、第三产业存在不同程度的人力资本错配。第一产业农林牧渔业人力资本供给过剩的错配度较高,增加态势明显。从第二产业人力资本配置结果来看,该产业面临人力资本供给不足的错配,但有下降趋势。从第三产业人力资本配置结果来看,该产业存在人力资本供给过剩的错配，但下降趋势明显。第二产业和第三产业内各行业依然面临不同程度的人力资本错配。第二产业内与实体经济密切相关的采矿业和制造业面临人力资本供给不足的错配，且有上升趋势。在第三产业内，住宿和餐饮业、居民服务修理和其他服务业这两个生活性服务业人力资本过剩的错配度较高，但有下降态势。6个生产性服务业都存在人力资本供给不足的错配，其中与实体经济密切相关的交通运输、仓储和邮政业，租赁和商务服务业错配度增加。公共服务业总体面临人力资本供给过剩的错配，其中公共管理社会保障和社会组织行业过剩错配尤为严重。

（2）行业间人力资本错配导致行业实际产出偏离资源最优配置状态下的产出。不管是在横截面层面上还是时间层面上，行业人力资本供给不足错配越严重，导致行业产出损失越大；行业人力资本供给过多错配越严重，导致行业产出过剩越重。特别是在规模大的行业中，人力资本供给过剩容易导致产出过剩，但人力资本供给不足将造成更大的产出损失。行业间人力资本错配导致人力资本滞留在边际产品价值低的农林牧渔业、生活性服务业和公共服务业中，致使边际产品价值高的制造业和生产性服务业缺乏人力资本，抑制了制造业和生产性服务业产出的提高。中国的制造业处在发展的关键时期,若纠正中国行业间人力资本错配,便能为制造业提供足够多的人力资本,从而促进中国从制造业大国向制造业强国转变。

(3) 人力资本错配阻碍了中国经济总产出的提高。中国行业间人力资本处于低效率的配置状态,无法达到人们所向往的"物尽其用"的理想境界,不仅会降低市场配置资源的有效性,而且会加大下一步推进要素市场改革的难度,从而进一步抑制经济总产出的增加。人力资本错配造成2007年和2013年的损失分别占当年GDP的1.79%和1.63%,损失金额分别达到4819.82亿元和5742.38亿元。从整体情况来看,2013年同2007年相比,2007年潜在GDP对实际GDP的比重大于2013年潜在GDP对实际GDP的比重,意味着2007—2013年,实际GDP与潜在GDP之间的缺口趋于缩小,表明人力资本错配对整体经济的影响程度趋于减小,进而说明中国市场化改革促使行业间资源配置效率逐步得到提升,这是中国持续实行了多年的市场导向改革造成的累积性效应带来的结果。

基于上面的研究,可以得到一些有益的政策启示。

(1) 尽管中国总体人力资本错配度有所下降,

但人力资本错配依然较为严重,将直接导致人力资本配置效率下降,制约中国经济高质量发展。在转型期内,生产要素市场化改革严重滞后,致使生产要素难以完全自由地流动,要素价格还不能完全由市场供求决定,导致行业间存在人力资本错配。在即使提高劳动参与率也无法阻止经济活动总人口下降的背景下,中国人力资本错配无疑是资源的巨大浪费。因此,需要完善人力资本市场,合理配置人力资本。具体而言,在人力资本配置中,从广度和深度上推进市场化改革,使市场在人力资本配置中起决定性作用,减少政府对人力资本的直接配置,减少政府对人力资本配置的直接干预,加快建设统一开放、竞争有序的人力资本市场体系,让市场在人力资本配置中充分发挥作用,推动人力资本配置实现效益最大化和效率最优化。

(2)在中国部分行业中,人力资本供给不足或供给过剩问题长期未得到解决,这是因为在人力资本供给不足或过剩的背后有某些结构性因素在起作用。农林牧渔业中人力资本滞留问题的解决取决于农业内部产业结构调整、城镇化进程的快慢、户籍制度与社会保障制度等多项配套改革以及作为农村人力资本载体的现代农民在参与建设新农村或进入城市二者之间所做的选择等因素。在采矿业和制造业中，表层问题是人力资本薪酬偏低引致人力资本长期供给不足，但实质性问题在于对各种生产要素之间的相对价格结构未进行全面调整。信息传输软件和信息技术服务业、金融业对专业化人力资本的要求很高且需求量较大，在无法满足这两个行业较大需求的前提下，促使这两个行业的服务业价格及人力资本价格扭曲急剧上升，由此引发了长期的人力资本供给不足的结构性失衡难题。在公共管理社会保障和社会组织中有相当数量的过剩人力资本滞留，这部分人力资本实际上都处于不得其用的状态，深化政府部门机构和行政体制改革有助于提高公共服务业的效率。因此，需要从改善人力资本配置效率、提高经济高质量发展方面进行供给侧结构性改革，实现经济发展方式顺利转变。

第六章 人力资本错配理论机制及其经济稳增长难题

中国经济经过多年的快速增长,面临高速增长新常态的阶段性转变。一方面,中国经济已经告别了两位数的增长态势进入次增长阶段,表现出显著的增长乏力;另一方面,目前中国人力资本虽然数量上达到足够规模,质量上也得到很大程度的提升,但是中国的人力资本在部门间严重不匹配,从而引起摩擦并带来资源配置低效率的事实已经在很大程度上降低了"转方式,调结构"战略实施成功的可能性,并成为阻碍中国经济稳增长的重要因素。其主要表现在:第一,创新人员与创新资金投入不匹配。2013年中国创新资金投入为1.185万亿元,占GDP的比例为2.08%。与世界其他国家相比,只有15个国家创新资金占GDP的比例超过2%。然而,创新资金占 GDP 比例高于中国的 15 个国家的创新人员占百万人口的比例均在 3500 人以上，例如，东亚地区的日本、韩国和新加坡分别是 5158 人、5928 人和 6438 人。而中国仅为 1020 人。袁富华等（2015）研究指出，中国人力资本结构问题主要表现为第二级人力资本"壅塞"且质量有待提高，第三级人力资本积累严重不足。第二，创新人员在行业间的错配。具体而言，我国计算机与电子行业和制药业是制造业中创新人员占劳动力比例最高的两大技术产业，创新人员占比分别为 4.66% 和 2.67%，而美国的相应比例是 11.37% 和 13.23%。

经济追赶的本质是人力资本追赶和人力资本结构升级，那究竟是什么因素阻碍了中国人力资本向科技创新部门的流动呢？事实上，中国的人力资本是丰富的，而当前人力资本投资不同收益率的事实告诉我们，大量拥有科学和工程技术学位的毕业生蜂拥至高收入的垄断行业工作，尤其是以国有企业为主的金融业。以 2013 年为例，金融业的平均工资是 99653 元，科技行业的平均工资是 76602 元，是金融业的 76.87%；制造业是竞争性行业，其平均工资是 46431 元，是金融业的 46.59%。这表明，具有创新潜力的科技人才很可能因为薪酬激励而到非生产性、非创新性部门就业。那么，在缺少更高质量和更多数量的科技人力资本流入时，创新部门创新效率低下，要素报酬下降，进一步恶化了高人力资本向创新部门的聚集。

新增长理论认为，发展中国家可以利用与发达国家的技术差距所具有的后发优势，通过技术模仿，实现增长"蛙跳"，迅速缩小与发达国家的技术和增长差距。然而现实却不尽如人意，很多发展中国家与发达国家的差距不但没有缩小，反而在不断拉大（Romer，1994）。究其原因，一些学者指出，落后国家向西方发达国家引进先进技术过程中存在严重阻碍。Krusell 和 Rios-Rull（1996）认为，技术采用中的利益冲突是造成阻碍的重要原因。而另一些学者从投入要素和技术匹配的角度出发，提出了适宜性技术观点（Basu and Weil，1998），指出发达国家的技术是和发达国家本身所具有的较高资本存量相匹配的，发展中国家的劳动力和引进的技术不匹配是导致引进技术无法推动发展中国家经济增长的一个重要原因。沿着这一研究思路，邹薇和代谦（2003）通过理论论证明确指出，人力资本是决定引进技术适宜性的关键，必须有相应的人力资本与引进技术相匹配，才能实现经济追赶。进一步结合以往研究发现，关于技术进步和增长的讨论，基本围绕发展中国家缩小与发达国家的差距（Acemoglu and Guerrieri，2008）、技术创新激励（Acemoglu，2002）以及技术与要素的匹配（Caselli and Coleman，2006）展开，而鲜有围绕技术创新如何造成世界经济发展中出现的多重均衡问题展开讨论。同时，一些研究（Ventura，2005；Ciccone and Papaioannou，2009）重点关注如何通过高层次人力资本培养和积累，提高发展中国家技术模仿的效率，而忽视了人力资本在部门间的合理配置对创新效率和增长的有效影响。因此，本章重点探讨创新技术发展水平不同使经济体产生增长多重均衡的原因，以及如何通过外部实施条件改善促进高层次人力资本积累、人力资本部门间适宜匹配、直接推动技术创新等方式实现"增长陷阱"跨越的内在机制和具体实施路径。

"新卡尔多事实"强调，除一般技术创新外，还有大量新增要素会呈现出收益递增的特性，如信息、知识、教育、思想和创意分享等。这些要素不仅可以直接促进技术创新，而且可以通过加速知识生产和消费的一体化过程，间接带来新的技术创新，从而突破经济停滞，实现增长跨越。本章认为创新部门实现创新需要技术门槛，创新部门的内部初始知识积累是突破创新的内部门槛条件，而引致整个社会人力资本积累和适宜匹配，特别是高人力资本有效配置，是推动创新行为的外部实施条件。当整个社会人力资本积累不足并且人力资本在部门间错配时，容易造成创新部门高人力资本不足，从而创新效率低下，并使经济容易陷入低稳态均衡陷阱。但是在通过提供人力资本外溢渠道，促进人力资本积累的同时，引致高人力资本进入创新部门，可以增强创新动力，实现经济向高稳态跨越。本章基于"新卡尔多事实"认为信息共享和知识传递可以有效降低经济体实现增长跨越的初始技术门槛条件，同时，会带动整个社会人力资本积累和在部门间的适宜匹配，是推动创新部门创新效率的外部实施条件。具体作用机制为：首先，信息、知识、教育、思想和创意等本身是导致规模收益递增的要素，这些新增要素不但要生产出来，关键要扩散出去，才能产生更大的外部性。借助信息共享和知识传递渠道可以加速这些新增要素的积累和扩散，激发整个社会的创新灵感，并且信息共享和知识传递也可以使创新产品得到更好的推广，进而有利于激励创新（Ishise and Sawada，2009；严成樑，2012）。其次，信息共享和知识传递使科教文卫等体制内的创新要素得到一定程度的释放,激发市场的创新活力。最后,在人力资本在部门间错配且创新部门高人力资本不足的现实情况下,信息共享和知识传递可以提高创新部门效率和工资水平,从而吸引高人力资本进入创新部门,实现人力资本在部门间适宜匹配,提高创新部门高人力资本比例。

第一节 人力资本错配形成的理论分析

本章将生产分为最终产品部门和中间品部门,人力资本错配被定义为部分人力资本不能进入中间品部门,只能作为简单劳动力,进入最终产品部门。理论模型建立在两个关键假说上:①经济转型中,劳动力质量的定义不停变化,因此代表高质量劳动力的人力资本,其供给会有波动;②经济转型需要政府规制技术密集型企业(集中使用高质量劳动力的产业),使其向创新型转变。

1. 消费者(劳动力)、教育与人力资本错配

假设每个消费者只存活两期。他们在第 1 期选择是否受教育,并且工作,其收入将用于当期消费和储蓄,而储蓄则用于第 2 期的消费。假设每期的时长为 1,t 期出生的消费者,其行动的时间顺序如下。

（1）教育：t 期初，消费者观察到（w_t^R，w_t^Y）（其中 w_t^R 是人力资本未被错配的待遇，w_t^Y 是一般劳动力和被错配人力资本的待遇）之后，决定是否接受 $1-\delta$ 时长的教育［$\delta \in$（0，1）］。不接受教育的消费者，将直接参加工作，获得 w_t^Y。决定接受教育的消费者，将成为人力资本。

（2）人力资本随机配置：在 t 期的 $1-\delta$ 时间点，接受了教育的消费者，能以 $\mu_t \in$（0，1］的概率享受 w_t^R 的待遇，以 $1-\mu_t$ 的概率得到 w_t^Y。如果 $\mu_t<1$ 且消费者在 t 期初选择了教育，则"错配"在 t 期发生。还假设在 t 期初，μ_t 和（w_t^R，w_t^Y）一起被消费者观察到，且 μ_t 既可以由市场决定，也可以被政府保证。本部分将讨论政府是否会保证 $\mu_t=1$，即解决错配。

（3）第 1 期消费与储蓄：t 期末，消费者获得收入 I_t，其中 $I_t/$（$1-\tau$）$\in\{\delta w_t^R,\delta w_t^Y,w_t^Y\}$，而 τ 是统一的个人所得税率，① 由于收入等于待遇乘以工作时长，接受教育的消费者只获得 δ 份额的待遇。此时，选择当期消费水平 $c_{t,t}(I_t)$ 和储蓄水平 $s_t(I_t)$，满足 $c_{t,t}(I_t)+s_t(I_t)=I_t$。

---

① 忽略个人所得税的阶梯构造。

(4) 第 2 期消费：$t+1$ 期，资本回报 r_{t+1} 出现，消费者获得 $r_{t+1}s_t(I_t)$ 的本息偿还（资本被使用后将完全折旧），并且全部用于当期消费 $c_{t,t+1}$。效用函数为 $U_t = \ln c_{t,t} + \ln c_{t,t+1}/(1+\rho)$。给定 I_t，在 t 期最大化的期望效用为

$$E(\max U_t \mid I_t) = \frac{\ln E(r_{t+1})}{1+\rho} + \frac{2+\rho}{1+\rho}\left[\ln\frac{1+\rho}{2+\rho} + \ln I_t\right]$$

式中：$E(r_{t+1})$ 为个体对储蓄回报率的预期，它由个体对经济增长的预期决定。

令 $\alpha_t = \{\ln(E(r_{t+1})) - (2+\rho)[\ln(2+\rho) - \ln(1+\rho)]\}/(1+\rho)$，因此消费者接受教育的期望效用为

$$E(\max U_t \mid 接受教育) = \alpha_t + \frac{2+\rho}{1+\rho}\left[\mu_t \ln(1-\tau)\right.$$
$$\left. \delta w_t^R + (1-\mu_t)\ln(1-\tau)\delta w_t^Y\right] \quad (6.1)$$

而不接受教育的期望效用为

$$E(\max U_t \mid 不接受教育) = \alpha_t + \frac{2+\rho}{1+\rho}\left[\ln(1-\tau)\ w_t^Y\right]$$
$$(6.2)$$

比较式（6.1）和式（6.2），得出如下引理。

引理 6.1：当且仅当 $(w_t^R/w_t^Y)^{\mu_t} \geqslant 1/\delta$ 时，t 期出生的消费者才会在 t 期初选择接受教育，因此和自身对经济增长的预期 $E(r_{t+1})$ 无关。

引理6.1说明人力资本错配将会直接影响个人受教育的激励：给定 w_t^R/w_t^Y，存在 $\tilde{\mu}_t$，只要人力资本的错配率 $1-\mu_t$ 超过 $1-\tilde{\mu}_t$，就不会有消费者选择接受教育。在两期对数效用函数下，即便人力资本可以提供增长动力，让个人可以预期更高的下一期消费，个人却并不会因此自觉地成为人力资本，为经济增长做贡献。

推论6.1：个人成为人力资本的激励可能与同时代人力资本配置效率相关，和其对经济增长的预期相关性不大。因此，提高配置效率对人力资本的供给具有重要作用。

2. 劳动力类型与人力资本的市场失灵

考察总量恒为1的、在连续统上的消费者（$L_t \equiv 1$）。为区别高质量和低质量劳动力，假设劳动力天生分两种类型，$\theta \in \{G, D\}$：个人天赋的分布为 $Pr_t(D) = \varepsilon_t \in [\underline{\varepsilon}, \overline{\varepsilon}]$，在 t 期初随机独立生成，其中 $0 < \underline{\varepsilon} < \overline{\varepsilon} < 1$；只有 $\theta = G$ 的劳动力能通过教育成为人力资本，再通过人力资本配置获得待遇 w_t^R。t 期初，G 型劳动力的总数为 $1-\varepsilon_t$，而 D 型劳动力的总数为 ε_t。$1-\varepsilon_t$ 也是一个随机变量，表示有动机接受高等教育的新生劳动者占所有新生人口的比例。这里借用 Benabou 和 Tirole（2003）的设定：

①待遇越高，相应的付出也会越高，个人对付出的心理预期可能有差异，所以有些新生劳动力并不具备成为人力资本的动机（motivation）；

②动机需要实物激励，也就是说，需要引理6.1中的条件式成立。令人力资本需求为L_t^R，假设没有失业率且所有G型消费者选择接受教育，那么在机会均等条件下，$\mu_t = \min\{1, L_t^R/[(1-\varepsilon_t)\delta]\}$。在人力资本需求之外的劳动力只能进入最终产品部门生产，总劳动量记作$L_t^Y = [\varepsilon_t + (1-\mu_t)(1-\varepsilon_t)\delta]$。

最终产品部门是由完全竞争的众多企业组成的（$i \in [0, 1]$）。企业i雇佣劳动力L_{it}^Y、资本K_{it}和一系列中间产品x_{it}^s进行生产，$s = 1, 2, \cdots, M_t$。中间品个数为经济的技术存量。类似于Agenor和Canuto（2015）的研究，产出函数包括资本的拥挤效应。第i个企业的产出函数如下：

$$Y_{it} = \frac{1}{(K_t^Y)^{c_K}} (K_{it})^\alpha (L_{it}^Y)^\beta \sum_{s=1}^{M_t} (x_{it}^s)^\gamma$$

其中，$0 < \alpha, \beta, \gamma < 1$；产出函数满足常数规模报酬，即$\alpha + \beta + \gamma = 1$（因此企业利润为0）。$K_t^Y > 1$为最终产品部门的总投资量。$c_K \in (0, \alpha]$为最终产品部门总资本"拥挤参数"，用来描述资本对最终产品产量的抑制作用。采用Agenor和Canuto（2015）

的设定,抑制作用源于"公共品"的折损:拥挤使公共品损耗,使 1 单位产品到了分配时仅剩下 $(1/K_t^Y)^{c_K}$ 单位。如果 $c_K = \alpha$,在对称均衡中(所有厂商对资本、简单劳动力和单个中间品的雇佣量一样,且单个厂商对所有中间品的雇佣量也一样),对最终产品部门进行直接的投资,最终产品的产量却不会增加(尽管资本对于生产是必需的)。又因为劳动力数恒定,所以经济增长将依赖中间品部门与人力资本的配置状况。给定资本回报率 r_t,简单劳动力工资 w_t^Y 和中间品价格 p_{it}^s,厂商 i 的利润最大化问题为

$$\max_{K_{it}, L_{it}, x_{it}^s} Y_{it} - r_t K_{it} - w_t^Y L_{it} - \sum_{s=1}^{M_t} p_t^s x_{it}^s$$

其最优解为

$$r_t = \alpha Y_{it}/K_{it}, \; w_t^Y = \beta Y_{it}/L_{it}, \; p_t^s = \frac{\gamma Y_{it}}{\sum_{j=1}^{M_t} (x_{it}^j)^\gamma} (x_{it}^s)^{\gamma-1}$$

(6.3)

令 $Z_{it} = Y_{it}/(\sum_{j=0}^{M_t}(x_{it}^j)^\gamma)$,则第 s 种中间品的需求函数为

$$x_t^s = \int_{i=0}^1 (\gamma Z_{it}/p_t^s)^{\frac{1}{(1-\gamma)}} di$$

在对称均衡中 $[Z_{it} = Z_t, \; \forall i \in (0, 1)]$,第 s

种中间品的需求为 $x_t^s = (\gamma Z_t/p_t^s)^{\frac{1}{(1-\gamma)}}$。同理，最终产品的资本需求 $K_t^Y = \alpha Y_t/r_t$，而劳动力需求为 $L_t^Y = \beta Y_t/w_t^Y$。中间品 s 被某个企业垄断经营。假设生产一单位中间品需要消耗一单位资本，那么当企业的人力资本使用量和 r_t 都给定后，该企业的决策问题为

$$\max\nolimits_{p_t^s} \pi_t^s = (p_t^s - r_t)(\gamma Z_t/p_t^s)^{\frac{1}{(1-\gamma)}} \quad (6.4)$$

首先，式（6.4）未包含人力资本的贡献，是因为本章假设人力资本对于中间品生产是固定投入。直观上，如此设定更容易保证人力资本错配的形成：如果人力资本对于中间品生产存在充分的边际贡献，人力资本的工资水平将与边际产出相关，如果人力资本供给不足（如 $\varepsilon_t = \overline{\varepsilon}$），企业将自动提高工资水平以获取人力资本，解决错配；如果人力资本供给充足（如 $\varepsilon_t = \underline{\varepsilon}$），垄断企业可以提高中间品价格，同时降低工资水平，也能解决错配。其次，式（6.4）的设定也符合经济转型期的一个困境：经济转型需要社会加总的生产方式由资本密集与劳动密集，转为技术密集和智力密集，然而在此过程中，式（6.4）描述的中间品企业虽然需要人力资本作为固定投入，但提高产量仅能通过追加资本，即生产方式在一定时期内不能摆脱资本密集。再次，式（6.4）的设定

也可以和经济增长框架吻合：之后将讨论中间品部门的副产品——创新并增加中间品数量，创新不通过 R&D 获得，而是人力资本在中间品部门聚集越多，创新就越多。或者说，本章中的创新将被设定为人力资本的正外部性（Acemoglu，1996），而企业无须支付 R&D 的成本，承担研发失败的风险，因此创新的知识产权不属于单个企业，而知识产权的收益不能纳入中间品企业的利润函数。最后，式（6.4）引申出的知识产权问题与本章最重要结果"转型规制"密不可分。由于使用世代交叠模型 OLG 框架，所有个体（包括中间品企业的经理人）只工作一期，如果知识产权属于中间品企业，企业经理人需要在 t 期卖给 $t+1$ 期的中间品企业经理人，但此时未来的经理人的身份却是未知的，因此知识产权卖不出去，企业经理人也就没有激励更多吸纳人力资本进行创新。在之后的政府解决错配环节（转型规制），政府将承认中间品部门创新的知识产权，并充当知识产权代理人，在 t 期末买进知识产权，并于 $t+1$ 期卖出。式（6.4）还可以被理解为：人力资本通过技术入股构成中间品企业，而 w_t^R 将是利润分红。求解式（6.4）的问题得到 [结合式（6.3）]：在对称均衡中

$$p_t^s = p_t = r_t/\gamma = (\alpha Y_t)/(\gamma K_t^Y),$$

$$x_t^s = x_t = (\gamma Z_t/p_t)^{\frac{1}{(1-\gamma)}} =$$

$$\left[\frac{\gamma Y_t}{M_t (x_t)^\gamma} / \frac{\alpha Y_t}{\gamma K_t^Y}\right]^{\frac{1}{(1-\gamma)}} \Rightarrow x_t = \frac{\gamma^2}{\alpha m_t} \quad (6.5)$$

式中：$m_t = M_t/K_t^Y$，为技术存量与最终产品部门资本雇佣量之间的比例；在本章的模型中，m_t 为衡量经济增长速度的重要标杆：资本对于增长的推动作用会因为拥挤效应而打折，那么直观上只有 m_t 越大，经济增长才会越快。令单个中间品企业的最大利润为 π_t^*，由式（6.5）得到中间品部门的总利润为

$$M_t \pi_t^* = M_t (p_t - r_t) x_t$$
$$= M_t \frac{1-\gamma}{\gamma} \frac{\alpha Y_t}{K_t^Y} \frac{\gamma^2}{\alpha m_t} = (1-\gamma) \gamma Y_t$$

$$(6.6)$$

由于消费者仅工作 1 期，"技术入股"形成的企业无须积累资本，上述总利润将全部成为人力资本的税前收入：$w_t^R L_t^R = M_t \pi_t^*$，其中 L_t^R 是中间品企业固定投入的加总（市场决定）。根据式（6.6），引理 6.1 的条件式等价于

$$\frac{w_t^R}{w_t^Y} = \frac{(1-\gamma)}{\beta} \gamma \left[\frac{\varepsilon_t + (1-\varepsilon_t)\delta}{(1-\varepsilon_t)\delta\mu_t} - 1\right] \geq \left(\frac{1}{\delta}\right)^{\frac{1}{\mu_t}}$$

$$(6.7)$$

命题 6.1：令 $\tilde{z}$ 为方程 $\tilde{z}(\ln\tilde{z}-1)=(1-\gamma)\gamma/\beta$ 的唯一解，且令 $\omega=\delta(\tilde{z}-1+(1-\gamma)\gamma/\beta)$。若 $\omega<1$ 且 $[(1-\gamma)\gamma/\beta][(\varepsilon_t/1-\varepsilon_t)]\in(\omega,1)$，则依赖市场化配置将无法为 G 型劳动力成为人力资本提供激励；若 $\omega\geqslant 1$ 且 $[(1-\gamma)\gamma/\beta][\varepsilon_t/(1-\varepsilon_t)]\in[1,\omega]$，则依赖市场化配置，人力资本可以形成，但可能出现错配，即可能有 $\mu_t<1$。

证明：令 $z(\mu_t)=w_t^R/w_t^Y$。根据式（6.7），有

$$\frac{dz}{d\mu_t}=-\frac{(1-\gamma)}{\beta}\frac{\gamma\varepsilon_t}{(1-\varepsilon_t)}+\frac{(1-\varepsilon_t)\delta}{\delta\mu_t^2}$$

$$=-\frac{1}{\mu_t}\left[z+\frac{(1-\gamma)\gamma}{\beta}\right]$$

考虑最大化问题 $\max_{\mu_t} z^{\mu_t}$，首先，

$$\frac{dz^{\mu_t}}{d\mu_t}=z^{\mu_t}\ln z-\mu_t z^{\mu_t-1}\frac{1}{\mu_t}\left[z+\frac{(1-\gamma)\gamma}{\beta}\right]$$

$$=z^{\mu_t-1}\left[z(\ln z-1)-\frac{(1-\gamma)\gamma}{\beta}\right]$$

其次，

$$d\frac{dz^{\mu_t}}{d\mu_t}/d\mu_t=\partial\frac{dz^{\mu_t}}{d\mu_t}/\partial\mu_t+\left(\partial\frac{dz^{\mu_t}}{d\mu_t}/\partial z\right)\frac{dz}{d\mu_t}$$

$$=\frac{dz^{\mu_t}}{d\mu_t}\ln z+\left(\frac{\mu_t dz^{\mu_t}}{z\,d\mu_t}+z^{\mu_t-2}\left[z+\frac{(1-\gamma)\gamma}{\beta}\right]\right)$$

$$\left(-\frac{1}{\mu_t}\left[z+\frac{(1-\gamma)\gamma}{\beta}\right]\right)$$

$$= \left(\frac{\mathrm{d}z^{\mu_t}}{\mathrm{d}\mu_t}\right)^2 z^{-\mu_t} - \frac{1}{\mu_t} z^{\mu_t-2} \left[z + \frac{(1-\gamma)\,\gamma}{\beta}\right]^2$$

给定 $\mathrm{d}z^{\mu_t}/\mathrm{d}\mu_t = 0$ ($z=\tilde{z}$)，以上二阶导严格为负，所以在没有约束的前提下，上述最大化问题有且仅有一个局部驻点 $\mu_t = \tilde{\mu}$，满足 $z(\tilde{\mu}) = \tilde{z}$。或者说，根据式（6.7），有

$$\tilde{\mu} = \frac{(1-\gamma)\,\gamma}{\beta\,\tilde{z} + (1-\gamma)\,\gamma}\left(1 + \frac{1}{\delta}\frac{\varepsilon_t}{1-\varepsilon_t}\right)$$

注意到 $\mu_t \in (0, 1]$，且 $\lim\limits_{\mu_t \to 0} z^{\mu_t} = 1 < 1/\delta$。如果此时 $\tilde{\mu} > 1$，最能使 z 达到或超过 $(1/\delta)^{1/\mu_t}$ 的人力资本配置率为 $\mu_t = 1$（上述最大化问题的唯一有意义的可行解）；如果 $\tilde{\mu} \leq 1$，那么最可能使 z 达到或超过 $(1/\delta)^{1/\mu_t}$ 的人力资本配置率为 $\mu_t = \tilde{\mu}$。$\tilde{\mu} > 1$，等价于

$$\frac{(1-\gamma)\,\gamma}{\beta}\frac{\varepsilon_t}{1-\varepsilon_t} > \delta\left(\tilde{z} - 1 + \frac{(1-\gamma)\,\gamma}{\beta}\right) = \omega$$

此条件下如果还有

$$z(1) = \frac{1}{\delta}\frac{(1-\gamma)\,\gamma}{\beta}\frac{\varepsilon_t}{1-\varepsilon_t} < \frac{1}{\delta} \Leftrightarrow \frac{(1-\gamma)\,\gamma}{\beta}\frac{\varepsilon_t}{1-\varepsilon_t} < 1$$

那么人力资本的市场化配置将无法给予 G 型劳动力足够的激励。反之，如果 $\tilde{\mu} \leq 1$ 且 $\delta z(1) \geq 1$，那么市场化将可能诱发人力资本错配。无须错配率 $1 - \mu_t$ 的均衡值，命题 6.1 已能描述两种在经济转型国家发生的人力资本市场失灵：①转型前的加总生产函

数对人力资本的相对需求较低［$(1-\gamma)\gamma/\beta$ 足够小］。此时 $\tilde{z}$ 会足够接近 1，这样由于 $\delta<1$，$\omega=\delta$ [$\tilde{z}-1+(1-\gamma)\gamma/\beta$] <1 可以成立；ε_t（D 型劳动力出现的频率）在转型前的国家（可能因其传统）较大，这样一旦 [$(1-\gamma)\gamma/\beta$][$\varepsilon_t/(1-\varepsilon_t)$] $\in$ $(\omega,1)$，人力资本市场化配置将无法保障人力资本的供给。②出现一定的转型后，人力资本的相对需求可能提高 [$(1-\gamma)\gamma/\beta$ 增大，给定 β 不变且 $\gamma<0.5$，即 γ 增加]，此时 $\omega\geqslant 1$ 可以成立；同时，适度的 ε_t 会让 [$(1-\gamma)\gamma/\beta$][$\varepsilon_t/(1-\varepsilon_t)$] $\in$ [1, ω]，这样市场完全可能诱发错配。

推论 6.2：在经济转型过程中，如果企业的生产停留在资本与劳动密集，那么依赖市场配置资源，可能会经历从人力资本供给不足到人力资本供给过剩（发生错配）的跨越。

第二节　政府规制与人力资本错配的解决

推论 6.2 给出了一个政府干预的理由：完全依赖市场，转型中的国家难以实现长期效率或者短期效率。一方面，市场可能无法保障人力资本的供给，这会导致长期增长难以实现；另一方面，市场在保障人力资本供给的情况下又带来了错配，事后来看，那些被错配的人力资本接受教育的成本完全被浪费（未带来产量的提升），因此错配是短期无效的。问题：政府如何解决错配，解决错配会给经济带来什么样的影响呢？在之后的分析中，我们将只考虑命题6.1中的两种情况，即假设

$$\min\{\omega, 1\} < \max\{\omega, 1\}$$

且

$$\left[\frac{(1-\gamma)\gamma\underline{\varepsilon}}{\beta(1-\underline{\varepsilon})}, \frac{(1-\gamma)\gamma\overline{\varepsilon}}{\beta(1-\overline{\varepsilon})}\right]$$

$$\subset (\min\{\omega, 1\}, \max\{\omega, 1\})$$

政府在 t 期初拥有从 $t-1$ 期劳动者那里征收的个人所得税，给定式（6.7）在 $t-1$ 期成立，计算可得税收总量为

$$T_{t-1} = \tau\left[(1-\varepsilon_{t-1})\delta(\mu_{t-1}w^R_{t-1} + (1-\mu_{t-1})w^Y_{t-1}) + \varepsilon_{t-1}w^Y_{t-1}\right] \quad (6.8)$$

而 t 期初的社会资本存量（$t-1$ 期劳动者的总储蓄）为

$$K_t = \frac{1-\tau}{2+\rho}\left[(1-\varepsilon_{t-1})\delta(\mu_{t-1}w^R_{t-1} + (1-\mu_{t-1})w^Y_{t-1}) + \varepsilon_{t-1}w^Y_{t-1}\right] \quad (6.9)$$

资本出清使 $K_t = K^Y_t + M_t x_t$（最终产品和中间品生产消耗的资本总量）。根据式（6.5），此出清条件

等价于 $K_t^Y/K_t = \alpha/(\alpha+\gamma^2)$。式（6.8）和式（6.9）保证了 $T_{t-1}/K_t = \tau(2+\rho)/(1-\tau)$。如前所述，受到资本挤压的影响，公共品将对 K_t^Y 成比例地消耗，而 T_{t-1} 与 K_t^Y 也是成固定比例的，所以这里假设政府在 t 期初耗费 $(1-\theta^S)T_{t-1}$ 对公共品进行修复。而剩下的 $\theta^S T_{t-1}$ 就可以用于解决错配和对信息基础设施投入。

令信息基础设施的投入量为 K_t^S。如前所述，中间品部门还可以产生"副产品"——新的中间品种类；增长将由这些"副产品"驱动。整体的创新函数如下：

$$M_{t+1} - M_t = \frac{(K_t^S)^{c_s}}{(K_t^Y)^{c_s+\varphi}}(M_t)^{\varphi+1}L_t^R$$

$$= \frac{(K_t^S)^{c_s}}{(K_t^Y)^{c_s+\varphi}}(M_t)^{\varphi+1}\mu_t\delta(1-\varepsilon_t) \quad (6.10)$$

式（6.10）体现出人力资本的正外部性：被有效使用的人力资本增多，其他人也会受益。式（6.10）中配置率越高，未来的技术质量就越高，未来任意类型消费者的效用也会因此而提高。根据 Acemoglu（1996），人力资本的这种正外部性是其重要特征，而有效配置的人力资本具有正外部性，使政府解决人力资本错配具有正当理由。式（6.10）还可以理解为"干中学"（learning by doing）。一般认为创新不是来自 R&D 的投入，就是来自"干中学"，而此处并没有单个企业 R&D 投入。再根据 Aghion 和 Howitt（1990）的提示：R&D 产出潜在的新产品，而"干中学"则改进已有产品的质量。如果将 $\sum\limits^{M_t} (x_{it}^s)^\gamma$ 看作技术产品的当期质量，那么式（6.10）表示到下一期技术产品的质量将是 $\sum\limits^{M_{t+1}} (x_{it}^s)^\gamma$；再根据式（6.6），如果 $m_t = m_{t+1}$，那么 $\sum\limits^{M_{t+1}} (x_{it}^s)^\gamma > \sum\limits^{M_t} (x_{it}^s)^\gamma$，即技术质量得到提升。除此之外，式（6.10）也能体现"新卡尔多事实"：新思想不仅要生产出来，关键要扩散出去，才能产生更大外部性，而将信息共享和知识传递作为有效引致创新部门内部初始知识积累和整个社会人力资本积累适宜匹配，从而实现有效创新的实施条件。引入政府解决错配的规制方案：承认中间品部门的知识产权，充当知识产权的代理人，以激励中间品企业从"生产型"转向"创新型"。使用之前假设的条件，有：

规制 A：如果 $\omega < 1$，令市场配置下中间品部门的总利润为 Π_t^A。在 t 期初，政府设置利润增值税率 $\tau^A \in [0, 1]$，再制定一个知识产权价格 P_t^R，承诺收

购所有的新中间品种类并在下一期给新的中间品企业免费使用,[①] 并且投入 K_t^S,使得

$$P_t^R \frac{(K_t^S)^{c_s}}{(K_t^Y)^{c_s+\varphi}} (M_t)^{\varphi+1} \delta (1-\varepsilon_t) + \Pi_t^A (1-\tau^A) =$$

$$\frac{w_t^Y}{\delta}(1-\varepsilon_t) > \Pi_t^A \qquad (6.11)$$

$$K_t^S = \theta^S T_{t-1} - (P_t^R \frac{(K_t^S)^{c_s}}{(K_t^Y)^{c_s+\varphi}} (M_t)^{\varphi+1} \delta (1-\varepsilon_t)$$

$$-\tau^A \Pi_t^A) < \theta^S T_{t-1}$$

$$(6.12)$$

企业在 P_t^R 的激励下尽可能使用人力资本（P_t^R 会被平均分配到每个企业的利润中），这样错配将得到解决（$\mu_t = 1$）；如果 $\tau^A = 1$,此时企业的利润将完全来自创新，中间品部门就被完全转型为创新部门。式（6.11）也使当且仅当 $\mu_t = 1$ 时，G 型劳动力才有接受教育的激励，此时 $w_t^R = w_t^Y/\delta$。式（6.12）

[①] 政府规制知识产权价格的机制（通过 SPNE 执行）最初由 Kremer（1998）提出，可以理解为：由于市场化的知识产权价格过高（anti-common tragedy），政府可以在知识产权拍卖后的一瞬间，以较大概率和更高的价格（deep pocket of government）从知识产权的发明者手中重新购买（遵守拍卖原则），让之前拍到知识产权的企业空手而归，让知识产权服务于公共目标。这种机制既能够揭示知识产权的价值（企业的私有信息），也可以压低企业的竞价（企业竞拍的预期收益下降）。本书中，企业无私有信息（所有生产函数都是已知的），所以政府直接制定知识产权价格。忽略私有信息，Kremer（1998）的机制原理还可以被解释为：通过降低收购知识产权企业的利润预期，降低知识产权的价格。现实中，政府常应用反垄断法对知识产权的价格进行控制，如中国诉高通、欧盟诉微软。

则表明在 t 期初，政府从 $\theta^S T_{t-1}$ 中留下一部分税款，用于补贴中间品部门（收购新中间品知识产权的总价值与增值税收入之间的差值），剩下的全部变成 K_t^S。我们假设规制 A 可执行：给定（M_t, ε_t, K_t^Y, T_{t-1}, τ^A）和 $\mu_t = 1$ 时，Π_t^A 与 w_t^Y 都由市场给出，那么只要由式（6.11）和式（6.12）构成的关于未知数（P_t^R, K_t^S）的方程组存在严格为正的解，规制 A 就可以被执行。

规制 B：如果 $\omega > 1$，令市场配置下中间品部门的总利润为 Π_t^B。在 t 期初，政府设置利润增值税率 $\tau^B \in [0, 1]$，再制定一个知识产权价格 P_t^R，承诺收购所有的新中间品种类并在下一期给新的中间品企业免费使用，并且投入 K_t^S，使得

$$P_t^R \frac{(K_t^S)^{c_s}}{(K_t^Y)^{c_s+\varphi}} (M_t)^{\varphi+1} \delta (1-\varepsilon_t) + \Pi_t^B (1-\tau^B) =$$

$$\frac{w_t^Y}{\delta}(1-\varepsilon_t) \leqslant \Pi_t^B \qquad (6.13)$$

$$K_t^S = \theta^S T_{t-1} + \tau^B \Pi_{t-1}^B - P_{t-1}^R (M_t - M_{t-1}) \qquad (6.14)$$

类似于规制 A，错配得到解决（$R\mu_t = 1R$）。式（6.13）和规制 A 中的式（6.11）作用基本一致（使 $w_t^R = w_t^Y/\delta$），不同之处在于，此时不再是补贴中间品部门，而是压低其待遇水平。式（6.14）强

调，此情况下政府对信息基础的投资不再受限于 $\theta^S T_{t-1}$，还有一部分来自压低前期人力资本待遇的财政收入 $\tau^B \Pi_{t-1}^B - P_{t-1}^R (M_t - M_{t-1})$。类似地，我们也假设规制 B 可执行。

规制 A 和规制 B 都应用了 Laffont 和 Tirole（1993）的规制思路：通过规制中间品企业的收益构成，让它们从生产型转为创新型（+生产型）［将企业可获得收益的表现从中间品产量变成新中间品种类的发明数量（+中间品产量）］，从而解决人力资本错配问题。两种规制也都达到了统一的结果：$\mu_t = 1$ 且 $w_t^R = w_t^Y / \delta$。

第三节　纠正人力资本错配与经济稳增长

假设通过执行规制 A 或规制 B，经济呈现出人力资本的完美匹配（$\mu_t \equiv 1$），且 $w_t^R / w_t^Y \equiv 1/\delta$。根据式（6.3）和式（6.9），有

$$K_t = \frac{(1-\tau)\beta}{2+\rho}(Y_{t-1}/\varepsilon_{t-1}) \Rightarrow$$

$$K_t^Y = \frac{\alpha}{\alpha+\gamma^2}\frac{(1-\tau)\beta}{2+\rho}(Y_{t-1}/\varepsilon_{t-1}) \quad (6.15)$$

因此最终产品量为

$$Y_t = (K_t^Y)^{\alpha-c_N}(\varepsilon_t)^\beta M_t \left(\frac{\gamma^2}{\alpha m_t}\right)^\gamma =$$

$$(K_t^Y)^{1+\alpha-c_N}(\varepsilon_t)^\beta \left(\frac{\gamma^2}{\alpha}\right)^\gamma (m_t)^{1-\gamma}$$

$$= \left(\frac{\alpha}{\alpha+\gamma^2}\frac{(1-\tau)}{2+\rho}\beta (Y_{t-1}/\varepsilon_{t-1})\right)^{1+\alpha-c_N}$$

$$(\varepsilon_t)^\beta \left(\frac{\gamma^2}{\alpha}\right)^\gamma (m_t)^{1-\gamma}$$

经济增长由式（6.16）给出：

$$\ln Y_t - \ln Y_{t-1} = \eta + \ln \frac{(\varepsilon_t)^\beta}{(\varepsilon_{t-1})^{1+\alpha-c_N}} +$$

$$(1-\gamma)\ln m_t + (\alpha-c_N)\ln Y_{t-1} \qquad (6.16)$$

其中，$\eta = \ln\left[\left(\frac{\alpha}{\alpha+\gamma^2}\frac{(1-\tau)}{2+\rho}\beta\right)^{1+\alpha-c_N}\left(\frac{\gamma^2}{\alpha}\right)^\gamma\right]$，对于任意的 $(\alpha, \beta, \gamma, \tau, \rho, c_N)$，都有 $\eta < 0$。

命题 6.2：假设 $\alpha = c_N$。若政府从 t 期持续执行规制 A 或规制 B 以解决人力资本错配，确定不会造成 $t+1$ 期的经济下行，当且仅当 $(1-\gamma)\ln m_{t+1} \geq |\eta| + (\ln\varepsilon_t - \beta\ln\underline{\varepsilon})$。

证明：在规制 A 或规制 B 的作用下，t 期可以确定的除 ε_t 外，还因为式（6.10）和式（6.16），得出 m_{t+1}，这样唯一的未知变量是 $\varepsilon_{t+1} \in [\underline{\varepsilon}, \overline{\varepsilon}]$。而 $t+1$ 期的经济下行为 $\ln Y_{t+1} - \ln Y_t < 0$，将 $\alpha = c_N$ 代入式

(6.16) 得证。

命题 6.2 中的 $\alpha = c_N$ 表明经济增长没法通过最终产品部门的资本积累来实现,这对应的是我国难以通过扩大投资保持经济增长的趋势。之前还假设了劳动力总量不变,对应的是我国人口红利逐渐消失的趋势。所以,命题 6.2 对实现人力资本完美匹配下的中国经济增长给出了预判:如果技术存量与资本存量之比(m_{t+1})较小,由于 $1 - \varepsilon_{t+1} \in [1 - \overline{\varepsilon}, 1 - \underline{\varepsilon}]$,经济将受到人力资本供给波动的冲击,出现"下行压力"。需要强调的是,人力资本供给会有波动是本章的假设。假设的原因:在经济转型的过程中,适合创新工作的、平均劳动力质量的定义都是变化的(特别是中间品部门中的新兴服务行业,需要的创新型劳动力和大力发展工业时期的创新型人才肯定是不一样的),此类劳动力的总量当然也是波动的。

推论 6.3:如果经济增长难以依靠资本积累和人口红利来实现,技术存量与资本存量之比较低,且企业的生产仍主要依赖资本密集与劳动密集;那么转型期的稳增长政策应当允许人力资本错配的发生,规避人力资本供给的波动对经济增长的影响。此时,对于人力资本的政策应是:赋予人力资本形成的激励，但不解决人力资本错配的问题。

规制 A 和规制 B 都采用了"奖金帽"（bonus cap）的设计（$w_t^R = w_t^Y/\delta$）。Benabou 和 Tirole（2016）（以下简称 BT16）的研究表明目前发达国家由于企业在劳动力市场的过度竞争，造成高质量劳动力的待遇与低质量劳动力之间的差距不断拉大，而社会福利（以效用为单位的净产出）会因此从某个适度竞争水平决定的峰值上迅速下降。他们建议使用"奖金帽"纠正这种过度竞争现象。由引理 6.1 可知，允许错配（$\mu_t < 1$）会造成 $w_t^R > w_t^Y/\delta$，则"奖金帽"被摘掉。所以，推论 6.3 可以被理解为：不设置"奖金帽"才是最优的。[1] 这个结论上的差异源自本章和 BT16 在设定以及研究目的上差异：BT16 让企业的收益结构更多的由自身人力资本的雇佣量决定，这是完全市场化的设定，人力资本也不会发生错配（显然是发达国家的问题）；而本章则是通过规制，让企业的收益结构从依赖生产中间品转型成依赖创新，且规制的目标是纠正人力资本无法通过市场化实现完美匹配，即通过规制企业实现经济转型。规制 A 和规制 B 的失败不是完全的，对于经济转型中

---

[1] Benabou 和 Tirole（2016）也指出企业可以通过放松雇佣契约的专职性（允许兼职，允许成为股东等）把"奖金帽"摘掉。

的国家，激励企业转型的规制是必不可少的，因此得出以下推论：

推论 6.4：如果经济增长难以依靠资本积累和人口红利来实现，技术存量与资本存量之比较低，且企业的生产仍主要依赖资本密集与劳动密集，那么在转型期刺激增长的政策还应当微观化，以激励技术型企业从事创新，实现企业向创新方向的转型，进而提高技术存量与资本存量之比。

也就是说，规制 A 和规制 B 除"奖金帽"的设计和解决错配的目的外，其激励企业转型的方式是有效的。由命题 6.3 可知，如果规制 A 和规制 B 可以使 m_{t+1} 足够大，那么经济不会有下行的压力。改写式（6.10），得

$$m_{t+1} = \left[\left(\frac{K_t^S}{K_t^Y}\right)^{c_S} (m_t)^{\varphi+1}\mu_t\delta\ (1-\varepsilon_t)\ + m_t\right]\frac{K_t^Y}{K_{t+1}^Y}$$

（6.17）

显然，m_{t+1} 随 K_t^S（信息基础设施投资）和 m_t（现有技术存量与资本存量的比例）以及 μ_t（人力资本配置率）递增。由推论 6.1 可知，提高人力资本配置率对人力资本的供给起重要作用；如前所述，激励技术型企业往创新方向转型可以提高 μ_t，转型中的国家需要使用这样的规制策略。为得出更加直观的结

果，之后的分析将跳到经济转型成功后的时期：人力资本供给的波动消失后，人力资本错配不再出现的时期。

进一步，假设 $\alpha = c_N$，在 t 期，$\varepsilon_{t-1} = \varepsilon_t = \varepsilon_{t+s} = \varepsilon$，任意的 $s = 0, 1, 2, \cdots$，且存在规制 C 满足

$$P_{t+s}^R \frac{(K_{t+s}^S)^{c_s}}{(K_{t+s}^Y)^{c_s+\varphi}} (M_{t+s})^{\varphi+1} \delta (1-\varepsilon) +$$

$$\Pi_{t+s}^C (1-\tau^C) = \frac{w_t^Y}{\delta}(1-\varepsilon) = \Pi_{t+s}^C \quad (6.18)$$

$$K_{t+s}^S = \theta^S T_{t+s-1} \quad (6.19)$$

式中：$\tau^C \in [0, 1]$ 为利润增值税率；P_{t+s}^R 为知识产权价格；Π_{t+s}^C 为中间品部门的市场化总利润。式（6.18）表明仅仅依靠中间品部门的市场化总利润和转型规制，就可以实现人力资本的完美匹配，且 $w_t^R = w_t^Y/\delta$。而式（6.19）则表明除去一般公共品的投入后，税收将完全用于信息基础投入。以上可以比喻为"转型成功"。

如前所述，由于 $T_{t-1}/K_t = \tau(2+\rho)/(1-\tau)$ 且 $K_t^Y/K_t = \alpha/(\alpha+\gamma^2)$。因此

$$\frac{K_t^S}{K_t^Y} \equiv \frac{\theta^S \tau \alpha (2+\rho)}{(1-\tau)(\alpha+\gamma^2)} \quad (6.20)$$

因为此时 $w_t^R = w_t^Y/\delta$，$\varepsilon_t \equiv \varepsilon$，根据式（6.15），$K_t^Y/K_{t+1}^Y = Y_{t-1}/Y_t$。由式（6.16）知

$$K_t^Y/K_{t+1}^Y = (Y_t/Y_{t-1})^{-1} = [e^\eta \varepsilon^{-(1-\beta)}(m_t)^{1-\gamma}]^{-1}$$

(6.21)

将式 (6.20)、式 (6.21) 和 η 的取值以及 $\mu_t = 1$ 代入式 (6.17) 就有

$$m_{t+1} = g(m_t) = \frac{\left[\dfrac{\theta^S \tau\alpha(2+\rho)}{(1-\tau)(\alpha+\gamma^2)}\right]^{c_S}(m_t)^{\varphi+1}\delta(1-\varepsilon) + m_t}{\dfrac{\alpha}{(\alpha+\gamma^2)}\dfrac{(1-\tau)}{(2+\rho)}\beta\left(\dfrac{\gamma^2}{\alpha}\right)^\gamma \varepsilon^{-(1-\beta)}(m_t)^{1-\gamma}}$$

(6.22)

此时, 经济实现平稳增长, 当且仅当 $m_{t+s} \equiv m^*$, $\forall s = 0, 1, 2, \cdots$。于是, 式 (6.22) 给出了多重增长均衡。然而, 直观上, 信息基础设施的有效投资 k_t^S 对创新数量 $M_{t+1} - M_t$ 的作用, 应该随着有效技术存量 m_t 的增加而减小, 即随着社会生产技术水平的提升, 信息技术也会普及, 使政府追加的信息基础设施对于创新产出的提升效率减弱。这里简单假设, 存在门槛 $\tilde{m}$, 当 $m_t \leq \tilde{m}$ 时, $c_S = \bar{c}_S$; 当 $m_t > \tilde{m}$ 时, $c_S = \bar{c}_S$; 其中 $\underline{c}_S < \bar{c}_S$。以下将依赖数值模拟, 给出一些均衡的性质。参考严成樑 (2012)、Agenor 和 Canuto (2015) 等相关研究, 确定基准参数值为: $\beta = 0.5$, $\gamma = 0.25$, $\varphi = 2.25$, $\tau = 0.3$, $\delta = 0.8$, 可以得到图 6.1 所示的式 (6.21) 均衡含义。根据图 6.1

第六章　人力资本错配理论机制及其经济稳增长难题

可以看出，当处于均衡状态，即 $m_{t+1} = m_t$ 时，存在 3 个均衡解，分别位于 A、B 和 C 处。其中，B 为非稳定均衡解，A 和 C 为稳定均衡解。由于 A 点对应的 m_t 值较小，故为低稳态均衡解；C 对应的 m_t 值较高，为高稳态均衡解。由此可见，如果初始 m_0 位于不稳定均衡交点 B 的左边，则经济就会最终收敛至低稳定均衡 A 处；如果初始 m_0 位于不稳定均衡交点 B 的右边，则经济最终收敛至高稳定均衡 C 处。这表明，转型以后的经济稳定增长需要初始技术门槛条件。

推论 6.5：经济转型成功后，经济稳定增长需要初始技术门槛条件。

此外，我们还发现，随着整个信息知识共享水平 θ^s 增加，会使 $g(m_t)$ 曲线整体向上移动。移动后的曲线如图 6.1 中的虚线所示，对应的新均衡点分别为 A'、B' 和 C'。此时，我们看到部分位于 B 点左边的初始 m_0 随着曲线向上调整，会变化到新不稳定均衡点 B' 的右边。正如图 6.1 给出的初始 m_0 的情形，原本会收敛至低稳态均衡 A 点，但整个社会信息知识共享水平的增加，转而收敛至高的稳态均衡 C' 处。

推论 6.6：经济转型成功后，如果外生因素致使

173

图 6.1 均衡分析相图

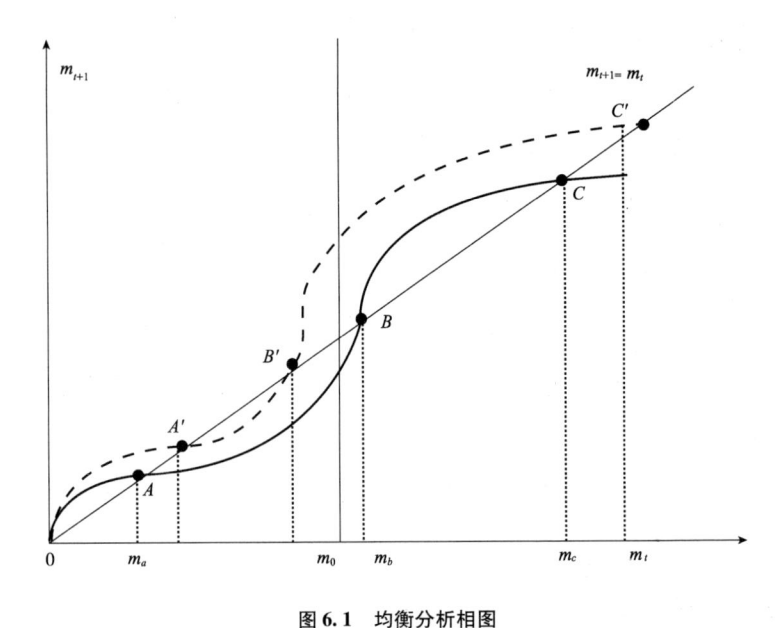

最终产品部门对公共产品的消耗减少，政府可以将更多的税收用于公共信息基础设施的投资（θ^s 变大，信息知识共享程度提高），将利于提升创新部门效率，可能也有利于经济体跨越"低均衡陷阱"。

此外，我们还认为：①个人以信息知识共享为载体，利用信息共享和知识传递的便利，促进自身人力资本积累，并且信息知识共享程度增加使个人接受教育更有效率，从而缩短了进入创新部门接受必要教育所需的时间。②信息知识共享有利于加速知识生产和消费一体化过程，极大限度地发挥了人力资本的外部性特征,提供了很好的人力资本外溢渠道,从而直接促进创新效率提升(例如,通过网络平台接受国外顶尖教授的课程教育,可以加速对知识的学习、消化、吸收、再生产过程,直接提高创新效率)。③信息知识共享渠道还可以使劳动者减少信息不对称所产生的工作搜寻成本,直接有利于促进人力资本匹配到适合自己的工作岗位,提高人力资本工作搜寻—匹配效率。

第四节 小结与启示

本章结合 Romer(1990)、Agenor 和 Canuto(2015)的基本框架,并融入 Laffont 和 Tirole(1993)的规制思想,讨论解决技术生产部门(中间品部门)和最终产品部门之间发生的人力资本"错配",为什么是中国经济稳增长政策面临的难题。同时,本章基于"新卡尔多事实",把信息共享和知识传递作为有效引致创新部门内部初始知识积累和整个社会人力资本积累适宜匹配,从而实现创新和经济稳定增长的实施条件。理论研究发现:人力资本错配将引发创新动力不足,使经济低增长,如果政府有效解决错配,增长将不稳定。因此,人力资本错配是稳增长中的一个"难题"。然而，建立在规制中间品企业转型为创新型企业的策略不是完全失败的（"奖金帽"的设计和解决错配的规制目标对于转型中的国家是无效的），其提升人力资本配置效率的作用和对信息基础设施投资的侧重，可以提高经济体的技术与资本存量之比，达到增长跨越的初始技术门槛条件，实现转型后的经济向高稳态均衡处收敛。这也是来自"新卡尔多事实"的简单推论。

本章研究结论对应的政策含义：当前中国经济处于明显增长减缓时期，需要规制技术生产部门，使其向创新型转变，为经济增长寻求动力。目前，中国人力资本在数量上已经达到足够规模，质量上也得到很大程度的提升，但是中国的人力资本在部门间存在严重不匹配，从而引起摩擦并带来资源配置低效率的事实已经严重影响当前中国"转方式，调结构"战略实施成功的可能性。然而，笔者认为这是转型国家必须面临的难题，因为错配的解决将带来经济增长的不稳定，甚至面临下行的压力。因此，实现人力资本适宜匹配（不是完美匹配）以及寻找实现匹配的实施条件，是当前中国实现经济稳增长的重要方式，并且需要调整人力资本回报率，重塑技术型企业收益结构，使其更加侧重于创新。

除此之外，重视大量新增要素，如信息、知识、教育、思想和创意分享等对增长和创新的影响，通过进一步体制改革，激发科教文卫等知识生产和消费部门的创新活力，降低获取新增要素的边际成本，扩大这些新增要素的共享范围，释放更多的教育和知识红利，同时借助信息共享和知识传递渠道发挥这些要素的外部性特征和扩大人力资本外溢渠道，积极推进知识生产与消费一体化过程，从而推动创新和实现增长跨越。

第七章　人力资本错配下的经济高质量增长困境

目前，中国的人力资本水平在数量上已经达到足够规模，在质量上也得到了很大提升，然而并没有形成高人力资本产业比较优势的动态演进，其中一个原因是中国人力资本错配严重。20 世纪 70 年代末到 80 年代初，中国充分利用了当时丰富的劳动力资源禀赋的成本优势，成功促成了从计划经济时代以重工业为主导的产业结构向面向市场的以轻工业为主导的劳动密集型产业结构的转型。30 多年之后，中国产业结构开始第二次转型，把以劳动密集型产业为主导的产业结构转变为以资本和技术密集型为主导的产业结构。但问题是现有的人力资本与将来的新型产业结构存在错配，这种错配的直接表现为作为人力资本的生产要素虽然在数量上达到足够规模,但在质量上(尤其在专业化程度上)与资本和技术密集型产业不匹配,因而引起摩擦并带来资源配置的低效率,最终给产业转型造成困难。

由图7-1可以看出,无论是相对于国内其他行业还是国外同类行业,中国事业型单位或行业、垄断性行业、非生产性行业都有极高的人力资本强度,而市场化程度高的行业和部门,人力资本水平一般都低于其他国家。当前,中国经济步入新常态,中国经济处于增长速度的"换挡期"、结构调整的"阵痛期"与前期刺激政策"消化期"三期叠加的复杂格局中。在此背景下,如何将专业化人力资本形成过程与产业结构调整过程相结合,以实现在新常态下经济的平稳过渡和稳定增长成为一个重要的理论和现实问题。首先,产业比较优势演进源于要素禀赋结构的变化,而人力资本与产业结构错配不利于要素禀赋结构调整,其直接后果是产业结构优化升级受阻;其次,人力资本与产业结构错配致使生产技术及人力资本要素投入比例扭曲,造成人力资本边际产出递减,一国易于将整个社会的产业继续围绕在低附加值产业上;最后,人力资本与产业结构错配限制了人力资本外部性释放范围,在长期,不利于产业偏向于高技能劳动力要素的技术进步方向，同时错配也使产业不能在学习曲线向上移动的时间段里形成规模经济效应。

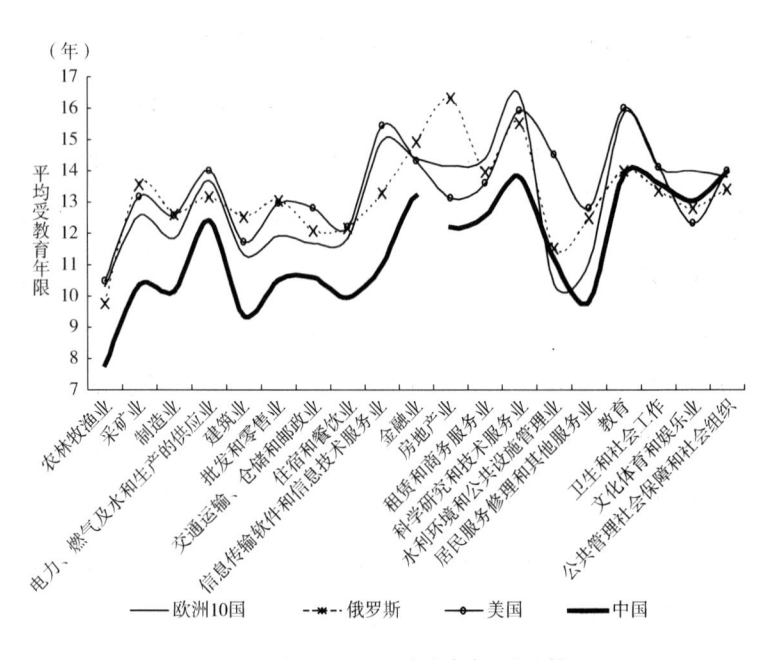

图 7.1　各国不同行业人力资本配置比较

资料来源：（中国经济增长前沿课题组，2014）。

大量人力资本积聚并沉淀在公共部门是当前中国面临的一个现实问题。数据显示，平均而言，中国以政府为主的公共部门人力资本占比是制造业为主的生产部门的 7.6 倍。经国际比较发现，中国在公共管理、社会保障和社会组织行业的人力资本强度是美国的 3 倍、英国的 5 倍以及日本的 2 倍多。

第七章　人力资本错配下的经济高质量增长困境

中国工业化阶段的高速增长模式主要依赖投资和出口的拉动，但投资对经济增长拉动的边际效应到一定阶段就会逐渐减弱，同时面对国际市场需求的低迷，中国经济依赖投资和出口很难实现经济可持续增长。国际经济增长经验也表明，发达国家在完成工业化进程之后，其经济逐步转变为以国内消费需求为主的内生增长模式，依赖消费驱动型增长模式激发增长潜力。但当前面临的现实是，大量人力资本积聚并沉淀在公共部门不利于消费增长。这背后的经济直觉在于：第一，从社会产出来看，当人力资本大量积聚在公共部门，在全社会人力资本总量一定时，公共部门人力资本就会挤占生产部门人力资本，导致社会人力资本的潜在生产能力并未得到充分激发，社会产出不高，从而不利于消费支出；第二，从收入差距来看，大量人力资本积聚在公共部门，意味着生产部门人力资本不足，生产部门生产率就难以提升，生产部门劳动者收入报酬就不高，因此公共部门和生产部门收入差距拉大，不利于消费增长；第三，在经济减速时期，人力资本大量积聚在公共部门还会引起社会收入分配结构恶化。具体而言，在经济减速过程中，这些低效率的非市场化公共部门仍然可以很好地生存，而市场化程度较高的生产部门则可能面临破产风险，并且减速后果全由市场化生产部门来消化。由于非市场化公共部门的高福利和稳定收入预期，在经济结构性减速过程中，将迫使人力资本过度向无效率公共部门集中，而生产部门在经济减速过程中收入增加困难甚至面临失业风险。因此，在经济减速时期，人力资本大量积聚在公共部门还会引起收入分配结构恶化，从而不利于消费增长。然而，尽管公共部门不具有生产性，但是市场经济离不开公共部门提供公共产品，为生产部门提供配套服务和基础支持，因此实现经济增长除了生产部门发展壮大之外也离不开一定规模的公共部门与之协调配套，故公共部门人力资本占有不足也必然不利于生产部门生产效率和收入增加。由此可见，公共部门人力资本占比过高和过低都不利于消费增长，公共部门人力资本占比对社会人均消费支出的影响存在最优临界条件。

内生经济增长理论指出，连续的研发投入对长期技术进步具有重要影响，研发是不断取得技术进步的关键性因素。但中国现实数据显示，无论是全国层面，还是在区域层面和产业层面，研发投入递增与全要素生产率递减同时并存，表现出研发投入的"索洛悖论"现象。随着研发投入的连续增加，技术进步呈现加速到减缓的过程，表现出研发投入与技术进步之间的一致性趋势，但随着研发投入的进一步增加，技术进步开始向递减趋势转折，进入研发投入增加与技术进步迟滞区域，这一区域被称为"索洛悖论"区域。就全国层面来看，2008年我国平均研发强度为1.85，2014年平均研发强度为2.15，这段时间平均研发强度增加了16.22%，但是，2008年单位研发投入的专利数量为3.13，2014年则为3.08，单位研发投入的专利数量下降了1.60%。就区域层面上来看，2008年，北京、上海、天津等6个省市的单位研发投入的专利数量为4.81，而2014年这6个省市的单位研发投入的专利数量下降为4.42，但是，这段时间研发强度增加20%左右。就高技术产业而言，1995—2011年，我国高技术产业研发投入占总产值的比重由0.44%上升至1.40%，但是我国高技术产业全要素生产率由2004年的1.95下降至2011年的1.01（张同斌，2014）。

生态发展论是用生态发展的观点制定经济政策和发展战略的一种理论。主要包括两个方面：第一，发展应包括经济目标和生态目标，即不仅要取得经济增长，而且要不断改善环境质量；第二，经济增长必须伴随生态发展，要在经济增长的同时实现生态效益不断提升。这意味着,未来经济增长模式塑造需要聚焦在通过自主创新实现产业升级和生态效益提升的内生增长路径上,即通过技术进步引致经济增长,塑造创新驱动的经济高质量增长模式,从而实现生态效益的不断提升。然而,当前人力资本投资收益率不同的事实告诉我们,大量具有创新潜力的人才因薪酬激励流入并沉淀在非生产性、非创新性部门,形成人力资本错配的局面。这意味着,对于创新部门而言,在缺少更高质量和更多数量的人力资本流入时,创新部门创新效率低下,内生增长动力不足,从而影响当前"转方式,调结构"战略实施成功的可能性,使生态发展过程受阻。具体而言,第一,创新部门人力资本存量缺失,对粗放型增长模式具有典型的锁定效应,因而产业结构固化在低端产业之上,而低端产业往往是高污染、高排放产业;第二,创新部门人力资本缺失意味着创新动力不足,经济增长仍需要依赖增加要素投入的驱动方式,从而难以实现通过技术进步引致生态效益提升的内生增长,不利于生态发展。

基于此,本章从产业、消费增长、技术创新和生态发展四个维度分析人力资本错配下的经济高质量增长困境。具体而言,第一,分析了人力资本错配引致产业比较优势动态演进受阻的内在理论机制；第二，分析了公共部门和生产部门之间人力资本比例失衡对消费增长的作用机制，揭示了人力资本配置失衡促使消费升级冲击消弭的动态过程；第三，揭示了在研发投入与人力资本投入错配下"索洛悖论"的形成机制；第四，分析了创新部门人力资本缺失对生态发展影响过程，指出了塑造经济与生态目标共同发展的创新效率模式。

第一节 基于产业维度的分析

为简化理论模型分析，在模型设定上需要做一些假定：①本章主要考察两个国家情况，每个国家只有高技能产业和低技能产业两种，每种产业只有人力资本一种要素，而且人力资本可以生产 n 种可贸易产品和 1 种不可贸易产品；②每个国家的人力资本结构主要有两种类型：高技能人力资本和低技能人力资本。如果假定任何可贸易产品的生产函数都是规模报酬不变的，因此每种可贸易产品的生产函数为

$$X_i^D(t) = A_i(t) L_i(t); \quad x_i^F(t) = a_i(t) l_i(t) \tag{7.1}$$

式中：$i=1$ 和 $i=2$ 分别为高技能产业和低技能产业；X_i^D 为在本国第 i 个产业生产的可贸易产品的产量；L_i 为生产该产品的本国人力资本投入量；相应地，x_i^F 和 l_i 分别为在国外第 i 产业生产可贸易产品的产量和生产该产品的国外人力资本投入量。在其他条件不变的情形下，一个产业的生产率越高，其竞争力越强。借助 Krugman（1987）的假定，在每个国家的每个产业中，资源的生产率取决于经验积累指数，即

$$A_i(t) = E_i(t)^\lambda ; \quad a_i(t) = e_i(t)^\lambda \qquad (7.2)$$

式中：$\lambda > 0$ 为生产经验累积对生产率的作用效果；$E_i(t)$ 和 $e_i(t)$ 分别为本国第 i 产业的经验累积指数和国外第 i 产业的经验累积指数。假定低技能人力资本不具备自主创新和吸收国外技术的能力，在生产中更多的是重复性劳动，因此，低技能人力资本对应的 λ 界定在 $0 < \lambda < 1$。但是高技能人力资本能越过自主创新的门槛，因此，高技能人力资本对应的 $\lambda > 1$。Redding（1996）认为，如果一国某个产业具有动态比较优势，则该产业生产其产品的机会成本增长率随时间延长是不断递减的。因此，可以用两个国家的产业相对生产率来度量一国某个产业比较优势的动态演变情况。

$$r_i(t) = \frac{A_i(t)}{a_i(t)} = \frac{E_i(t)^\lambda}{e_i(t)^\lambda} \quad (7.3)$$

现实中，国际贸易中的外部经济往往使这些经济向国外溢出，本国的企业会向国外企业学习，知识可以在国际传播。借助 Krugman（1987）生产经验的设定，本章把本国和国外的生产经验累积指数分别表述为

$$E_i(t) = \int_{-\infty}^{t} [X_t^D(\Gamma) + \mu x_i^F(\Gamma)] \, \mathrm{d}\Gamma; \, e_i(t) = \int_{-\infty}^{t} [\mu X_t^D(\Gamma) + x_i^F(\Gamma)] \, \mathrm{d}\Gamma \quad (7.4)$$

这里 μ 表示经验国际化的量并且 $0<\mu<1$，特指产业的属性特征参数。如果 $\mu \to 0$，表示学习完全在国内进行，生产技术主要依赖生产积累，因此，对应的产业为低技能产业。若 $\mu \to 1$，表示学习曲线可以用世界变量总和来定义，生产技术需要技术引进和自主创新，对应的产业为高技能产业，并且 μ 越接近1，产业的技能要求越高。进一步，根据式（7.4）可以得出本国和国外的经验累积指数的动态过程：

$$\frac{\mathrm{d}E_i(t)}{\mathrm{d}t} = X_i^D(t) + \mu x_i^F(t);$$

$$\frac{de_i(t)}{dt} = \mu X_i^D(t) + x_i^F(t) \qquad (7.5)$$

两国经验指数的相对变化从较长期来看将趋于相等，因此，由式（7.5）可以进一步得出产业的属性特征和产业的经验积累之间的关系式：

$$\frac{E_i(t)}{e_i(t)} = \frac{X_i^D(t) + \mu x_i^F(t)}{\mu X_i^D(t) + x_i^F(t)} \qquad (7.6)$$

进一步，令 $Z_i(t) = L_i(t)/l_i(t)$，体现两国人力资本相对规模，结合式（7.1）、式（7.3）和式（7.6），得出如下均衡式：

$$r(t)^{\frac{1}{\lambda}}[\mu Z(t) r(t) + 1] = \mu + r(t) Z(t) \qquad (7.7)$$

上述均衡式反映出两国相对人力资本规模与产业比较优势动态演变的内在联系。由于式（7.7）为隐函数，无法求出显性解，因此，采取隐函数及复合函数的链式求导，得出如下关系式：

$$\frac{dr(t)}{dZ(t)} = \frac{\lambda r(t)^2 (1-\mu^2)}{[\mu + Z(t) r(t)][\mu Z(t) r(t) + 1] + \lambda Z(t)(\mu^2 - 1)} \qquad (7.8)$$

由于 $0 < \mu < 1$，由式（7.8）可知，$dr(t)/dZ(t) > 0$，表明产业比较优势随着人力资本相对规模的扩大而逐渐增加。然而对式（7.8）进一步的研究发现，当 $\mu \to 0$，$\lambda > 1$ 时，则 $dr(t)^2/dZ(t)^2 < 0$。这表明，人力资本与产业结构错配时，一国人力资本规模的提升虽然会在短期引致产业比较优势增加，但增加的幅度逐渐减小，并逐渐趋于 0，即长期无法引致比较优势的动态演进。从长期而言，人力资本与产业结构错配使人力资本规模的增加只能形成静态比较优势，人力资本数量增加并不必然形成产业比较优势的动态演进过程。发展中国家经济发展的现实也表明，人力资本规模扩大，虽然有利于更好地模仿、吸收和利用跨国技术溢出，促进产业比较优势水平提高，但是，如果人力资本错配，即高人力资本不能集中至生产部门或研发创新环节，则发展中国家产业技术进步将继续停留在技术模仿和被动接受技术溢出的阶段，无法突破自主创新门槛，形成产业转型的"阵痛"。就产业技术偏向发展而言，人力资本错配使整体人力资本数量增加和质量的提高并不能引致产业偏向于高技能劳动力的技术进步方向，发展中国家也将继续沉溺于低技能劳动力的静态比较优势。因此，人力资本数量增长，如果不能辅以人力资本与产业结构的适宜匹配，就难以扭转产业静态比较优势固化的局面，无法实现产

业比较优势的动态演进。由前所述，参数 λ 用于表示人力资本水平，当 $0<\lambda<1$ 时，表示低技能人力资本；当 $\lambda>1$ 时表示高技能人力资本。参数 μ 表示产业技能属性特征参数，当 $\mu\to 0$，对应的产业为低技能产业；若 $\mu\to 1$，对应的产业为高技能产业。以下通过对比不同参数值下式（7.7）的相图特征分析人力资本错配对产业比较优势动态演进的影响。

（1）图7.2为参数满足 $\lambda>1$ 且 $\mu\to 0$ 的情形，即高技能人力资本用于低技能产业，人力资本与产业结构错配。图7.2显示，当 μ 较低时（取 μ 分别为0.3和0.5），Z 的增加引致 r 的增加，但增加的幅度越来越小，并最终趋于0。这表明如果高技能人力资本用于低技能产业，短期内可以引致比较优势

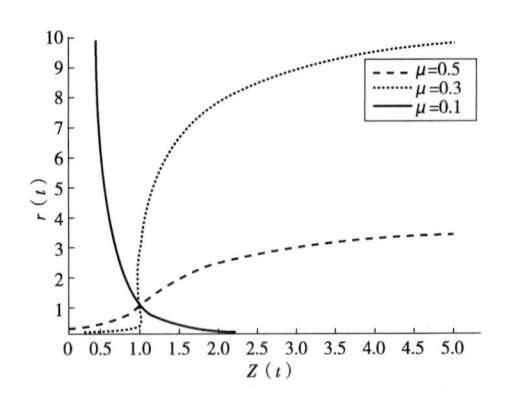

图7.2 人力资本错配情形

提升，但长期比较优势值将趋于稳定，即只具有静态比较优势，不具有动态比较优势。

就中国的情况而言，中国高技能产业的高技能人力资本占比低于发达国家的水平，而与此形成鲜明对照的是，大量拥有科学和工程技术学位的毕业生涌向高收入的垄断行业，尤其是以国有企业为主的金融业。在缺少更多数量和更高质量的高技能人力资本流入时，研发部门效率低下，要素报酬下降，进一步恶化了高技能人力资本向高技能产业的聚集，错配现象如果长期得不到纠正将引致产业落入"比较优势陷阱"。值得注意的是，当 μ 极低时，Z 的增加引致 r 向相反的方向变动，并最终趋于 0。这表明，当高技能人力资本作用于所需技能极低的产业时，不但其外部性无法发挥，其本身具有的要素功能的发挥也受到了抑制。实际上，对式（7.7）的进一步研究表明，产业技能属性参数 μ 趋于 0 的过程中存在一个临界值 μ_0，使得当 $\mu > \mu_0$ 时，r 随 Z 的增加而增加，而当 $\mu < \mu_0$ 时，r 随 Z 的增加而减小。

（2）图 7.3 表示参数满足 $0 < \lambda < 1$ 且 $\mu \rightarrow 0$ 的情形，即低技能人力资本用于低技能产业。此时 Z 的变动引致 r 的变动趋势与高技能人力资本用于低技能产业类似，即 Z 的增加引致 r 的增加，但增加的

幅度越来越小，并最终趋于0。中国经济增长的现实表明，中国经济高速增长依赖大量廉价的低技能劳动力所形成的"比较优势"，这种"比较优势"虽然在短期内能够提升一些产业的国际竞争力，但是，过多依靠低技能劳动力成本获得产业竞争力，容易让产业一直围绕在低附加值产业上，从而产生"比较优势陷阱"。同时也发现，目前中国的人力资本水平在数量上已经达到足够规模，质量上也得到了很大提升，但是，如果高人力资本错配，并不能形成比较优势的动态演进，那么，长期以来，会产生与低技能劳动力类似的静态比较优势演进路径。

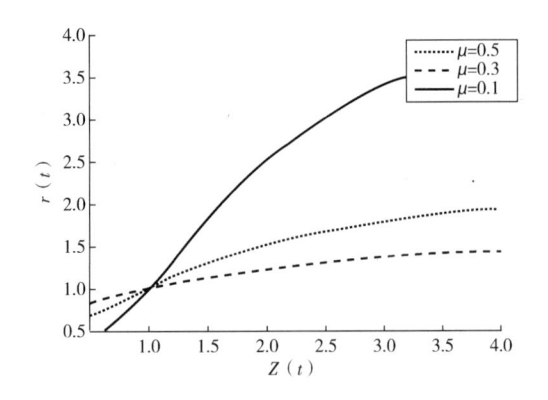

图7.3 低技能劳动力的静态比较优势

进一步，根据国家统计局公布的产业统计分类目录，本章选择中国高技术产业五大类23个行业的

1998—2014年的数据作为样本,构建以下计量模型进行实证分析:

$$\ln(R)_{it} = a_0 + a_1 \cdot \ln(H\_m)_{it} + \Lambda x'_{it} + v_i + \lambda_t + \varepsilon_{it}$$

(7.9)

式中:下标 i 为不同的行业; t 为样本年度; v_i 为个体固定效应,表示所有不随时间变化影响产业比较优势的个体特定因素; λ_t 为时间固定效应,代表只随时间变化与个体特定因素无关的影响到产业比较优势的因素; ε_{it} 为随机干扰项。上述模型各个变量的经济含义如下: R 为产业比较优势指标,用于度量产业比较优势的指标一般有显示比较优势指数、国际市场占有率指数及出口增长率优势指数等,本章选择各行业出口增长率优势指数作为度量指标; H_m 为不同行业人力资本错配度变量。本章主要基于行业人力资本强度比较不同行业的人力资本错配度。行业人力资本强度用各行业大学本科及以上学历劳动力比例除以该行业增加值来衡量。除此之外,还需要考察不同产业人力资本结构情况,即从专业化程度上衡量各个产业人力资本分布,间接反映各个产业人力资本错配情况。本章用大型企业科技活动人员中科学家和工程师人数与企业科技活动人数之比来表示高技能人力资本;用(企业从业人员年平均人数－企业科技活动人员人数）/企业从业人员年平均人数来表示低技能人力资本。

其他控制变量（x'），主要包括：①产业经济规模，选择产业内不同类型行业的销售收入来度量内部规模经济（D_SR），用产业总销售收入来度量外部规模经济（T_SR）；②对外开放度（$open$），用于衡量国际贸易情况，具体采用进出口总额与实际产出的比值；③产业研发强度（$R\&D$），用于衡量产业研发投入情况，具体采用研发投入与实际产出的比值；④技术引进水平（$LETI$），采用企业技术引进经费支出占产业产出的比重来衡量；⑤汇率（$exchange$），由于产业出口量的多少受到汇率高低的影响，因此还需要考虑选择汇率作为控制变量。本章的数据主要来源于《中国统计年鉴》《中国高技术产业统计年鉴》及外汇管理局网站。

表7.1的估计结果显示，通过控制对外开放度、产业研发强度等变量之后，H_m系数显著为负，并在5%的显著性水平下显著。这表明，人力资本与产业结构错配使产业比较优势动态演进受阻，该实证结果印证了本章理论部分的结论。本章在模型中引入人力资本错配变量与产业研发强度变量交互项，用于考察二者的交互作用对产业比较优势的影响情

况。由表 7.1 第（2）列估计结果显示，当控制对外开放度和汇率等变量之后，人力资本错配变量与产业研发强度变量的交互项（$H\_m \cdot R\&D$）系数在 5% 的显著性水平上显著为负。这表明，人力资本错配与产业研发强度之间具有显著替代关系，人力资本与产业结构错配显著抑制了产业自主创新能力，从而使产业比较优势动态演进受阻。

表 7.1　　　　　　人力资本错配与及其负外部性

变量	（1）	（2）	（3）
L_R	0.1701** (0.0490)	0.6078*** (0.0404)	0.7810*** (0.0242)
H_m	-2.2880*** (0.5100)	—	—
$H\_m \cdot R\&D$	—	-1.1608*** (0.2703)	—
$H\_m \cdot LETI$	—	—	-0.6444** (0.2360)
控制变量	√	√	√
cons	2.6850 (3.2130)	-2.8482** (0.4204)	-2.1909*** (0.3190)
AR（2）	0.8560	0.6015	0.3487
Hansen	0.9920	0.9533	0.9748

注：括号内为标准差，***、** 分别表示 1%、5% 置信水平。
资料来源：Stata 估计结果。

本章在模型中引入人力资本错配变量与技术引

进水平变量的交互项，用于考察在开放经济下，人力资本与产业结构错配是否不利于产业对国外先进技术的引进与吸收。表7.1第（3）列估计结果显示，人力资本错配变量与技术引进水平变量的交互项（$H\_m \cdot LETI$）系数显著为负，表明人力资本与产业结构错配不利于产业对国外先进技术的引进与吸收，从而表现出对产业动态比较优势的形成具有显著的负向作用。对于发展中国家而言，人力资本错配，特别是生产性和创新性部门人力资本不足，则导致整体人力资本规模的增加并不能形成产业比较优势的动态演进。

本章进一步分析人力资本与产业结构错配引致产业比较动态演进受阻另一个机制：人力资本错配将限制产业规模经济的实现。表7.2第（1）列仅报告规模经济对产业比较优势影响的系统矩估计结果，实证结果显示，D_SR系数显著为正，说明规模经济能够带来产业比较优势的显著提升。进一步，表7.2第（2）列引入人力资本错配变量和内部规模经济变量的交互项，检验结果显示，人力资本错配变量和内部规模经济变量的交互项（$H\_m \cdot D\_SR$）系数显著为负。这表明，人力资本与产业结构错配使产业不能在学习曲线向上移动的时间段里形成规模经济效应，从而表现为产业比较优势动态演进受阻。表7.2第（3）列引入人力资本错配变量与外部规模经济变量的交互项，检验结果显示，人力资本错配变量与外部规模经济变量的交互项系数（$H\_m \cdot T\_SR$）也显著为负。这说明，当人力资本与产业结构错配时，难以产生外部规模经济效应。其可能原因是，每个行业的人力资本相互作用产生知识溢出效应，当人力资本与产业结构错配时，约束了整个产业的人力资本知识溢出，从而也不利于形成产业比较优势的动态演进。

表7.2　　　　　　　　人力资本错配与规模不经济

变量	（1）	（2）	（3）
L_R	0.4920*** (0.0320)	0.6034*** (0.0251)	0.2099*** (0.0369)
D_SR	0.8810*** (0.0370)	—	—
$H\_m \cdot D\_SR$	—	-0.8558*** (0.1855)	—
$H\_m \cdot T\_SR$	—	—	-0.8758* (0.5430)
控制变量	√	√	√
$cons$	-0.0840 (1.7090)	-3.1588*** (0.3067)	-0.3528** (0.1539)
AR（2）	0.4050	0.6231	0.1206
$Hansen$	0.9690	0.9486	0.9639

注：括号内为标准差，***、**和*分别表示1%、5%和10%置信水平。
资料来源：Stata估计结果。

由此可见，人力资本与产业结构错配时，一国人力资本规模的提升虽然会在短期引致产业比较优势增加，但增加的幅度逐渐减小，长期无法引致比较优势的动态演进。从长期而言，人力资本与产业结构错配使人力资本规模的增加只能形成静态比较优势，难以形成产业比较优势的动态演进过程。进一步借助实证检验，人力资本与产业结构错配限制了人力资本外部性释放范围，以及使产业不能在学习曲线向上移动的时间段里形成规模经济效应，从而表现出产业比较优势动态演进受阻。人力资本规模扩大，虽然有利于更好地模仿、吸收和利用跨国技术溢出，促进产业比较优势水平提高。但如果人力资本错配，即高人力资本不能集中至生产部门或研发创新环节，则产业技术进步将继续停留在技术模仿和被动接受技术溢出的阶段，无法突破自主创新门槛，长期来说，不利于产业动态比较优势培育。另外，从产业技术偏向发展而言，人力资本错配也使整体人力资本数量增加和质量的提高不能引致产业偏向于高技能劳动力的技术进步，产业演进路径将继续沉溺于低技能劳动力的静态比较优势。当前中国的人力资本水平在数量上已经达到足够规模，在质量上也得到了很大提升，但是相对于国内其他行业，中国事业型单位或行业、垄断性行业、非生产性行业都有着极高的人力资本强度，而市场化程度高的行业和部门，人力资本水平一般都低于其他国家。这意味着，仅仅提高人力资本水平而无法实现人力资本的适宜匹配，则仅具有"人口质量红利"，而不能实现"人口质量红利"最大化。

第二节 基于消费增长维度的分析

本章将讨论人力资本大量积聚在公共部门对消费增长的影响。为简化模型构建，把经济部门分为公共部门（Y_t^p）与生产部门（Y_t^s）。假定社会人力资本总量为 h，劳动市场出清。进一步令 x_t 为人力资本在公共部门的占比，因此 $1-x_t$ 为人力资本在生产部门的占比。公共部门的生产函数为

$$Y_t^p = \Theta x_t h \qquad (7.10)$$

式中：参数 $\Theta > 0$ 为生产效率；Y_t^p 为公共部门提供的公共品。生产部门雇用 $1-x_t$ 比例的人力资本和物质资本 K_t 进行生产。由于生产部门的生产离不开公共部门提供的公共服务，因此生产部门生产函数设定为如下形式：

$$Y_t^s = (Y_t^p)[(1-x_t)h]^{1-\alpha}K_t^\alpha \qquad (7.11)$$

结合式（7.10）和式（7.11），并采取生产函数的人均形式，则

$$y_t^s = \Theta x_t (1-x_t)^{1-\alpha} k_t^\alpha h \quad (7.12)$$

式中：y_t^s 为 t 时期人均产出；k_t 为 t 时期人均物质资本。在社会计划者问题中，假设代表性家庭面临如下优化问题：

$$\max{}_{c,k} \int_0^\infty e^{-\rho t} \frac{c_t^{1-\theta}-1}{1-\theta} \mathrm{d}t$$

$$\text{s. t. } \dot{k} = \Theta x_t (1-x_t)^{1-\alpha} k_t^\alpha h - c_t - \delta k_t \quad (7.13)$$

式中：$1/\theta$ 为跨期替代弹性；c_t 为 t 时期代表性家庭人均消费支出；ρ 为贴现率；δ 为物质资本使用的折旧率。为求解上述优化问题，构建如下 Hamilton 函数来解决：

$$H(k_t, c_t, \lambda_t) = \frac{c_t^{1-\theta}-1}{1-\theta} + \lambda_t \{\Theta x_t (1-x_t)^{1-\alpha} k_t^\alpha h - c_t - \delta k_t\}$$

其中，λ_t 为影子价格，求解上式最优化问题，可得到如下最优性条件和横截性条件：

$$\lambda_t - c_t^{-\theta} = 0 \quad (7.14)$$

$$\lambda_t \{\alpha \Theta x_t (1-x_t)^{1-\alpha} k_t^{\alpha-1} h - \delta\} = \rho \lambda_t - \dot{\lambda}_t \quad (7.15)$$

$$\lim_{t \to \infty} \lambda_t k_t e^{-\rho t} = 0 \quad (7.16)$$

对式（7.14）等号两边取对数，然后对时间 t 求导，可得如下关系式：

$$\lambda_t - c_t^{-\theta} = 0 \Rightarrow -\theta \frac{\dot{c}_t}{c_t} = \frac{\dot{\lambda}_t}{\lambda_t} \quad (7.17)$$

进一步把式（7.17）代入式（7.15）。可得如下关系式：

$$\frac{\dot{c}_t}{c_t} = \frac{\alpha \Theta x_t (1-x_t)^{1-\alpha} k_t^{\alpha-1} h - \delta - \rho}{\theta} \quad (7.18)$$

假设给定消费函数在 $t=0$ 的值为 c_0，则消费路径为如下形式：

$$c_t = c_0 \cdot \exp\left\{\frac{1}{\theta} [\alpha \Theta x_t (1-x_t)^{1-\alpha} k_t^{\alpha-1} h - \delta - \rho] \cdot t\right\}$$

(7.19)

根据式（7.19），得出如下重要关系式：

$$\frac{\partial c_t}{\partial x_t} = c_0 \cdot \exp$$

$$\left\{\frac{1}{\theta} [\alpha \Theta x_t (1-x_t)^{1-\alpha} k_t^{\alpha-1} h - \delta - \rho] \cdot t\right\}$$

$$\cdot \frac{t}{\theta} \{\alpha \Theta k_t^{\alpha-1} h (1-x_t)^{-\alpha} [1-(2-\alpha) x_t]\}$$

(7.20)

由式（7.20），发现：

当 $0 < x_t < \dfrac{1}{2-\alpha}$ 时，$\dfrac{\partial c_t}{\partial x_t} > 0$；

当 $\frac{1}{2-\alpha} < x_t < 1$ 时，$\frac{\partial c_t}{\partial x_t} < 0$

由此可见，当公共部门人力资本占比小于1/（2-α）时，提高公共部门人力资本占比有助于提高社会人均消费支出，但是，当公共部门人力资本占比大于1/（2-α）时，继续提高公共部门人力资本占比对社会人均消费支出具有抑制作用。这表明，公共部门人力资本占比 x_t 与社会人均消费支出 c_t 之间存在倒"U"形关系，公共部门人力资本占比过高不利于社会消费增长。由此，本章得出命题：公共部门人力资本占比与社会人均消费支出之间存在倒"U"形关系，公共部门人力资本占比过高不利于社会人均消费增长。进一步，本章在凯恩斯消费函数的基础上引入公共部门人力资本占比及其平方项，构建如下计量模型进行实证分析：

$$cons_{i,t} = \alpha_1 \times cons_{i,t-1} + \alpha_2 \times gdp_{i,t} + \beta_1 \times his_{i,t} \\ + \beta_2 \times his_{i,t}^2 + \overline{w}_i + \lambda_t + \mu_{i,t} \quad (7.21)$$

式中：$cons_{i,t}$ 为人均消费支出；$cons_{i,t-1}$ 为前一期人均消费支出；$gdp_{i,t}$ 为人均收入水平；$his_{i,t}$ 为公共部门人力资本配置比；$his_{i,t}^2$ 为公共部门人力资本配置比的平方项，用于捕捉对消费支出影响的非线性关系；$\overline{w}_i$ 为个体固定效应；λ_t 为时间固定效应；$\mu_{i,t}$ 为随机干扰项。以上各个变量设定具体如下：

①人均消费支出（$cons_{i,t}$），采用按购买力平价（PPP）衡量的人均居民最终消费支出，其中，居民最终消费支出是指居民购买的所有货物和服务（包括耐用品，如汽车、洗衣机、家用计算机等）的市场价值，且数据用购买力平价汇率转换为按现价国际元；作为比较，还考虑按购买力平价（PPP）衡量的不同国家总量最终消费支出情况。

②公共部门人力资本配置比（$his_{i,t}$），根据各行业高技能劳动者工作时间份额和从业人员总的工作时长测算出各行业高技能劳动者的工作时长，然后通过公共部门高技能劳动者工作时长除以生产部门高技能劳动者工作时长来度量公共部门人力资本配置对最优配置的偏离情况。此外，本章还引入其他变量作为控制变量，主要包括：①固定资本形成率（$invest_{i,t}$），用资本形成额占 GDP 的比重来衡量；②对外开放度（$open_{i,t}$），用货物和服务进出口占 GDP 的比重衡量；③工业结构（$industry_{i,t}$），用工业增加值占 GDP 的比重衡量。本章实证样本选择 30 个 OECD 国家加上中国共 31 个国家的跨国面板数据进行对比分析。数据来源于世界投入产出数据库（WIOD）中的社会经济账户（SEA）和世界银行的世界发展

指标（WDI）数据库，时间跨度为 1995—2017 年。表 7.3 第（1）列考察中国的情况，估计结果显示公共部门人力资本占比变量一次项系数显著为正，但公共部门人力资本占比变量二次项系数显著为负，这表明中国公共部门人力资本占比与人均消费支出之间呈倒"U"形的非线性关系。表 7.3 第（2）—第（3）列分别考察美国和英国的情况，估计结果与中国恰恰相反，这些国家公共部门人力资本占比变量一次项系数显著为负，但二次项系数显著为正，这表明这些国家公共部门人力资本占比对消费支出仍然具有显著的正向影响，而中国公共部门人力资本占比已经越过最优门槛值。基于此，相较于美国和英国，中国公共部门人力资本占比过高，已经对消费支出产生显著的负向影响。考虑到实证结果的稳健性，表 7.3 第（4）列考察 30 个 OECD 国家整体情况，实证结果发现，公共部门人力资本占比变量一次项系数显著为正。进一步，表 7.3 第（5）列把中国样本合并到 OECD 国家进行估计，实证结果发现，此时公共部门人力资本占比变量一次项系数显著为正，但二次项系数显著为负。由此进一步表明，中国公共部门人力资本占比过高，已经成为社会消费增长的阻碍。

表7.3 估计结果

变量	(1) 中国	(2) 美国	(3) 英国	(4) 30个OECD国家	(5) 30个OECD国家+中国
his	0.1261** (0.0420)	-0.0557** (0.0267)	-0.2978** (0.0985)	0.0364** (0.0180)	0.0585** (0.0199)
his^2	-0.0118** (0.0038)	0.0193** (0.0092)	0.1193** (0.0407)	-0.0024 (0.0026)	-0.0062** (0.0029)
$cons_{t-1}$				0.0516*** (0.0020)	0.0490*** (0.0021)
gdp				0.2542*** (0.0121)	0.2830*** (0.0133)
$open$				-0.0056*** (0.0009)	-0.0059*** (0.0010)
$invest$				0.0031** (0.0012)	0.0058*** (0.0014)
$industry$				-0.0016 (0.0115)	-0.0011 (0.0013)
个体效应				√	√
时间效应	√	√	√	√	√
R^2	0.9389	0.9940	0.5578	0.9645	0.9747

注：括号内为标准差，***、**分别表示1%、5%置信水平。

此外，除公共部门人才膨胀不利于消费增长外，大量人力资本积聚并沉淀在公共部门也不利于消费升级。所谓消费升级，实际上是指消费产品的多样性以及提高对知识性产品的需求。这意味着整个社会需要提供知识性和多样性的产品，增加高层次消费品的供给，而这些产品需要从生产部门提供。因此，当大量人力资本积聚在公共部门时，生产部门人力资本不足将直接降低这些部门的生产效率。从需求侧来看，人力资本大量积聚在公共部门还会阻碍劳动者通过人力资本积累和培育提升个人收入，使劳动者收入增速变慢，从而导致高层次消费需求不足，尤其是消费结构升级过程受阻。数据显示，当前中国有益于广义人力资本积累和培育的消费支出较少，消费结构也主要集中于"吃、穿、住、行"及一般日用品消费方面。2018年中国"吃、穿、住、行"消费占比分别为31.3%、8.4%、21.4%、13.1%，而文化、教育、体育、医疗与健康等涉及消费升级方面的消费占比仍然偏低。具体而言，2018年居民人均消费支出为19853元，其中用于教育文化娱乐、医疗保健、其他用品和服务的消费支出分别为2226元、1685元、477元，占比分别为11.21%、8.49%、2.4%（中国经济增长前沿课题组，2018）。由此可见，公共部门人才膨胀不利于消费升级。

第三节 基于技术创新维度的分析

假定存在一个可以分散的经济系统，整个经济系统的总生产由低技能人力资本产业和高技能人力资本产业构成,各自的生产函数采取 Dixit 和 Stiglitz (1977) 的形式,则偏向于低技能人力资本产业的生产函数为

$$Y_L(t) = H_L(t)^{1-a} \int_0^{N_L(t)} x_L(\omega, t)^a d\omega$$

(7.22)

式中:Y_L 为低技能人力资本产业的最终产品产出;H_L 为投入低技能人力资本产业的人力资本水平;$x_L(\omega)$ 为投入低技能人力资本产业的第 ω 种中间品数量,假定这些机器设备使用后完全折旧;低技能人力资本产业的中间品的种类在 $[0, N_L]$ 内连续变动,N_L 为投入低技能人力资本产业中间品的种类总数。借用产品种类扩展隐喻（metaphor of product variables）来刻画技术进步,可以用中间品的种类总数 N_L 表示经济中的技术存量。进一步,均衡时第 ω 种中间产品投入量为 $x_L(\omega, t) = \alpha^{2/1-a} H_L$,利润为 $\Pi_L(\omega, t) = (1-\alpha)^{1+a/1-a} H_L$。因此,可以得出低技能人力资本产业最终产出为

$$Y_L(t) = a^{2a/1-a} N_L(t) H_L \quad (7.23)$$

由式（7.23）可见,最终产出是由技术水平和人力资本决定的。与此对应的是高技能人力资本的

产业，其生产函数为

$$Y_H(t) = H_H(t)^{1-a} \int_0^{N_H(t)} x_H(\omega, t)^a d\omega$$

(7.24)

式中：Y_H 为高技能人力资本产业的最终产品产出；H_H 为投入高技能人力资本产业的人力资本水平；$x_H(\omega)$ 为投入高技能人力资本产业的第 ω 种中间品数量；N_H 为高技能人力资本产业的中间品种类总数，表示高技能人力资本产业的技术水平。同样，均衡时第 ω 种中间品投入量为 $x_H(\omega, t) = \alpha^{2/1-a} H_H$，利润为 $\Pi_H(w, t) = (1-\alpha)^{1+a/1-a} H_H$。进一步，可以得出高技能人力资本产业最终产出为

$$Y_H(t) = a^{2a/1-a} N_H(t) H_H \quad (7.25)$$

结合技术进步的实验室装备模式和状态依赖模式，将低技能人力资本产业和高技能人力资本产业的创新可能性前沿设定为如下形式：

$$\dot{N}_L(t) = \hbar_L Z_L(t) + \lambda_L [N_L(t)]^{1/\ell} [H_L(t)]^{\ell};$$

$$\dot{N}_H(t) = \hbar_H Z_H(t) + \lambda_H [N_H(t)]^{1/\ell} [H_H(t)]^{\ell}$$

(7.26)

式中：ℓ 为技术创新可能性临界值，ℓ 越大，人力资本在技术创新中的作用越大，技术创新对初始技术的依赖程度越小，体现人力资本在有效研发投入的

基础上对技术创新的重要性，因此 $\ell>1$；$\hbar_L$ 和 $\hbar_H$ 分别为低技能人力资本产业和高技能人力资本产业仅通过研发投入获得的边际技术进步；$\varkappa_L$ 和 $\varkappa_H$ 分别为在一定的研发投入条件下，通过人力资本与研发投入相互作用所带来的边际技术进步。假定整个经济的资源用于消费、中间品投入和研发投入，因此，整个经济的资源约束为 $C(t)+X(t)+Z(t) \leqslant Y(t)$。其中，$Y(t)$ 为整个经济产出，$C(t)$ 为家庭消费总量，$Z(t)$ 为研发投入总量，$X(t)$ 为中间品投入总量。代表性家庭同时消费高技能人力资本产业的最终产品和低技能人力资本产业的最终产品。其效用函数为

$$U(t)=\int_0^\infty e^{-\rho t}\frac{C(t)^{1-\theta}}{1-\theta}dt$$

式中：ρ 为消费者主观时间偏好率；θ 为跨期替代弹性倒数，用于刻画边际效用弹性。对于上述优化问题，现值的 Hamiltonian 函数为如下形式：

$$H=\frac{C^{1-\theta}-1}{1-\theta}+\lambda_1\{\hbar_H Z_H(t)+\varkappa_H[N_H(t)]^{1/\ell}[H_H(t)]^\ell\}+\lambda_2\{\hbar_L Z_L(t)+\varkappa_L[N_L(t)]^{1/\ell}[H_L(t)]^\ell\}+\lambda_3(a^{2a/1-a}N_LH_L+a^{2a/1-a}N_HH_H-C-Z_L-Z_H)$$

式中：λ_1、λ_2 和 λ_3 分别为各自的影子价格，根据以上优化过程，得出如下均衡关系式：

$$\frac{N_H}{N_L} = \left(\frac{\chi_H}{\chi_L}\right)^{\ell/\ell-1} \left(\frac{\hbar_L}{\hbar_H}\right)^{\ell/\ell-1} \left(\frac{H_H}{H_L}\right)^{\ell} \quad (7.27)$$

通过对式（7.27）的刻画，得出实验室装备模式下的研发投入与偏向性技术进步的关系式：

$$\frac{\partial (N_H/N_L)}{\partial (\hbar_H/\hbar_L)} < 0 \quad (7.28)$$

由式（7.28）可以看出，在没有人力资本匹配的条件下，实验室装备模式下的研发投入对偏向性技术进步边际效应递减。由此可见，仅通过实验室装备模式的技术创新，如果不伴随与之匹配的人力资本投入，研发投入对偏向性技术进步的边际效应递减，即存在研发投入"索洛悖论"现象。进一步考察产业人力资本选择对产业偏向性技术进步的影响，通过对式（7.27）进行微分刻画，得出如下关系式：

$$\frac{\partial (N_H/N_L)}{\partial (\chi_H/\chi_L)} > 0 \quad (7.29)$$

由式（7.29）发现，当研发投入产生技术进步迟滞时（$\hbar_L = 0$ 或 $\hbar_H = 0$），人力资本与研发投入匹配可以引致偏向性技术进步，从而规避研发投入的"索洛悖论"现象。根据以上理论分析，本章构建如

下计量模型进行实证分析:

$$\log(tec)_{it} = a_0 + a_1 \cdot \log(H\_m)_{it} + a_2 \cdot \log(r\&d)_{it} + \Lambda x'_{it} + v_i + \lambda_t + \varepsilon_{it} \quad (7.30)$$

以上计量模型各个变量的含义为:①技术进步(tec)。用每万人专利申请授权数衡量;偏向型技术进步的指标主要包括计算机拥有率(Autor and Dorn,2013)、信息技术资本存量在 GDP 中的比值(Michaels et al.,2014)和 IT 资本价格指数等(Caselli,2012)。参照已有研究,本章选择信息技术资本存量在 GDP 中的比值作为偏向性技术进步的替代指标。信息技术资本存量以 1995 年为基期,运用永续盘存法计算所得。②研发投入($r\&d$)。用研发强度来考察研发投入情况,研发强度用研发投入与实际 GDP 的比值来衡量。③人力资本匹配(H_m)。主要体现了研发人员数量与研发投入之间的匹配程度,具体用研发人力资本占比与研发强度的比值来衡量。研发人力资本占比用科研人数与大学及以上学历人数的比值衡量,研发强度用研发投入与实际 GDP 的比值衡量。④其他控制变量(x')。主要包括贸易开放度,用进出口总额占 GDP 的比重衡量;国际离岸外包程度,用加工贸易出口占 GDP 的比重衡量;产业结构升级程度,用产业结构升级系数 $\lambda = \sum_{i=1}^{3} y_i \cdot i = y_1 \cdot 1 + y_2 \cdot$

$2+y_3\cdot3$ 衡量，y_i 为第 i 产业产值占总产值的比重，λ 取值范围在 $1-3$。λ 越大，说明产业结构层次越高。数据来源于2001—2013年的《中国劳动统计年鉴》《中国互联网发展报告》《中国科技统计年鉴》和联合国商品贸易统计数据库。表7.4第（1）列考察研发强度对中性技术进步的影响。实证结果显示，通过控制贸易开放度、国际离岸外包程度以及产业结构升级程度等控制变量之后，发现 r&d 一次项系数在1%的显著性水平下为正，但 r&d 二次项系数显著为负。表明研发强度与中性技术进步之间呈倒"U"形关系，随着研发投入的继续增加，并没有引致中性技术进步增长。进一步通过引入控制变量和选择合适的滞后阶数之后，实证结果发现 r&d 一次项系数显著为正，二次项系数显著为负，表明研发强度与中性技术进步之间的倒"U"形关系是稳健的。现实中，技术进步不仅是中性的，在很多情况下，技术进步是偏向于某一生产要素演进的。表7.4第（2）列考察研发强度对偏向性技术进步的影响，即考察研发强度对信息资本存量的影响。实证结果显示，在控制其他影响变量之后，r&d 一次项系数在1%的显著性水平下为正，二次项系数显著为负。表明研发强度与偏向性技术进步之间也呈倒"U"形关系,随着研发投入的继续增加,没有实现偏向性技术进步随之增长。进一步采用系统矩估计方法进行分析,通过引入控制变量和选择合适的滞后阶数之后,模型设定通过二阶序列相关性检验和额外工具有效性检验,实证结果发现研发强度与偏向性技术进步的倒"U"形关系也是稳健的。

表7.4　　　　　　　　研发投入与技术进步迟滞

变量	(1) 中性技术进步		(2) 偏向性技术进步	
	古典均值估计	系统矩估计	古典均值估计	系统矩估计
r&d	2.2611*** (0.2126)	2.2876*** (0.7281)	0.0192*** (0.0037)	0.0088*** (0.0009)
(r&d)²	-0.3156*** (0.0345)	-0.3258** (0.1018)	-0.0043*** (0.0006)	-0.0004*** (0.0001)
控制变量	√	√	√	√
cons	-240.5102*** (38.7766)	1.5413*** (0.2336)	-1.9172** (0.8283)	-0.0109*** (0.0016)
R^2	0.7965	—	0.7326	—
AR(2)	—	0.3816	—	0.1250
SARGAN	—	0.8645	—	0.4448

注:***、**分别表示1%、5%置信水平,括号内为标准误。

以上实证结果表明,研发投入的不断增加,并不必然产生持续的技术进步,研发投入"索洛悖论"现象明显。比如,2008—2014年,北京、上海、天津等6个省份平均研发强度增加2%左右,但是,这

213

段时间，这6个省份的单位研发投入的专利数量从2008年的4.813下降至2014年的4.424。原因之一是中国的研发人力资本与研发投入严重不匹配。数据显示，单位研发投入的人力资本数量与发达国家相比相去甚远。2014年中国研发投入为1.302万亿元，占GDP的比重为2.05%。与世界其他国家相比，只有15个国家研发资金占GDP的比重超过2%。然而，研发资金占GDP比重高于中国的15个国家的研发人员占百万人口的比重均在3500人以上，例如，东亚地区的日本、韩国和新加坡分别是5158人、5928人和6438人，而中国仅为1020人。纵向来看，我国制造业总体研发强度由2012年的2.23%上升到2014年的2.62%，人均人力资本投入却下降了1.0%，研发人力资本投入的重视度还远远不够，成为我国制造业创新的一块短板。这表明，仅仅增加研发投入，如果不伴随适宜匹配的研发人力资本投入，并不能显著持续提高技术进步水平。

第四节 基于生态发展维度的分析

假设低技能和高技能劳动者所占比重分别为 ε 和 $1-\varepsilon$，所有类型劳动者都可以胜任最终产品部门

第七章 人力资本错配下的经济高质量增长困境

的工作，但若进入创新部门，需接受 $1-\lambda$ 时长教育而成为高技能劳动者。假设 t 时期进入创新部门工作的人力资本比例为 μ_t，总人数为 $\overline{L}$，则最终产品部门和创新部门的人力资本 L_t^Y 和 L_t^R 分别为

$$L_t^Y = [\varepsilon + (1-\varepsilon)(1-\mu_t)] \overline{L};$$

$$L_t^R = (1-\varepsilon)\mu_t \overline{L} \qquad (7.31)$$

最终产品部门通过雇用劳动力 L_t^Y 和一系列中间品 $x_t(s)$ 进行生产。一方面，企业在生产过程中导致的污染需要缴税，这样会促使企业对生态环境的重视，激发企业对技术研发投入；另一方面，政府可以把征得的环境税用于污染治理技术的开发，促进技术进步。因此，生态环境构成生产中间品种类的约束。令 A_t 表示 t 时期经济中的技术存量，e_t 为 t 时期生态环境水平，阐述 $\varphi > 0$ 用于体现生态环境的外部性。因此，最终产品部门第 i 个企业产出函数形式为

$$Y_t = (L_t^Y)^\alpha \int_0^{A_t e_t^\varphi} [x_t(s)]^{1-\alpha} ds \qquad (7.32)$$

最终产品部门通过选择中间品和劳动数量最大化其利润水平可以得到劳动和第 s 种中间品的需求函数：

$$w_t^Y = \alpha (L_t^Y)^{\alpha-1} \int_0^{A_t e_t^\varphi} [x_t(s)]^{1-\alpha} ds; \ p_t(s)$$

$$= (1-\alpha) L_t^{\alpha} [x_t(s)]^{-\alpha} \quad (7.33)$$

式中：$p_t(s)$ 为第 s 种中间品的价格；w_t^Y 为最终产品部门劳动者的工资。为简化分析，假设生产 1 单位中间品需要 1 单位最终产品，即生产中间品的边际成本为 1。中间品部门最优决策为

$$\max \{p_t(s) x_t(s) - x_t(s)\} \quad (7.34)$$

结合式（7.33）可得到第 s 种中间品总投入量 $x_t(s) = (1-\alpha)^{2/\alpha} L_t^Y$ 和中间品部门的利润 $\Pi = (1-\alpha)^{-1} L_t^Y$。假设中间品生产厂商持有专利的时间仅维持一期，下一期会通过拍卖的方式转让给其他厂商。因此，某种中间品的生产厂商仅在拥有专利的当期获得垄断利润，这意味着其购买专利的成本不能超过其将获得的垄断利润，由套利条件可知专利的价格为

$$p_t^R = \Pi = (1-\alpha)^{-1} L_t^Y \quad (7.35)$$

考虑研发存量对知识生产的积累效应和"干中学"效应，将 A_t 对研发增量的贡献设定为 $A_t^{\varphi+1}$，则研发产出函数为

$$A_{t+1} - A_t = \delta A_t^{\varphi+1} \cdot \lambda L_t^R \quad (7.36)$$

式中：δ 为创新部门生产效率；λL_t^R 为进入创新部门劳动者的工作总时长。研发部门通过选择人力资本数量使创新部门利润最大化，结合式（7.36），求解上述

优化问题,可得到创新部门最优工资水平:

$$w_t^R = \delta(1-\alpha)^{-1} A_t^{\varphi+1} L_t^Y \qquad (7.37)$$

进一步结合式(7.34)和式(7.37),可得如下关系式:

$$\frac{w_t^R}{w_t^Y} = \delta\alpha^{-1}(1-\alpha)^{(\alpha-2)/\alpha} A_t^{\varphi} e_t^{-\varphi} L_t^Y \qquad (7.38)$$

当期消费水平 $c_{t,t}(I_t)$ 和储蓄水平 $s_t(I_t)$ 满足 $c_{t,t}(I_t) + s_t(I_t) = I_t$。在第二期,消费者获得 $r_{t+1} s_t(I_t)$ 的本息偿还,并且全部用于第二期消费 $c_{t,t+1}$,这里 r_{t+1} 为资本回报率。在 t 期最大化的期望效用为

$$E(\max U_t \mid I_t) = \frac{\ln E(r_{t+1})}{1+\rho} + \frac{2+\rho}{1+\rho}\left[\ln\frac{1+\rho}{2+\rho} + \ln I_t\right] \qquad (7.39)$$

式中:$E(r_{t+1})$ 为个体对储蓄回报率的预期。

令 $\Delta_t = \{\ln(E(r_{t+1})) - (2+\rho)[\ln(2+\rho) - \ln(1+\rho)]\} / (1+\rho)$,因此消费者接受教育的期望效用为

$$E(\max U_t) = \Delta_t + \frac{2+\rho}{1+\rho}\left[\mu_t \ln(1-\tau)\lambda w_t^R + (1-\mu_t)\ln(1-\tau)\lambda w_t^Y\right] \qquad (7.40)$$

不接受教育的期望效用为

$$E(\max U_t) = \Delta_t + \frac{2+\rho}{1+\rho}\left[\ln(1-\tau) w_t^Y\right] \qquad (7.41)$$

比较式（7.40）和式（7.41），当满足（$w_t^R/w_t^Y)^{\mu_t} \geq 1/\lambda$ 时，t 期出生的消费者才会在 t 期初选择接受教育。因此，为鼓励个人通过接受教育进入创新部门工作，要求其进入创新部门工作的效用不能低于进入最终产品部门的效用；否则，个人就会选择放弃接受教育直接进入最终产品部门工作。因此，两部门的工资比满足以下条件：

$$(w_t^R/w_t^Y)^{\mu_t} = 1/\lambda \qquad (7.42)$$

这意味着创新部门的工资水平必须对个人接受教育的机会成本进行补偿，否则，当创新部门的工资 w_t^R 低于 $w_t^Y/\lambda^{1/\mu_t}$ 时，所有人都会选择放弃接受教育而直接进入最终产品部门工作。因此，得出如下关系式：

$$\lambda^{1/\mu_t}\delta\alpha^{-1}(1-\alpha)^{(\alpha-2)/\alpha}[\varepsilon+(1-\varepsilon)(1-\mu_t)]\overline{L} = (e_t/A_t)^\varphi \qquad (7.43)$$

本章借助数值模拟方式求解上述优化问题。φ 值分别取 0.5、1.0 和 1.5。同样，为简化分析，令总劳动数量 $\overline{L}=1$。基于以上参数设定，考察创新部门人力资本缺失程度 $1-\mu_t$ 的不同取值对 $\dfrac{e_t}{A_t}$ 的影响效果，具体如表 7.5 所示。

表 7.5　　　　　　　　　　　模拟结果

$\varphi=0.5$					
$1-\mu$	0.2	0.4	0.6	0.8	1
e/A	0.0048	0.0020	3.3723×10^{-4}	1.4468×10^{-6}	0
$\varphi=1.0$					
$1-\mu$	0.2	0.4	0.6	0.8	1
e/A	0.0695	0.0449	0.0184	0.0012	0
$\varphi=1.5$					
$1-\mu$	0.2	0.4	0.6	0.8	1
e/A	0.1690	0.1263	0.0696	0.0113	0

表 7.5 的模拟结果显示，创新部门人力资本缺失程度越大，通过技术进步引致生态环境改善的程度越低，并且研发存量对知识生产的积累效应和"干中学"效应越大，这种负向作用越明显。其作用机制为：第一，如果大量人力资本因为薪酬激励而到非生产性、非创新性的部门就业，那么，创新部门人力资本缺失使研发部门人力资本存量不足，使对粗放型增长模式具有典型的锁定效应，产业结构固化在低端产业上，而低端产业往往是高污染、高排放产业；第二，创新部门人力资本缺失意味着研发部门创新效率低下，未来创新驱动增长模式塑造受阻，经济增长依赖增加要素投入驱动方式，因而难以通过技术进步实现生态效益提升的内生增长，表明绿色技术进步面临来自人力资本配置扭曲的制

约，不利于生态效益提升。进一步，构建如下计量模型进行实证分析：

$$\left(\frac{e}{A}\right)_{i,t} = \beta_0 + \beta_1 mis_{i,t} + \beta_2 mis_{i,t} \cdot year_i + controls + \nu_i + \lambda_t + \mu_{i,t} \quad (7.44)$$

①技术进步引致生态发展程度（e_t/A_t），用单位研发存量的污染程度来衡量，具体用各个地区工业废水排放量与专利申请授权数之比（pwater），以及工业废气排放量与专利申请授权数之比（pgas）两个维度作为替代指标。②创新部门人力资本缺失程度（mis），根据理论模型设定（$1-\mu_t$），人力资本缺失程度为：mis=1-科研人数/大学及以上学历人数。③控制变量（controls），主要包括：经济发展水平（gdp），用人均 GDP 来衡量；人口密度（posity），用年末地区人口数与当地土地面积的比值表示；固定资产投资（finvest），用各地区全社会固定资产形成率来衡量；产业结构（intrue），用第二产业产值占比作为替代指标；对外开放度（open），用进出口总额占 GDP 的比重来衡量。本章实证样本为省际面板数据，数据来源于国家统计局 1995—2016 年的《中国统计年鉴》和地方统计年鉴及《新中国六十年统计资料汇编》。

表 7.6 第（1）列直接估计创新部门人力资本缺失对废水排放的影响，估计结果显示，通过控制区域个体效应，创新部门人力资本缺失程度变量系数显著为正。这表明创新部门人力资本缺失程度越大，地区工业废水排放量与专利申请授权数之比越大，即创新部门人力资本缺失程度越大，通过内生的技术进步实现生态发展的难度越大。考虑到创新部门人力资本缺失对生态发展的影响随时间变动，本章在模型中引入创新部门人力资本缺失程度变量与时间趋势的交互项，估计结果显示，交互项系数显著为负。考虑到遗漏变量对估计结果的影响，表 7.6 第（2）列引入人口密度、产业结构以及对外开放度等变量，控制区域个体效应之后，实证结果显示，创新部门人力资本缺失程度变量系数依然显著为正。这表明创新部门人力资本缺失不利于生态发展的结论是稳健的。

表 7.6　　　　　　　　估计结果

变量	*pwater*		变量	*pgas*	
	(1)	(2)		(3)	(4)
mis	0.3430*** (0.0344)	0.2693*** (0.0357)	*mis*	0.3218*** (0.0984)	0.2594** (0.0991)

续表

变量	pwater		变量	pgas	
	(1)	(2)		(3)	(4)
mis·year	-0.0002*** (0.00002)	-0.0001*** (0.00002)	mis·year	-0.0002*** (0.00001)	-0.0002*** (0.00001)
posity		-0.1006*** (0.0151)	posity		0.3343*** (0.0419)
intrue		-0.4378*** (0.1072)	intrue		0.5190** (0.2975)
open		-0.1813 (0.2609)	open		-0.6297*** (0.0723)
区域效应	是	是	区域效应	是	是
R^2	0.1760	0.2586	R^2	0.0613	0.2015
样本数	680	680	样本数	680	680

注：***、**分别为1%、5%置信水平。

当前阶段由资本驱动劳动生产率提升的规模效率模式将会被取代，由社会开发带来的广义人力资本有效利用，将成为推动产业结构转型升级和重塑新型效率模式的关键。然而，过去依靠粗放模式下的高增长，已经给我国生态环境累积了巨大压力，这也从生态环境的角度对我国经济高质量发展战略提出了迫切要求。然而，经济转轨期遗留的二元结构问题，使人力资本的薪酬定价在很大程度上仍受到行政垄断、所有制属性、行业壁垒等非市场因素的干扰，难以充分发挥竞争性价格机制的作用。在薪酬扭曲的困境下，大量具有创新潜力的人力资本选择边际贡献低的非生产性、非创新性部门就业。由于缺乏高质量的科技型人力资本支持,研发部门创新效率低下已成为不争的事实。这势必影响到经济高质量发展战略的有效实施,创新驱动缺乏人力支持和智慧领航,也必将弱化技术进步的结构效应,使经济难以突破"增长的极限",实现增长和生态双赢的绿色发展。

第五节 小结与启示

第一,人力资本与产业结构错配时,一国人力资本规模的提升虽然会在短期引致产业比较优势增加,但增加的幅度逐渐减小,长期无法引致比较优势的动态演进。从长期而言,人力资本与产业结构错配使人力资本规模的增加只能形成静态比较优势,难以形成产业比较优势的动态演进。进一步发现,人力资本与产业结构错配限制了人力资本外部性释放范围,以及使产业不能在学习曲线向上移动的时间段里形成规模经济效应,从而表现出产业比较优势动态演进受阻。人力资本规模扩大,虽然有利于更好地模仿、吸收和利用跨国技术溢出,促进产业比较优势水平提高;但如果人力资本错配,即高人力资本不能集中至生产部门或研发创新环节，则产业技术进步将继续停留在技术模仿和被动接受技术溢出的阶段，无法突破自主创新门槛，长期来说不利于产业动态比较优势培育。就产业技术偏向发展而言，人力资本错配也使整体人力资本数量增加和质量的提高并不能引致产业偏向于高技能劳动力的技术进步，产业演进路径也将继续沉溺于低技能劳动力的静态比较优势。当前，中国的人力资本水平在数量上已经达到足够规模，质量上也得到了很大提升，但是相对于国内其他行业，中国事业型单位或行业、垄断性行业、非生产性行业都有着极高的人力资本强度，而市场化程度高的行业和部门，人力资本水平一般都低于其他国家。这意味着，仅仅提高人力资本水平而无法实现人力资本的适宜匹配，则仅具有"人口质量红利"，而不能实现"人口质量红利"最大化。基于当前中国实际，如何将专业化人力资本形成过程与产业结构调整过程相结合，以实现在供给侧结构性改革的新形势下经济的平稳过渡和适度增长也是一个重要的理论和现实问题。

第二，大量人力资本积聚并沉淀在公共部门是当前中国面临的一个现实问题。通过构建一个包含公共部门和生产部门的两部门模型，本章从消费的角度分析了公共部门和生产部门之间人力资本比例失衡对消费增长的作用机制，以揭示公共部门人才膨胀影响消费增长的过程。研究发现，在全社会人力资本总量一定时，大量人力资本积聚在公共部门一方面使社会人力资本的潜在生产能力并未得到激发，生产效率低下，社会产出不高；另一方面使公共部门和生产部门收入差距增大。因此，公共部门人才膨胀不利于社会消费增长。本章的研究说明了公共部门和生产部门之间人力资本比例失衡对消费增长具有非对称作用机制，即公共部门和生产部门间人力资本错配对消费增长存在倒"U"形关系，揭示了公共部门和生产部门之间人力资本配置失衡促使消费增长冲击消弭的过程。此外，除公共部门人才膨胀不利于消费增长外，大量人力资本积聚并沉淀在公共部门也不利于消费升级。从需求侧来看，人力资本大量积聚在公共部门还会阻碍劳动者通过人力资本积累和培育提升个人收入，从而导致高层次消费需求不足，尤其是消费结构升级过程受到阻碍。因此，本章的政策含义：首先，通过完善社会保障机制，改变人们对市场化生产部门的不稳定预期，实现人力资本在公共部门和生产部门之间的适宜配置，通过提升经济产出和缩小收入差距的方式带动消费增长，以发挥消费对经济发展的基础性作用；其次，通过考察生产部门与公共部门在竞争人力资本时的优势与劣势，制定适宜的人力资本流动性的宏观调控策略，优化人力资本配置以释放人才红利；最后，围绕科教文卫等提升"广义人力资本"消费支出的现代服务业的建立，实现人力资本积累和消费升级之间的动态效率补偿，引发知识部门的知识生产和消费过程，从而促进人力资本提升和消费结构升级。

第三，无论是在全国层面、区域层面还是在产业层面，中国当前存在研发投入递增与全要素生产率递减并存的困境，表现出研发投入的"索洛悖论"现象。本章构建一般均衡理论模型和实证研究框架，从理论和经验两个方面给出了理解这一反常结果的形成机制。研究发现，产生研发投入"索洛悖论"现象的原因之一是中国研发投入与研发人力资本投入错配，中国研发人力资本投入的重视度远远不够，表现出单位研发投入的人力资本数量与发达国家相去甚远。从长期来看，研发部门创新效率低下，要素报酬下降，将进一步恶化高人力资本向研发部门的聚集。最后，本章基于中性技术进步和偏向性技术进步两个维度，考察人力资本与研发投入匹配和技术进步之间的经验关系，实证结果表明，在没有研发人力资本连续投入的情况下，研发投入不断增加可能会引发"索洛悖论"现象，但是，实现人力资本与研发投入适宜匹配，可以规避研发投入递增与技术进步递减并存的困境。当前中国经济处于明显增长减缓时期，需要从研发部门寻求增长动力。现阶段中国人力资本投资不同收益率的事实告诉我们，大量拥有科学和工程技术学位的毕业生蜂拥至高收入的垄断行业工作，尤其是以国有企业为主的金融业。这表明，具有创新潜力的科技人才很可能因为薪酬激励而到非生产性、非创新性的部门就业，从而使研发部门单位研发投入人力资本数量不足，失去实现持续创新的人力资本依托。本章的政策含义：首先，通过人力资本的回报率调整为基础来重塑技术要素导向的科技资源的配置模式；其次，改变因政策偏向、资源垄断以及要素市场扭曲等导致人力资本错配的机制；最后，就短期调控政策来看，重心应放在劳动力市场的供给侧上，通过改善劳动力市场就业制度分割和社会保障制度分割状况，引致人力资本向研发部门流入，从而提高人力资本投入在创新中的作用。

第四，伴随技能工人供给的增加，技能偏向型技术进步加快，从而导致对技能工人的需求增加和技能溢价的发生。当前，中国已经跨越了实现增长的库兹涅茨发展阶段，逐步过渡到以人力资本积累为主的"H"阶段。然而，中国人力资本虽然在数量上达到足够规模，在质量上也得到很大程度的提升，但如此大的人力资本市场规模并未使技术创新偏向丰富人力资本生产要素，中国自主创新动力依然不足。本章首先基于人力资本与研发投入错配的角度，解释中国人力资本规模和质量大幅度提升但自主创新受阻的机制。研究结果发现，人力资本与研发投入错配是导致自主创新受阻的重要因素，提高人力资本与研发投入的匹配程度可以引致与要素稀缺（丰裕）类似轨迹的偏向技术进步；最后，本章实证结果发现，实现人力资本与研发投入匹配，技术进步方向不仅是资本偏向型的，还可以引致技术进步方向偏向技能劳动力要素型。本章的政策含义：当前，为推动国民经济创新发展，我国实施了一系列促进企业创新的政策，形成了"大众创业、万众创新"的社会环境。在政策引导和经济下行压力下，我国企业究竟有没有加快创新步伐，不同行业的企业创新投入分布如何，对这些问题应有一个客观评价，以便更好地制定创新支持政策。我国总体研发投入虽然逐年显著增加，但对人力资本投入的重视还远远不够，单位研发投入的人力资本数量与发达国家相去甚远，表现出我国人力资本与研发投入错配严重，成为我国制造业创新投入的一块短板。因此，建议加强人力资本投入在创新中的作用，除此之外，还需要以人力资本的回报率调整为基础重塑技术要素导向的科技资源的配置模式，以及改变因政策偏向、资源垄断与要素市场扭曲等导致人力资本错配的机制。

第八章　人力资本错配微观基础与创新驱动战略

党的十九大报告在"两个一百年"奋斗目标的基础上,进一步提出从2020年起分两步走,21世纪中叶,全面建成社会主义现代化强国的发展战略。该报告指出,我国经济"正处在转变发展方式、优化经济结构、转换增长动力的攻关期",必须贯彻新发展理念建设现代化经济体系,"以供给侧结构性改革为主线,推动经济发展质量变革、效率变革、动力变革,提高全要素生产率","创新是引领发展的第一动力,是建设现代化经济体系的战略支撑",亟须"培养造就一大批具有国际水平的战略科技人才、科技领军人才、青年科技人才和高水平创新团队"。[①]

[①] 习近平:《决胜全面建成小康社会　夺取新时代中国特色社会主义伟大胜利——在中国共产党第十九次全国代表大会上的报告》,人民出版社2017年版,第30—32页。

第八章　人力资本错配微观基础与创新驱动战略

深入学习贯彻党的十九大精神，2018年年底召开的中央经济工作会议，按照此前中央政治局会议的要求，"推动制造业高质量发展，推进先进制造业与现代服务业深度融合。促进形成强大国内市场，提升国民经济整体性水平"，[1] 对2019年经济工作作出了具体部署。创新驱动的本质是人才驱动，在供给侧结构性改革的推动下，实现以创新驱动为主导的经济高质量发展，是中国成功跨越"中等收入陷阱"的关键。

贯彻落实创新发展战略，需要解决好已有人力资源的合理配置和高质量人力资源的培育壮大问题。当前我国人力资源非有效配置和人力资源培育积累不足，已成为实现经济高质量发展的主要短板。人力资源薪酬激励倒置，是我国存在人力资源非有效配置的重要原因。以2014年为例，科技行业的人均工资为82259元，制造业的人均工资为51369元，而金融业的人均工资则为108273元，是科技行业的1.32倍、制造业的2.11倍。[2] 这样的薪酬分布，扭曲了部门间人才供给结构和需求结构，严重降低了

---

[1] 《中共中央政治局召开会议 中共中央总书记习近平主持会议》，《人民日报》2018年12月14日第1版。

[2] 参见中华人民共和国国家统计局编《中国统计年鉴2015》，中国统计出版社2015年版。

全要素生产率，阻碍先进制造业的发展与现代服务业的深度融合，因此也降低了高质量发展创新驱动的潜力。与此同时，培育和壮大人力资本的非物质生产部门的供给，如科教文卫体这些第三产业服务业[①]的发展很不充分，从提供服务的数量或质量来看，均不能很好地满足人力资本发展的需求，许多服务需求的满足仍依赖国外市场供给，尤其是对高科技核心领域的研究，亟待通过政府引导的服务业供给侧结构性改革，特别是加强公共产品的供给予以解决。创新驱动建设现代化经济体系，需要深化供给侧结构性改革，统筹兼顾物质生产和精神生产的综合平衡，实现"科教兴国""人才强国"，加快建设创新型国家，从而形成经济高质量发展人力资源优化配置的新增长点和新动能。创新驱动的经济高质量发展，涉及微观基础和宏观调控两大方面。

本章聚焦高质量发展创新驱动发展战略的理论分析，探讨经济高质量发展创新驱动的微观基础，认为提升企业技术应用效率能够撬动经济高质量增长，执行创新驱动战略。具体来说，基于市场经济

---

① 根据《国民经济行业分类》（GB/T 4754—2017），第三产业中包括为提高科学文化水平和居民素质服务的部门：教育、文化、广播、电视、科学研究、卫生、体育和社会福利事业。

第八章　人力资本错配微观基础与创新驱动战略

体系，企业的发展战略决定其人力资本需求，进而对宏观经济增长产生影响，所以，本章构建企业创新驱动过程中研发投入和技术应用效率相互联系的增长模型，以人力资本市场配置为切入点，刻画企业在研发和提升技术应用效率之间的短期动态平衡及其与经济增长路径的相互影响。研究发现，从制度上为提升企业技术应用效率提供便利，可以引致经济增长走向更加稳健的增长路径。技术应用效率依赖社会和市场对技术使用者能力的保护与激励，所以由提升技术应用水平引致的高质量发展受限于人力资本发展不平衡不充分的现状。这需要建立在物质生产基础上的上层建筑精神生产部门[1]，如教育医疗卫生文化体育等机构，为全社会提供优质的人力资本公共产品和服务。政府应在微观规制中，积极施行"提升市场主体技术应用效率"的经济政策，在宏观结构调整中，大力推动提高居民素质和科学文化水平的现代服务业发展，[2] 从而为加快建设创新型国家创造更加有利的人力资本发展条件。

---

[1] 参见骆耕漠《马克思的生产劳动理论——当代两种国民经济核算体系（MPS 和 SNA）和我国统计制度改革问题》，经济科学出版社 1990 年版，第 164、166—167 页。

[2] 参见张建华、程文《服务业供给侧结构性改革与跨越中等收入陷阱》，《中国社会科学》2019 年第 3 期。

第一节 完备契约下的市场均衡

将人力资本错配界定为部分人力资本被当作简单劳动力配置,反映了现实中企业"高技术劳动力从事低技术性生产"现象。考察永久生存的代表性消费者,在任意一期($t=0,1,2,\cdots$),拥有1单位普通劳动力与1单位人力资本,人力资本可以完全替代普通劳动力,而后者则不能完全替代前者。记 t 期普通劳动力工资为 w_t,人力资本工资为 u_t,其中 $w_t \leq u_t$(否则人力资本将完全转化为普通劳动力)。记劳动力供给中的错配率为 $m_t \in [0, 1]$,代表性消费者供给 $(1+m_t)$ 的普通劳动力与 $(1-m_t)$ 的人力资本。在 t 期末代表性消费者获得真实收入 I_t,并决定当期消费 C_t 与下一期投资(当期储蓄)K_{t+1},有

$$I_t = \max \ (\sum_i (y_{i,t})^\rho)^{\frac{1}{\rho}}$$
$$\text{s.t.} \ \sum_i p_{i,t} y_{i,t} \leq r_t K_t + w_t (1+m_t) + u_t (1-m_t)$$

(8.1)

式中:$\rho \in (0, 1)$ 为主观贴现率,$1/(1-\rho)$ 代表产品间的替代弹性;$y_{i,t}$ 与 $p_{i,t}$ 分别为代表性消费者

在 t 期购买企业 i 产品的数量和价格，r_t 为当期投资 K_t 的回报率。假设企业间的垄断竞争将产生零利润，故 $r_t K_t + w_t(1+m_t) + u_t(1-m_t)$ 是代表性消费者在 t 期的"名义"收入。式（8.1）假设真实收入 I_t 为代表性消费者通过购买中间品，并作 CES 加总获得。在此假设下，以真实收入为单位度量价格，消费决策在真实收入下的约束条件为 $K_{t+1} + C_t \leqslant I_t$，等价于在"名义"收入下的 $K_{t+1} + C_t \leqslant r_t K_t + w_t(1+m_t) + u_t(1-m_t)$。令 $\tilde{y}_{i,t}$ 为式（8.1）最大化问题的解，$p_{i,t}$ 以真实收入为单位，则式（8.1）约束条件的影子价格等于 1，或者价格指数 $P_t = (\sum_i p_{i,t}^{-\frac{(1-\rho)}{\rho}})^{\frac{-\rho}{(1-\rho)}} \equiv 1$，且因 $I_t = P_t I_t = \sum_i p_{i,t} \tilde{y}_{i,t} = r_t K_t + w_t(1+m_t) + u_t(1-m_t)$，则 $I_t = r_t K_t + w_t(1+m_t) + u_t(1-m_t)$。当式（8.1）约束条件的影子价格等于 1 时，式（8.1）等价于 $\max \, (\sum_i (y_{i,t})^\rho)^{\frac{1}{\rho}} - \sum_i p_{i,t} y_{i,t}$，得到企业 i 的需求函数为

$$p_{i,t} = I_t^{1-\rho} y_{i,t}^{\rho-1} \qquad (8.2)$$

代表性消费者效用函数采用 CRRA 形式，其长期最大化问题为

$$\max \sum_{t=0}^{\infty} \beta^t \frac{C_t^{1-\theta} - 1}{1-\theta}$$

$$\text{s. t. } K_{t+1} + C_t \leqslant I_t =$$

$$r_t K_t + w_t (1 + m_t) + u_t (1 - m_t) \quad (8.3)$$

式中：$\beta \in (0, 1)$ 为时间贴现因子（time discount factor），$\theta > 0$ 为相对风险厌恶系数 [$\theta = 1$ 时，取 $(C_t^{1-\theta} - 1) / (1 - \theta) = \ln C_t$]。

考虑单期存活的企业，并将单期分为 $t_0 < t_1 < t_2 < t_3$ 四个时间段。t_0 段为企业的生产投入阶段，决定企业在 t 期的投入约束。t_1 段为企业配置人力资本阶段，人力资本被用于运营管理，包括研发与提高技术应用效率。不考虑知识产权交易，故研发和提高技术应用效率都具有自主性。根据产业垂直控制理论，如果上游研发企业与下游技术应用企业间存在交易成本，那么二者会发生垂直兼并，形成更有效的产业组织，所以直接假设研发与技术应用发生在单个企业内部（现实中的大企业几乎都设有研发单位）。t_2 段和 t_3 段分别是最终产品生产阶段与销售阶段。下面分四个时间段考量企业运营。

t_0 段：企业与代表性消费者面对 (K_t, r_t, w_t, u_t)，代表性消费者决定 m_t，并共同预期 ($\{\kappa_{i,t}\}_i$, $\{k_{i,t}\}_i$, $\{x_{i,t}\}_i$, $\{l_{i,t}\}_i$, $\{h_{i,t}\}_i$, $\{H_{i,t}\}_i$, $\{y_{i,t}\}_i$, $\{(g_{i,t}, \gamma_{i,t})\}_i$, N_t)。其中，企业 i 名义上将使用人力资本 $h_{i,t}$、普通劳动力 $x_{i,t}$ 与资本 $\kappa_{i,t}$。实际上 ($k_{i,t}$, $H_{i,t}$, $l_{i,t}$) 为资本、人力资本和普通劳动力的真实使

用量，满足

$$k_{i,t} \leq \kappa_{i,t}, \ H_{i,t} + l_{i,t} \leq h_{i,t} + x_{i,t} \quad (8.4)$$

假设 $x_{i,t}$ 中有 $m_t/(1+m_t)\ x_{i,t}$ 的人力资本，"真实"人力资本雇佣量为 $h_{i,t} + m_t/(1+m_t)\ x_{i,t}$。

由于使用人力资本配置作为研究提高技术应用效率的辅助线，本章引申出两条"增长转型政策路径"：①"错配解决→提高技术应用效率→经济增长路径跳跃"。②"提高技术应用效率→错配解决→经济增长路径跳跃"。路径①现实中的政策主要包括创造更多高技术岗位（如加大研发投入），以及提高薪酬激励引致人力资本匹配到高技术岗位。路径②则主要通过减少研发到应用之间的摩擦予以实现，因此主要是从制度上提高非研发部门人力资本待遇，以及提供高质量的公共服务体系。也就是说，前者主要是市场性的；而后者主要是制度性的。从实施难度来说，制度性政策更容易实施，而市场性政策受市场发育程度的影响，实施难度较大。本章忽略实施难度差异，考察路径①在市场中直接得到实现后产生的经济增长路径，与路径②产生的经济增长路径之间的差异，发现路径②优于路径①。为刻画路径①，下面引入"不完备契约"。

考察两类劳动契约——完备契约和不完备契约。

如果企业在雇用人力资本与普通劳动力时签署的是完备契约，即错配的 $x_{i,t}$ 中的人力资本仅能作为普通劳动力使用（$h_{i,t}$ 也不能当作简单劳动力使用），则式（8.4）可以写为

$$k_{i,t} \leqslant \kappa_{i,t}, \ H_{i,t} \leqslant h_{i,t} \text{且} l_{i,t} \leqslant x_{i,t} \quad (8.5)$$

反之，如果企业与劳动力签署的是不完备契约，则式（8.4）可以写为

$$k_{i,t} \leqslant \kappa_{i,t}, \ H_{i,t} \leqslant h_{i,t} + m_t / (1 + m_t) x_{i,t}$$
$$\text{且} l_{i,t} \leqslant h_{i,t} + x_{i,t} - H_{i,t} \quad (8.6)$$

即在不完备契约的情况下，企业可以"提拔" $x_{i,t}$ 中的人力资本，也可以将 $h_{i,t}$ 中的人力资本降级为普通劳动力（只存在"名义"人力资本错配，不存在"实际"人力资本错配）。此外，$(y_{i,t}, g_{i,t}, \gamma_{i,t})$ 分别是企业的产量、研发量（知识生产）与技术效率参数，N_t 为可以自由进入的企业数量，$\{a_{i,t}\}_i$ 表示 $a_{i,t}$ 构成的数列，其中 $i = 1, 2, \cdots, N_t$。

t_1 段：企业消耗人力资本 $H_{i,t} = \psi + \varphi_{i,t}^{RD} + \varphi_{i,t}^{M}$，其中 ψ 用于运作和管理，$\varphi_{i,t}^{RD}$ 用于研发，$\varphi_{i,t}^{M}$ 用于提高技术应用效率。

考量研发与技术进步的关系。令 t 期共享的生产技术为 $\aleph_t$（假设由公共服务提供）。企业 i 投入 $\varphi_{i,t}^{RD}$ 获得 $q_{i,t} = g_{i,t} \aleph_t$ 的生产技术，其中 $\varphi_{i,t}^{RD} = \varphi^{RD}(g_{i,t}) =$

$\nu(g_{i,t}-1)$，且 $1/\nu>0$ 表示人力资本的边际创新能力，$g_{i,t}-1$（$g_{i,t}\geq 1$）度量研发对于共有技术的提高能力。专用技术 $q_{i,t}$ 在 t 期内受知识产权保护，仅属于企业 i。在 $t+1$ 期的共享技术为 $\aleph_{t+1}=\max_i\{q_{i,t}\}=\max_i\{g_{i,t}\}\aleph_t$，即假设专用技术的产权保护时间短暂，仅是从研发成功到成为共享技术前短短的一期。一般而言，专用技术的知识产权保护范围都是较窄的，因此有效保护时间较短。为保证创新激励的存在，假设 $\nu<\psi$。出于对技术应用效率提升的考量，企业 i 投入 $\varphi_{i,t}^M$，获得 $\gamma_{i,t}\in\{\gamma_1,\gamma_2\}$ 的技术效率，其中 $0<\gamma_1<\gamma_2$ 且满足

$$\gamma_{i,t}=\gamma(\varphi_{i,t}^M)=\begin{cases}\gamma_1 & (\varphi_{i,t}^M<\varphi^M)\\ \gamma_2 & (\varphi_{i,t}^M\geq\varphi^M)\end{cases} \quad (8.7)$$

企业研发投入和技术应用效率的提升，离不开科教文卫体等服务部门供给效率的提升。一是这些部门产出人力资本，作为企业研发和技术应用效率的投入要素；二是，这些部门能够成规模地获取新技术，如培训与教育等提高技术应用效率的服务。可以认为，科教文卫体等部门繁荣发展和组织水平提升，将直接决定企业从研发到应用的效率。本章借鉴新古典思想建模，隐含地假设企业创新驱动过程中的摩擦，总能适时地由本国科教文卫体等部门

生产的人力资本供给来解决,达成市场供求均衡。每期都存在共享知识 $\aleph_t$。但如果创新驱动过程中存在摩擦(如企业使用进口设备和关键技术,相关专利不允许改造设备及技术以适应自身需要),$\gamma_{i,t} = \gamma_1$ 是因摩擦造成的较低技术效率,$\varphi_{i,t}^M$ 为企业主动降低摩擦的人力资本投入,而 $\gamma_{i,t} = \gamma_2$ 则是摩擦减少后的技术效率。

t_2 段:企业使用 $l_{i,t}$,$q_{i,t}$ 与 $k_{i,t}$ 作为要素生产最终产品。CD 生产函数为:$y_{i,t} = q_{i,t}^{\gamma_{i,t}} k_{i,t}^{\alpha} l_{i,t}^{1-\alpha-\gamma_{i,t}}$。受技术效率 $\gamma_{i,t}$ 影响,$\gamma_{i,t}$ 越大,$q_{i,t}$ 对 $y_{i,t}$ 的边际贡献越大。为保证错配在均衡中存在,做技术性假设 8.1:$\alpha \in (0, 2-1/\rho)$ 且 $\gamma_1 < \gamma_2 < 1-\alpha$。

t_3 段:根据式(8.2)给出的价格 $p_{i,t}$,企业 i 向代表性消费者卖出 $y_{i,t}$,且支付代表性消费者 $w_t x_{i,t} + u_t h_{i,t} + r_t k_{i,t}$。为得出较简单的结果,本章仅计算代表性企业的行为(仅考虑对称均衡)且使用理性预期框架:企业预期的($\{\kappa_{i,t}\}_i$,$\{k_{i,t}\}_i$,$\{x_{i,t}\}_i$,$\{l_{i,t}\}_i$,$\{h_{i,t}\}_i$,$\{H_{i,t}\}_i$,$\{y_{i,t}\}_i$,$\{(g_{i,t}, \gamma_{i,t})\}_i$,$N_t$)最后将确实发生。

在完备契约下,劳动力在被雇用的瞬间,就完全决定了其被使用的方式,即作为人力资本还是作为普通劳动力的使用受契约约束。若代表性消费者

第八章 人力资本错配微观基础与创新驱动战略

提供 m_t 的错配率,则必然有 m_t 单位的人力资本被当作普通劳动力使用。假设对称均衡,在 t_2 段 $\gamma_{i,t} \equiv \gamma$, $\forall i = 1, 2, \cdots, N_t$,并记 $\lambda = 1 - \alpha - \gamma$。可得企业问题为

$$\max_{l_{i,t}, k_{i,t}} \pi_{i,t} = p_{i,t} q_{i,t}^{\gamma_{i,t}} k_{i,t}^{\alpha} l_{i,t}^{1-\alpha-\gamma_{i,t}} - r_t k_{i,t} - w_t l_{i,t}$$

$$\text{s. t. } k_{i,t} \leq \kappa_{i,t}, \ l_{i,t} \leq x_{i,t} \quad (8.8)$$

式中:$\pi_{i,t}$ 是企业的"毛利润",$p_{i,t}$ 由式(8.2)给出。假设企业在自由进入的过程中,面临的资本与普通劳动力约束较宽松,则式(8.8)的解满足

$$\tilde{k}_{i,t} = (\alpha/r_t) / (\lambda/w_t) \tilde{l}_{i,t} = \tilde{\kappa}_{i,t} \text{ 与 } \tilde{l}_{i,t} =$$

$$(\lambda/w_t) \rho I_t^{1-\rho} \tilde{y}_{i,t}^{\rho} = \tilde{x}_{i,t} \quad (8.9)$$

式中:上标 ~ 表示均衡解; $\tilde{k}_{i,t} = \tilde{\kappa}_{i,t}$ 且 $\tilde{l}_{i,t} = \tilde{x}_{i,t}$ 表示在均衡中雇用要素被企业完全使用。进一步得到

$$\tilde{y}_{i,t} = \left[\rho^{1-\gamma} q_{i,t}^{\gamma} \left(\frac{\alpha}{r_t}\right)^{\alpha} \left(\frac{\lambda}{w_t}\right)^{\lambda}\right]^{\frac{1}{1-\rho(1-\gamma)}} \tilde{I}_t^{\frac{(1-\gamma)(1-\rho)}{1-\rho(1-\gamma)}}$$

(8.10)

对 $q_{i,t}$ 作 CES 加总,并令

$$Q_t(\gamma, \{q_{i,t}\}_i) = \left(\sum_i q_{i,t}^{\frac{\gamma\rho}{1-\rho(1-\gamma)}}\right)^{\frac{1-\rho(1-\gamma)}{\gamma\rho}}$$

(8.11)

之后的式(8.13)将表明均衡下的 CES 加总

241

产出 $\tilde{I}_t$，可以表达为关于 Q_t、资本 K_t 和普通劳动力雇用量的 CD 函数。给定 $\gamma_{i,t} \equiv \gamma$ 且 $\tilde{I}_t^\rho = \sum \tilde{y}_{i,t}^\rho$，得到

$$\tilde{I}_t = \rho^{\frac{1-\gamma}{\gamma}} \left[\left(\frac{\alpha}{r_t}\right)^\alpha \left(\frac{\lambda}{w_t}\right)^\lambda \right]^{\frac{1}{\gamma}} Q_t(\gamma, \{q_{i,t}\}_i) \quad (8.12)$$

资本与普通劳动力要素市场的出清条件为 $K_t = \sum \tilde{k}_{i,t}$ 与 $1 + m_t = \sum \tilde{l}_{i,t}$，根据式（8.9）可以得到 $r_t = \alpha \rho \tilde{I}_t / K_t$，且有 $w_t = \rho(1-\alpha-\gamma)\tilde{I}_t/(1+m_t)$。将此代入式（8.12）得到代表性消费者的真实收入为

$$\tilde{I}_t(\{q_{i,t}\}_i, K_t, m_t) =$$
$$[Q_t(\gamma, \{q_{i,t}\}_i)]^\gamma K_t^\alpha (1+m_t)^{1-\alpha-\gamma} \quad (8.13)$$

式（8.13）的 CD 函数为我们带来至少以下三项理解。首先，$Q_t(\gamma, \{q_{i,t}\}_i)$ 可以被解释为企业加总的知识水平（生产技术），γ 越大，普通劳动力对 $\tilde{I}_t$ 的贡献能力就越低（产出弹性为 $1-\alpha-\gamma$），表明技术应用效率对普通劳动力具有挤出作用。其次，根据式（8.11），$\partial Q_t(\gamma, \{q_{i,t}\}_i)/\partial \gamma > 0$，除非 Q_t 本身足够大，γ 的提高并不能够提高 $\tilde{I}_t$，是因为普通劳动力的贡献仍然不可忽视。最后，错配（$m_t > 0$）可能比无错配（$m_t = 0$）带来更高的真实收入，因为它提高了普通劳动力的供给，而错配可能是短期市

场均衡的最优结果。代表性消费者在决策 m_t 时,最大化其名义收入。由于市场给定 (r_t, w_t, u_t),因此当且仅当 $w_t = u_t$ 时,才会有错配 $m_t > 0$。据此得到以下引理。

引理 8.1:在假设 8.1 和完备契约下,如果 t 期均衡满足 $\tilde{\gamma}_{i,t} \equiv \gamma$,$\forall i = 1, 2, \cdots, N_t$,则资本回报率 $\tilde{r}_t = \alpha \rho \tilde{I}_t / K_t$,且有以下两种情况。①若 $\gamma < [(2-\alpha)\rho - 1]/2\rho$,市场均衡必定是错配均衡。其中,$\tilde{m}_t = \tilde{m} = [2\rho(1-\gamma) - 1 - \alpha\rho]/(1-\alpha\rho) \in (0, 1)$,简单劳动总量 $1 + \tilde{m} = 2\rho(1-\alpha-\gamma)/(1-\alpha\rho)$,人力资本量 $1 - \tilde{m} = 2(1-\rho(1-\gamma))/(1-\alpha\rho)$,工资水平 $\tilde{w}_t = \tilde{u}_t = (1-\alpha\rho)\tilde{I}_t/2$。②若 $\gamma \geq [(2-\alpha)\rho - 1]/2\rho$,则 $\tilde{m}_t = 0$,且 $\tilde{w}_t = \rho(1-\alpha-\gamma)\tilde{I}_t$,$\tilde{u}_t = (1-\rho(1-\gamma))\tilde{I}_t$。引理 8.1 表明,存在技术效率门槛 $[(2-\alpha)\rho - 1]/2\rho$,当 γ 超过门槛时,人力资本错配不会出现在市场均衡中;反之,人力资本错配必然出现在市场均衡中。

基于此,给出技术性假设 8.2:$\gamma_1 < [(2-\alpha)\rho - 1]/2\rho$ 且 $\gamma_2 \geq [(2-\alpha)\rho - 1]/2\rho$。在假设 8.2 下,若经济参与人预期所有企业在 t 期投入 $\varphi_{i,t}^M = \varphi^M$,则代表性消费者将选择 $\tilde{m}_t = 0$,反之,如果预期 $\varphi_{i,t}^M = 0$,将有 $\tilde{m}_t = \tilde{m}$。假设在对称均衡下无错

配，且第 i 企业以外的其他企业在 t_1 段投入 $\tilde{\varphi}_{o,t}^{M} = \varphi^{M}$，$\tilde{\varphi}_{o,t}^{RD} = \frac{1}{\tilde{N}_t} - \psi - \varphi^{M}$，$\forall o \neq i$，则其他企业的研发量为

$$\tilde{g}(\tilde{N}_t, \tilde{m}_t) = [(1-\tilde{m}_t)/\tilde{N}_t - \psi - \varphi^{M}]/\nu + 1 \tag{8.14}$$

此时 $\tilde{m}_t = 0$。由于 $\tilde{N}_t$ 充分大，根据式（8.13）得到

$$\tilde{I}_t = \tilde{N}_t^{\frac{[1-\rho(1-\gamma_2)]}{\rho}} (\tilde{g} \aleph_t)^{\gamma_2} K_t^{\alpha} \tag{8.15}$$

如果企业 i 采用与其他企业相同的策略，其利润因自由进入为零。然而，企业 i 可以使用另一种策略：$\varphi_{i,t}^{M} = 0$，$\varphi_{i,t}^{RD} = 1/\tilde{N}_t - \psi$，即放弃提高技术应用效率，转而提高研发投入。此时的利润为

$$\Pi_{i,t} = \tilde{I}_t^{\rho-1} \left[(\tilde{g}' \aleph_t)^{\gamma_1} \left(\frac{K_t}{\tilde{N}_t}\right)^{\alpha} \left(\frac{1}{\tilde{N}_t}\right)^{1-\alpha-\gamma_1} \right]^{\rho} - \frac{\tilde{w}_t + \tilde{u}_t + \tilde{r}_t K_t}{\tilde{N}_t}$$

其中，创新幅度 $\tilde{g}'$ 满足

$$\tilde{g}'(\tilde{N}_t, \tilde{m}_t) = [1-\tilde{m}_t)/\tilde{N}_t - \psi]/\nu + 1 \tag{8.16}$$

当且仅当 $\Pi_{i,t} \leq 0$ 时，企业 i 才不会偏离无错配的均衡。容易证明，$\Pi_{i,t} \leq 0$ 等价于

$$\ln \aleph_t \geq \ln \tilde{\aleph}(\tilde{N}_t, \tilde{m}_t) =$$

$$\frac{\gamma_1}{\gamma_2 - \gamma_1}\ln(\widetilde{N}_t \tilde{g}') - \frac{\gamma_2}{\gamma_2 - \gamma_1}\ln(\widetilde{N}_t \tilde{g}) \quad (8.17)$$

无错配的对称均衡构成稳增长路径,需要 $\widetilde{N}_t$ 不变,即 $\widetilde{N}_t = \widetilde{N}_{t+s}$, $\forall s = 1, 2, \cdots$, 且 $\frac{I_{t+1}}{I_t} = \frac{K_{t+2}}{K_{t+1}} = \frac{C_{t+1}}{C_t} = g_I^*$,其中 g_I^* 是此时的稳定增长率。由式(8.13)可得

$$g^* = \frac{I_{t+1}}{I_t} = \frac{Q_{t+1}^{\gamma_2} K_{t+1}^{\alpha}}{Q_t^{\gamma_2} K_t^{\alpha}} = (\tilde{g})^{\gamma_2}(g^*)^{\alpha} \Rightarrow g_I^* = (\tilde{g})^{\frac{\gamma_2}{(1-\alpha)}}$$

$$(8.18)$$

现在考虑有错配的情况。根据引理 8.1,此时 $\widetilde{m}_t = \widetilde{m}$。给定企业 i 以外的企业在 t_1 段投入 $\tilde{\varphi}_{o,t}^M = \varphi^M$,$\tilde{\varphi}_{o,t}^{RD} = (1-\widetilde{m})/\widetilde{N}_t - \psi - \varphi^M$,$\forall o \neq i$,则其他企业的研发量 $\tilde{g}'$ 由式(8.16)决定。由于 $\widetilde{N}_t$ 充分大,根据式(8.13)得到

$$\widetilde{I}_t = \widetilde{N}_t^{\frac{[1-\rho(1-\gamma_1)]}{\rho}}(\tilde{g}' \aleph_t)^{\gamma_1} K_t^{\alpha}(1+\widetilde{m})^{1-\alpha-\gamma_1}$$

$$(8.19)$$

类似于无错配的情况,企业 i 使用另一种策略:$\varphi_{i,t}^M = \varphi^M$,$\varphi_{i,t}^{RD} = (1-\widetilde{m})/\widetilde{N}_t - \psi - \varphi^M$,即提高技术应用效率,但减少研发投入。此时的利润为

$$\Pi_{i,t} = \widetilde{I}_t^{\rho-1}$$

$$\left[(\tilde{g}\aleph_t)^{\gamma_2}\left(\frac{K_t}{\tilde{N}_t}\right)^{\alpha}\left(\frac{1+\tilde{m}}{\tilde{N}_t}\right)^{1-\alpha-\gamma_2}\right]^{\rho} - \frac{\tilde{w}_t+\tilde{u}_t+\tilde{r}_tK_t}{\tilde{N}_t}$$

其中，$g_i = [(1-\tilde{m}_t)/\tilde{N}_t - \psi - \varphi^M]/\nu + 1$。当且仅当 $\Pi_{i,t} \leq 0$ 时，企业 i 才不会偏离错配均衡。容易证明，$\Pi_{i,t} \leq 0$ 等价于

$$\ln\aleph_t \leq \ln\widetilde{\aleph}'(\tilde{N}_t, \tilde{m}_t) = \frac{\gamma_1}{\gamma_2-\gamma_1}\ln(\tilde{N}_t\tilde{g}') - \frac{\gamma_2}{\gamma_2-\gamma_1}\ln(\tilde{N}_t\tilde{g}) + \ln(1+\tilde{m}) \quad (8.20)$$

类似于之前的推导，错配的市场均衡能够形成一段增长路径，其增长率为 $(\tilde{g}')^{\frac{\gamma_1}{(1-\alpha)}}$。

命题 8.1：在上述假设 8.2 与完备契约下，错配均衡存在，其条件为式（8.20）；无错配均衡存在的条件为式（8.17）。给定 $\tilde{N}_t \equiv \tilde{N}$ 为充分大的正数，错配均衡可构成均衡增长路径，其增长率为 $(\tilde{g}'(\tilde{N},\tilde{m}))^{\frac{\gamma_1}{(1-\alpha)}}$；无错配均衡也可构成均衡增长路径，增长率为 $(\tilde{g}(\tilde{N},0))^{\frac{\gamma_2}{(1-\alpha)}}$。

命题 8.1 隐含如下三项经济学推论。首先，在上述情景中，人力资本错配的解决依赖技术应用效率的提升，错配均衡在技术水平较低的情况下才会出现，说明企业主动提升技术效率水平，是经济增

长宏观过程中的必然趋势。

推论 8.1：较高企业技术应用效率不是经济增长过程中恒定的特征，只有当经济与技术达到一定发展的增长水平后，企业提高技术应用效率才成为必然趋势。

理论上，企业在其技术水平达到较高程度时，会优先考虑技术应用效率，直至技术水平不再大幅领先于竞争对手，才会投入进一步的研发。因此，企业技术创新战略遵循循环策略：创新→提高技术应用效率→再创新→再提高技术应用效率……首先，与上述企业运营中技术改进的短周期循环不同，本章的模型从发展阶段的经济增长角度出发，推导出从社会平均来看的企业市场策略将侧重技术应用效率的发展趋势。这是我们与已有内生增长文献在结论上的最大不同。

其次，只要提升技术应用效率的成本 φ^M 相对较低，技术应用效率的提升就有助于提升增长率，即如果 $(\varphi^M, \widetilde{N})$ 满足

$$\gamma_1 \ln \left[\left((1-\widetilde{m})/\widetilde{N} - \psi \right)/\nu + 1 \right] <$$
$$\gamma_2 \ln \left[(1/\widetilde{N}_t - \psi - \varphi^M)/\nu + 1 \right] \quad (8.21)$$

则错配均衡生成带来的增长率，必定低于因技术应用效率提高使错配得到解决后带来的增长率。其中，

$\varphi^M \leqslant \tilde{m}/N$ 为式（8.21）的一个充分条件：若 $N\varphi^M \leqslant \tilde{m}$，被错配的人力资本只要被释放到技术应用水平的提升中，就可以提高经济增长率。

推论 8.2：提高技术应用效率可推动人力资本有效配置，进而提升经济增长率。

经济增长率的提高并不必然来自更多的研发投入。若研发成果的使用率较低，那么技术对经济的边际贡献也会较低，致使经济增长对技术进步的依赖性下降。本章以人力资本配置为辅线，证明提升技术应用效率应是实现增长跨越的抓手。

最后，由于式（8.17）中的 $\widetilde{\aleph}(\widetilde{N}, 0)$ 严格小于式（8.20）中的 $\widetilde{\aleph}'(\widetilde{N}, \tilde{m})$ ［因为 $\ln(1+\tilde{m}) > 0$］，因此存在相关政策提升技术应用水平的空间，得以实现跨越式增长。

推论 8.3：如果人力资本配置失衡程度相对较大，国家应实施提升技术应用效率的经济政策。

由于错配均衡中 $\tilde{m}$ 是固定的，特别是在完备契约情景中，错配不能逐渐消失。而当 $\tilde{m}$ 较大时，会有技术区间 $(\widetilde{\aleph}(\widetilde{N}, 0), \widetilde{\aleph}'(\widetilde{N}, \tilde{m}))$，当技术水平 V_t 限于此区间内，错配均衡与无错配均衡都能存在。依据推论 8.2，无错配带来的经济增长率更高，所以需要实施上述经济政策，以提振经济增长。

第二节 不完备契约下的人力资本错配

以上理论分析依赖引理8.1，是以人力资本配置为辅线的。据此给出的政策建议都针对人力资本错配，因为错配是劳动力市场上供求均衡的表征，而技术应用效率问题则是企业内生增长中的隐藏要素。下面说明当错配不能经市场得到直接改善时，欲抵达更高速的增长路径，必须追求更高技术应用水平的提升。具体而言，在不完备契约下，企业使用劳动力（包括人力资本）的方式是在 t_1 段决定的，在 t_0 段劳动力被确定就业于某家企业，但没有被"定岗"。注意到 m_t 由代表性消费者决定，如果是完备契约，那么错配完全由人力资本市场的供给方决定；反之，当契约不完备时，如何使用被错配的人力资本将是企业隐藏行为。或者说，企业能改变劳动力供给中出现的错配。仅考虑错配发生，在对称均衡中有 $\tilde{w}_t = \tilde{u}_t$，则企业不会关注技术应用效率，因此 $\tilde{\gamma}_{i,t} = \gamma_1$，否则劳动者经市场自由进入企业，必引致人力资本工资严格高于普通劳动力工资（引理8.1）。于是，企业的利润最大化问题变为

$$\max_{\kappa_t, l_t} I_t^{\rho-1} \left[(g_{i,t} \aleph_t)^{\gamma_1} (K_t / \tilde{N}_t)^\alpha l_{i,t}^{1-\alpha-\gamma_1} \right]^\rho -$$

$$r_t K_t / \widetilde{N}_t - \widetilde{w}_t \left[l_{i,t} + \nu \left(g_{i,t} - 1 \right) \right]$$

$$\text{s.t.} \ \nu \left(g_{i,t} - 1 \right) + \psi \leqslant 1 - m_t / \widetilde{N}_t + \frac{\widetilde{m}_t}{1 + \widetilde{m}_t} \frac{1 + \widetilde{m}_t}{\widetilde{N}_t} = \frac{1}{\widetilde{N}_t},$$

$$l_{i,t} \leqslant \frac{2}{\widetilde{N}_t} - \psi - \nu \left(g_{i,t} - 1 \right) \quad (8.22)$$

在均衡中，研发量的上界为 $\widetilde{g}''(\widetilde{N}_t) = (1/N_t - \psi)/\nu + 1$，此时不需要通过技术应用效率的提升，错配就得到解决，且增长率为 $(g'')^{\gamma_1/(1-\alpha)}$。

命题 8.2：在上述假设 8.2 与不完备契约下，不提高技术应用效率，错配仍可以得到解决，此时均衡增长率不超过 $[(1/N - \psi)/\nu + 1]^{\gamma_1/(1-\alpha)}$。对于任意充分大的企业数量 N，存在满足假设 8.2 的 (γ_1, γ_2)，使完备契约下的无错配增长率 $[(1/N - \psi - \varphi^M)/\nu + 1]^{\gamma_2/(1-\alpha)}$ 严格高于上述增长率。

命题 8.1 以及其后的推论表明，提高技术应用效率可以提高经济增长率，是实施跨越式增长的条件，其原理在于技术应用效率的提升能够解决人力资本错配。然而也有必要弄清，到底是解决错配本身对经济增长提速的贡献大，还是提高技术应用效率对其贡献大。命题 8.2 提供了该问题的答案。

推论 8.4：如果技术应用效率能够获得较大的提升（$\gamma_2 - \gamma_1$ 相对较大），那么提升技术应用效率是实现最优增长路径的必要条件。

上述多个命题及其推论的分析结果表明，一旦企业技术应用效率实现普遍的跨越式提升，就会给经济高质量发展带来显著的增长效应。特别是相较于解决人力资本错配的思路，直接从制度上提升企业技术应用效率，能够实现更加快速的高质量经济增长。同时，解决人力资本错配也是提升技术应用效率的"副产品"。但若仅把解决人力资本错配当成提升经济增速的投入品，则经济可能无法尽快地趋向最优增长路径。值得注意的是，我国提高企业技术应用效率以实现高质量经济快速增长的特殊历史条件，使提升技术应用效率存在较大的发展空间和历史机遇。西方发达经济国家成熟的市场垄断竞争，迫使企业为了长期生存，锁定未来的竞争优势，对技术应用能力的投入一般较高。中国作为世界上最大的发展中国家，市场需求虽在不断促进高技术现代服务业发展，但是企业技术应用效率的提升由于受到区域发展不平衡不充分、行政垄断及分割等影响，仍有较大潜力亟待发掘。所以，基于推论8.4，可以衍生出针对我国增长路径转换的政策建议。

如前所述，企业技术应用效率的提升可以来自制度性政策安排，特别是科教文卫体等部门的繁荣发展和组织水平提升,不仅能够产生更多的人力资本供给,还将直接减少从研发到应用之间的摩擦,也就是提升社会平均的技术应用效率。因此,基于本部分的分析,本书认为,我国实现经济高质量发展,顺利跨越中等收入陷阱,不仅要加大研发投入,还要注重保护人力资本权益使其充分发挥作用的制度性安排,以及制定提升科教文卫体等部门供给能力的宏观综合平衡政策。

第三节 提高技术应用效率与推动人力资本有效配置

微观基础的人力资本投入水平,受宏观结构的人力资本供给水平制约。科教文卫体等服务部门作为人力资本的供给渠道,有能力间接化解人力资本在微观技术应用领域的投入不足,并能减小企业从研发创新到技术应用之间的摩擦。因此,本章使用来自科教文卫体等部门服务业的支出数据,度量宏观技术应用效率。计量模型设定如下:

$$g\_rate_{i,t} = Controls + \beta_1 eftech_{i,t} + \gamma_1 eftech_{i,t} hmis_{i,t} + \varepsilon_{i,t} \quad (8.23)$$

$$g\_rate_{i,t} = Controls + \beta_2 hmis_{i,t} +$$

$$\gamma_2 eftech_{i,t} hmis_{i,t} + \varepsilon'_{i,t} \qquad (8.24)$$

式（8.23）和式（8.24）中，下标 i 为不同省份；t 为不同年份；β_1、β_2、γ_1 和 γ_2 均为回归系数；$\varepsilon_{i,t}$ 和 $\varepsilon'_{i,t}$ 均为随机扰动项；$g\_rate_{i,t}$ 为实际 GDP 增长率水平变量（依据 1995 年不变价格测算的 GDP 增长率）；$eftech_{i,t}$ 为技术应用效率变量；$hmis_{i,t}$ 为人力资本错配程度变量；$Controls$ 为影响经济增长的一系列控制变量。先对式（8.23）进行估计。如果得到 β_1 显著为正，γ_1 不显著，说明在给定的技术应用效率下，人力资本错配的变化不能成为经济增速变化的原因，因为其不能和技术应用效率构成显著的替代或者互补关系。进一步对式（8.24）进行估计。如果式（8.24）的 γ_2 显著为负，β_2 不显著，则说明人力资本错配的减少对经济增速的贡献显著依赖技术应用效率，且技术应用效率越高，其贡献越高，有

$$\Delta g\_rate_{i,t} = (\beta_2 + \gamma_2 eftech_{i,t}) \Delta hmis_{i,t} \qquad (8.25)$$

其中，$\Delta hmis_{i,t} < 0$，在 γ_2 显著为负时，$eftech_{i,t}$ 越大，$\Delta hmis_{i,t}$ 对 $g\_rate_{i,t}$ 的贡献就越大。结合式（8.23）和式（8.24）的估计结果，可以排除人力资本错配减少是经济增速提升的首要原因，或者说，可以相信技术应用效率才是主要原因。人力资本错配（$hmis_{i,t}$），这里指"高技术劳动力从事低技术性生产"，以劳动

和资本密集型产业人力资本密度与知识和技术密集型产业人力资本密度的比值衡量。技术应用效率（$eftech_{i,t}$）反映，企业技术应用效率不高，主要是人力资本的相关投入不足，以及整个社会的科教文卫体等服务部门发展不平衡不充分，不能消弭摩擦能力所致。微观基础的人力资本投入水平，受宏观结构的人力资本供给水平制约。科教文卫体等服务部门作为人力资本的供给渠道，有能力间接化解人力资本在技术应用领域的投入不足，也可以通过产教融合性企业、产学研工业园区等方式，直接减小从研发创新到技术应用之间的摩擦。本章使用来自科教文卫体等部门服务业的支出数据，度量宏观技术应用效率。其他控制变量（$Controls$）：①固定资本形成率，用资本形成额占GDP的比重衡量。②劳动年龄人口比重，用15—64周岁劳动人口占总人口的比重表示。③人力资本规模，由于一般人力资本不能完全反映与普通劳动力的差异，因此，采用高人力资本作为人力资本的替代指标，用大学及以上学历的总人数衡量。④原创性技术进步，用每万人专利申请授权数衡量。⑤对外开放度，用进出口总额占GDP的比重衡量。⑥地方制度环境，将万人腐败立案数作为刻画地方制度环境的替代指标。⑦工业产值结构，用工业产值占 GDP 的比重衡量。本部分数据来源于世界银行 WDI 数据库、1995—2015 年的《中国统计年鉴》、《中国检察年鉴》、《新中国六十年统计资料汇编》、《中国高技术产业统计年鉴》。表 8.1 第（3）列的结果显示，人力资本错配变量（hmis）系数不显著，但是技术应用效率变量和人力资本错配变量的交互项（eftech·hmis）系数显著为负。这说明人力资本错配的减少对经济增速的贡献显著依赖技术应用效率，即提升技术应用效率以推动人力资本有效配置，能够起到提升经济增长率的作用。

表8.1　　　　　　　　　　计量估计结果

变量	式（8.23）		变量	式（8.24）	
	（1）	（2）		（3）	（4）
$eftech$	1.4535 *** (0.2918)	0.1228 ** (0.0455)	$hmis$	0.1074 (0.0567)	0.0339 (0.0206)
$eftech·hmis$	−0.0050 (0.0134)	−0.0061 (0.0044)	$eftech·hmis$	−0.3168 ** (0.1710)	−0.0435 ** (0.0213)
控制变量	√	√	控制变量	√	√
个体效应	√	√	个体效应	√	√
年份效应	√	√	年份效应	√	√
Wald	174.51	15.76	Wald	750.58	14.48
R^2	0.2066	0.2265	R^2	0.6319	0.1629
观测值	605	604	观测值	605	604

注：***、** 分别为 1%、5% 的置信水平，括号内为标准差。

其次，观察式（8.23）的估计结果。表 8.1 第

(1)列的实证结果显示,技术应用效率变量(eftech)系数显著为正,但技术应用效率变量和人力资本错配变量的交互项(eftech·hmis)系数统计不显著。这意味着在给定的技术应用效率下,人力资本错配的变化不能成为经济增速变化的原因。因此,结合式(8.23)和式(8.24)的估计结果,技术应用效率提升是经济步入最优增长路径的必要条件。也就是说,尽管提升技术应用效率可以推动人力资本有效配置,但如果政策把解决错配当成提升经济增速的"投入品",那么经济增长将不能尽快趋向最优的增长路径。进一步选取全要素生产率分解的技术效率,作为技术应用效率的替代变量,进行稳健性检验,且考虑到内生性问题,本章选择技术应用效率变量滞后1期和人力资本错配变量滞后1期进行估计,具体结果见表8.1第(2)列和第(4)列。结果显示,使用替代变量以及考虑到内生性之后,实证结果是一致的。

由于省际数据因区域人力资本储备差异产生对技术应用效率变量的排序干扰,这里考察另一个实证结构:令 $z_{i,t} = eftech_{i,t}/hmis_{i,t}$ 为某省某年技术应用效率指标与人力资本错配程度指标的比值,令 $z = \sum_{i,t} eftech_{i,t} / \sum_{i,t} hmis_{i,t}$ 为全国全部记录年份的技术应用效率与人力资本错配程度的平均比值。通过 $z_{i,t}$ 对 $eftech_{i,t}$ 的排序进行修正，能够减轻区域人力资本储备差异对 $eftech_{i,t}$ 排序的干扰。所以，当 $z_{i,t} \geqslant z$ 时，可以认为技术应用效率足够高；当 $z_{i,t} < z$ 时，可以认为技术应用效率较低，且此时技术应用效率的替代排序将不受区域人力资本差异影响。现考虑如下计量模型：

$$g\_rate_{i,t} = Controls + \lambda_1 eftech_{i,t-1} I\{z_{i,t} \geqslant z\} +$$
$$\lambda_2 hmis_{i,t-1} I\{z_{i,t} < z\} + \varepsilon_{i,t} \quad (8.26)$$
$$g\_rate_{i,t} = Controls + \lambda_3 eftech_{i,t-1} I\{z_{i,t} < z\} +$$
$$\lambda_4 hmis_{i,t-1} I\{z_{i,t} \geqslant z\} + \varepsilon'_{i,t} \quad (8.27)$$

式中：$I\{\cdot\}$ 为指示函数，当且仅当大括号内条件成立时取 1；否则取 0。如果回归结果显示 $\lambda_1 > 0$ 显著成立，则说明当条件 $z_{i,t} \geqslant z$ 成立时，即技术应用效率较高时，技术应用效率对经济增长率有显著正向影响。此时，如果还有 λ_3 不显著，说明当条件 $z_{i,t} < z$ 成立时，即技术应用效率较低时，技术应用效率不能对经济增长率产生显著作用。式（8.26）与式（8.27）中的 $hmis_{i,t}$ 主要用于分组控制，故 (λ_2, λ_4) 的显著与否对结果无影响。因此，只要 $\lambda_1 > 0$ 显著成立，且 λ_3 不显著，推论 8.4 就得到了进一步的验证。

表 8.2 第（1）列和第（2）列为对式（8.26）

的估计结果,第(3)列和第(4)列为对式(8.27)的估计结果。考虑到估计的内生性问题,本章选择滞后1期的技术应用效率和人力资本错配变量作为解释变量;基于估计结果的敏感性和克服异方差及序列相关性,表8.2的第(2)列和第(4)列进一步引入不同的控制变量和稳健标准误。表8.2的估计结果显示,$eftech_{i,t-1} I\{z_{i,t} \geq z\}$ 系数(λ_1)显著为正,但是 $eftech_{i,t-1} I\{z_{i,t} < z\}$ 系数(λ_3)不显著。这说明技术应用效率较高时,技术应用效率对经济增长率有显著正向影响,而当技术应用效率较低时,技术应用效率对经济增长率的作用不显著。由此可见,如果技术应用效率提升是充分的,那么提升技术应用效率也是实现最优增长路径的先决条件。此外,表8.2第(3)列和第(4)列显示,$hmis_{i,t-1} I\{z_{i,t} \geq z\}$ 系数(λ_4)显著为负。这表明一旦提升技术应用效率足够有效,就可以显著推动人力资本有效配置,从而共同促进经济增长率提高。

表8.2 计量估计结果

变量	式(8.26)		变量	式(8.27)	
	(1)	(2)		(3)	(4)
$eftech_{i,t-1} I\{z_{i,t} \geq z\}$	2.5238** (0.9981)	2.6705** (1.0506)	$eftech_{i,t-1} I\{z_{i,t} < z\}$	-0.2128 (0.5509)	0.4486 (0.6183)

续表

变量	式（8.26）		变量	式（8.27）	
	(1)	(2)		(3)	(4)
$hmis_{i,t-1} I\{z_{i,t}<z\}$	-0.0066 (0.5206)	0.3855 (0.5299)	$hmis_{i,t-1} I\{z_{i,t}\geq z\}$	-0.9055* (0.5312)	-0.6714** (0.3778)
控制变量	√	√	控制变量	√	√
个体效应	√	√	个体效应	√	√
年份效应	√	√	年份效应	√	√
R^2	0.0911	0.1051	R^2	0.6076	0.6193
观测值	605	605	观测值	605	605

注：***、** 和 * 分别为 1％、5％ 和 10％ 的置信水平，括号内为标准差。

第四节　小结与启示

本章探讨经济高质量发展创新驱动的微观基础，构建企业创新驱动过程中研发投入和技术应用效率相互联系的增长模型，以人力资本配置为切入点，刻画企业研发投入与技术应用效率的均衡选择，以及由其决定的最优增长路径。理论模型将投入企业生产的人力资本定义为，具备研发能力、提高技术使用效率能力以及运作能力的高技术劳动力。人力资本错配被定义为，企业生产中的"高技术劳动力从事低技术性生产"现象。理论模型分析得出三个主要结论：①在企业完备契约情景中，如果社会技术水平和技术应用效率都较低，人力资本错配可能是短期市场竞争的均衡结果；②在一定的历史条件下，如果技术应用效率提升足够有效，提高技术应用效率是经济增长过程中的必然趋势，且技术应用效率的提升可以有效解决企业人力资本错配问题；③在企业不完备契约情景中，如果企业仅依靠市场均衡来处理人力资本错配问题，其对于短期经济增长率的提升，可能比通过提高企业技术应用效率带来的增长率要低。在上述结论的基础上，理论模型还分别比较了通过市场性政策优化人力资本配置以促进经济增长，与以国家创新驱动战略为抓手推动经济增长这两种政策的效果，发现后者对应的均衡发展路径要明显优于前者。随后的计量模型，用中国省际面板数据实证检验了理论部分的核心结论。

  从历史发展的阶段性来看，欧美发达国家现阶段的产业结构早已趋于成熟，知识和技术密集型行业占据主导地位，市场机制作用下行业内高质量人力资本的高技术应用效率，与其获得的高报酬较为匹配，因而政府对实体经济的干预相对较少。发展中国家在低收入和中等收入阶段，技术应用方面必定会因为本国人力资本储备不足而存在效率损失（即便世界贸易组织 WTO 框架下较落后国家能够获得来自发达国家的直接技术支持），但在要素粗放驱动的经济增长中，这也非关键性的阻碍环节。而中

第八章 人力资本错配微观基础与创新驱动战略

国作为发展中大国,处于跨越中等收入陷阱的变革中,对于由劳动密集型和资本密集型传统制造业,向技术密集型和知识密集型先进制造业和现代服务业跃迁的经济结构转型升级,强化全社会人力资本的培育供给,合理配置人力资本,提高企业技术应用效率,已成为推动经济高质量发展的重要环节。在转变发展方式、优化经济结构、转换增长动力的攻关期,政府应当通过人才供给的结构性改革,实现人力资本要素需求端和供给端的良性互动,进一步打通人才培养供需体系与科技创新链条的紧密衔接,形成高质量发展的强大动力。

首先,坚定实施"科教兴国战略"和"人才强国战略"的基本国策,积极推进教育改革,提高教育质量,为经济高质量发展积累和培育更多更高素质的人才资源。政府应加快改革人才发展的体制机制,推动人才培养、使用、流动、引进、评价、激励和分配等重点领域和环节的改革,营造有利于人才培养的良好条件和社会环境,搭建有利于高层次人才施展能力的平台。其次,加速推进产教融合,促进人才供给端和需求端深度融合,提高人力资本配置效率,从而激发企业创新活力。深化产教融合是党的十九大报告明确提出的改革任务:"深化科技体制改革，建立以企业为主体、市场为导向、产学研深度融合的技术创新体系，加强对中小企业创新的支持，促进科技成果转化。"要通过政策组合拳引导和激励企业深入参与并加速推进向产教融合型企业的转型，更好地促进教育链、人才链和产业链、创新链的有机衔接，提高人才使用效率，重塑人力资本优势，推进经济向高质量发展转型。政府应实施"先行者先受益"的激励政策，鼓励率先探索建设产教融合型企业，同时，各级政府应站在创新体系建设的战略高度，统筹教育、产业和科技资源，加大对产教融合协同创新的支持力度。最后，提升人力资本要素的薪酬回报率，激励人力资本积累及其合理配置，引导人力资本流入创新生产部门，实现创新驱动的增长模式。在"赶超"体制下作为公共产品的科教文卫体等服务部门的供求关系，应由政府把关，统筹兼顾进行综合平衡，并注重通过市场力量引入人力资本积累的有效供给。同时，完善人力资本契约环境建设，破除人力资源尤其是高层次人力资本流动的制度障碍，实现要素的充分流动。

第九章 产业结构差异下的增长路径与人力资本错配下的占优决策

现代经济增长是以技术进步为基础的、以产业结构转型和产业结构升级为核心特征的成长模式。全球范围内，随着新一轮产业革命浪潮的不断拓展，技术突破和业态创新将逐步融合产业边界；目前，中国已成为一个工业大国，是世界产业分工格局中的重要力量，但仍然未能摆脱后发国家在全球产业分工中存在的普遍问题：产业发展水平低、处于全球产业价值链低端和比较优势陷阱锁定等。在此背景下，"十三五"时期中国产业发展的定位、方向和政策将面临重大变化：摒弃以往追求产业间数量比例关系优化的指导思想，将产业结构调整的主线转向产业升级和创新驱动。

改革开放初期,在外向型经济发展战略的指导下,中国充分利用了当时丰富劳动力资源禀赋的成本优势,成功促成了从计划经济时代以重工业为主导的产业结构向面向市场的以轻工业为主导的劳动密集型产业结构的转型。时隔40多年之后在经济步入新时代的今天,中国产业结构开始二次转型,将以劳动和资本密集型产业为主导的产业结构转变成以知识和技术密集型为主导的产业结构。当前的问题是,现有的人力资本与新型产业结构之间的配置难以达到完美状态,由此造成人力资本使用效率低下或者产业转型受阻。具体表现为,人力资本虽然在数量上粗具规模,但知识产业(研发部门)的发展和技术密集型产业发展之间存在对人力资本的竞争,在固有政策环境下,容易引起摩擦并给产业转型造成困难。因此,如何将专业化人力资本形成过程与产业结构调整过程相结合,以实现经济在二次转型期的平稳过渡和高质量发展成为一个重要的理论和现实问题。

党的十九大报告在"两个一百年"奋斗目标基础上,进一步提出要通过二〇二〇年到本世纪中叶两个阶段的发展,塑造创新驱动的增长模式。然而,随着大规模工业化进程的不断推进和国家创新体系的构建、创新驱动发展战略实施要求，当前阶段由资本驱动劳动生产率提升的规模效率模式将会被取代，由社会开发带来的广义人力资本将被有效利用，成为推动产业结构转型升级和重塑新型效率模式的关键。但从中国行业间人力资本结构层次来看：一方面，低层次人力资本充斥于各行业之间；中等层次人力资本主导增长；高层次人力资本匮乏，难以获得补充（袁富华等，2015）。另一方面，当前大学及以上学历劳动者大量进入并沉积在高度管制的电信、金融、交通业以及公共服务部门，而事业单位体制和管制制约了人力资本生产效率的发挥，出现了全社会平均受教育年限较短和部分行业教育过度并存的现象。这意味着，对于后工业化时期通过产业结构转型升级以实现高效率模式重建而言，人力资本结构如果不能实现改善和合理配置，将会成为创新增长的阻力。Peretto等（2015）的研究表明，当经济发展进入内生增长阶段之后，将趋于持续稳定增长，但在向更高质量增长阶段转变的过程中，根本上取决于人力资本的有效利用，通过与产业结构适宜匹配诱发技术创新从而减少产业结构转化过程中可能的震荡。这反过来印证了当前一些学者的论断：单纯的人力资本数量增加并不必然促成产业结构优化升级和诱发技术创新,人力资本与产业结构错配会阻碍各种生产要素的充分发挥,制约技术进步以及知识和资本密集型产业的发展。第一,持续的技术创新是避免比较优势陷阱的重要动力,人力资本与产业结构错配将抑制人力资本水平提升,不利于通过分工深化促进一国产业动态比较优势培育,尤其是不利于人力资本结构向有利于实现产业转型的方向调整(Ciccone and Papaioannou, 2009);第二,社会进步是创新和模仿共同作用的结果,自主创新是赶超世界技术前沿的主要方式,而人力资本与产业结构错配往往会引起技能劳动力偏离创新活动(Raustiala and Sprigman, 2012;袁志刚和解栋栋, 2011);第三,人力资本与产业结构错配将抑制劳动生产率提高,容易引致经济运行偏离最优增长路径,且对于中等收入国家而言,若不能通过人力资本等创新要素的合理配置提高劳动生产效率,将面临陷入静态比较优势陷阱的困境。近年来,国内学者也开始专注考察转型期人力资本配置对经济增长或社会创新的影响。例如,邵文波等(2015)从劳动力技能匹配的角度,考察了一个国家人力资本结构与比较优势的关系。中国经济增长前沿课题组(2015)强调人力资本有效配置对经济增长的影响,

第九章　产业结构差异下的增长路径与人力资本错配下的占优决策

指出人力资本错配阻碍人力资本有效使用，而提高人力资本定价的市场化程度，是优化增长方式的动力机制。李静等（2017）则专门探讨解决技术密集型部门和最终产品部门之间人力资本错配为何是中国经济稳增长政策面临的难题。研究发现，在经济转型过程中，人力资本市场化配置可能失灵，致使创新动力不足，如果政府通过规制技术型企业，虽完美解决错配，但经济增长将面临下行压力。随后，李静等（2019）进一步以人力资本配置为切入点，探讨经济高质量发展创新驱动的微观基础。他们指出，提高企业技术应用效率可以推动人力资本有效配置，且是选择最优增长路径的重要条件。其成功的实施需要政府在宏观结构上，积极推动培育和积累人力资本的科教文卫体等现代服务业的有效供给，实现先进制造业和现代服务业的深度融合，以形成经济高质量发展人力资源优化配置的新增长点和新动能。

现在的问题是，后发国家的经济转型伴随人力资本与产业结构错配，其占优决策应当是利用好有限的人力资本开展创新驱动还是进行产业升级呢？这是本章将要回答的问题。首先，本章以发达国家要素配置结构为准绳，考察传统产业、高新技术产业和研发部门，定义两类人力资本的错误配置，用于考察后发国家在配置高技术劳动力时与发达国家的差异。随后，扩展 Aghion 和 Howitt（1990）的内生增长框架，论证了在技术完美外溢时（忽略实物资本，此时稳定的增长率在国家间无差别），产业结构差异可以拉大发达国家和后发国家间的收入差距，所以，决定产业结构的人力资本存量可以独立解释比较优势陷阱。通过分析，本章的理论将后发国家经济转型的动机限定为摆脱比较优势陷阱，而经济转型的契机来自其人力资本存量的提升，因此经济转型的战略必然涉及产业结构调整，即本章以劳动力质量为媒介，从理论上获得了经济转型和产业结构调整间的必然联系。之后，基于比较静态分析，发现自由市场会将后发国家的新增人力资本配置到本国技术密集型部门（不同于发达国家的人力资本配置，因此是一种"错配"），是因为高质量劳动力进入高新技术产业的收入从短期来看会高于传统产业与研发部门。基于市场的短期有效性，我们提出：当前经济转型的战略应是优先发展技术密集型产业（产业升级）且允许人力资本错配，而不是立刻实施与发达国家相同的人力资本配置结构并强调研发创新。

第九章 产业结构差异下的增长路径与人力资本错配下的占优决策

第一节 产业结构差异下的增长路径

这一部分基于理论分析，回答了后发国家存在人力资本与产业结构错配时，是优先调整产业结构还是优先研发。理论模型做如下设定：第一，经济主体仅由一个发达国家和一个后发国家（LDC）构成。发达国家仅有高质量劳动力（总量为 H），既能从事技术密集型产业的生产工作，也能从事研发工作。后发国家最初仅有低质量劳动力，总量为 L，只能从事劳动密集型产业的生产工作。不考虑人口变化，也不考虑失业，且后发国家人口更多（$L>H$）。第二，从配置效率上说，高质量劳动力不应从事劳动密集型产业。如果出现从事传统产业的高技术劳动力，我们认为"1 型错配"发生。经济增长不仅需要技术密集型产业（满足高技术产品的需求），还要有研发才能实现技术进步和经济高质量发展。如果人力资本未能兼顾研发，则认为"2 型错配"发生。第三，用 t 表示第 t 代技术，依据熊彼特"创造性毁灭"假说，我们假设当第 t 代技术被发明后，第 $t-s$ 代（$\forall s \in \{1, 2, \cdots, t\}$）技术被完全替代。注意到由于初期后发国家没有高质量劳动力，技术进步必然由发达国家的研发部门完成；将假设技术外溢是完美的，即技术一旦进步，后发国家的生产部门也能够立即获得，其途径是：购买代表新一代技术的中间品作为生产要素。第四，为了突出技术密集型产业对研发的反哺作用，假设"高技术产品＋新一代技术→新一代技术的中间品"，即高技术产品将作为中间品生产的投入品。第五，基于Aghion和Howitt（1990）的设定，当代技术的发明者受到知识产权的保护，将作为中间品的垄断者赚取利润，直到被新一代的技术发明者取代。因此，研发的激励来自成功创新之后的（一定时期内的）垄断利润。

令 Y 为高技术产品，出自技术密集型产业，由于初期只有发达国家拥有人力资本，所以仅能在发达国家生产；令 Z 为低技术产品，是劳动密集型产业的产品，既可以在后发国家生产，也可以在发达国家生产。我们将 Y 和 Z 的生产函数设为

$$Y^t = A^t\ (x_y^t)^\alpha\ (H_y^t)^{1-\alpha};\ Z^t = A^t\ (x_z^t)^\alpha\ (L)^{1-\alpha}$$

式中：$0 < \alpha < 1$；上标 t 为第 t 代技术；A^t 为第 t 代技术质量，即技术对最终产品产量的放大作用，并假设当代技术与前一代技术之间的关系为 $A^t/A^{t-1} \equiv g > 1$；$x^t = x_y^t + x_z^t$ 为第 t 代技术下中间品的总产量，

第九章　产业结构差异下的增长路径与人力资本错配下的占优决策

而 x_y^t 和 x_z^t 分别是被用于生产 Y 和 Z 的中间品；$H_y^t \leqslant H - H_R^t$ 为发达国家中进入高技术产品生产的高质量劳动力总数，而 H_R^t 为进行研发的人力资本，如果发达国家不生产 Z，那么 $H_y^t = H - H_R^t$。最后，两国间的贸易协定使 Y 和 Z 都在完全竞争的环境下生产和出售。这里不考虑资本积累的作用，即使经济增长完全由创新驱动，也使分析完全集中在实体经济的问题上。

依据 Krugman（1987）的设定，我们假设中间品 x 和低技术产品 Z 是可以完美流动的。高技术产品 Y 在国际贸易中以冰川消融的方式损耗：1 单位 Y 从发达国家起运，只有 $1/\delta$ 单位抵达后发国家，其中 $\delta > 1$；而劳动力是完全不流动的，即不可"移民"。由于中间品 x 和低技术产品 Z 是可完美流动的，以 1 单位 Z 为计价物，对于任意代技术，Z^t 的单价在两个国家都是 1（此假设的合理性来自：技术进步并不提高产品质量，仅仅提升产量）；x^t 的单价在发达国家和后发国家都是 p_x^t。高技术产品 Y 是不完美流动的，所以 Y 在发达国家的单价是 p_y^t，在后发国家则是 δp_y^t。

如果初期的人力资本差异造成"在发达国家仅生产高技术的 Y 和中间品 x，而所有的劳动密集型产品 Z 都在后发国家生产"，即如果存在一条稳定增长路径符合这个产业结构差异,那么初期的人力资本差异就决定了产业结构差异,而两国之间存在长期的"比较优势"。

基于以上设定,进一步分析产业结构差异下的增长路径,假设发达国家不生产 Z,给定初期的人力资本差异,Y 和 Z 将分别在两个国家生产。不失一般性,将最终产品部门的工资记为 w_H^t 和 w_L^t(不考虑国家间的差异)。假设两国间的双边贸易协定可以保障 Y 和 Z 在完全竞争的环境下生产与销售,因此要素价格对最终产品的边际贡献为

$$p_x^t = p_y^t \alpha A^t (x_y^t)^{\alpha-1} (H_y^t)^{1-\alpha} = \alpha A^t (x_z^t)^{\alpha-1} (L)^{1-\alpha} \quad (9.1)$$

$$w_H^t = p_y^t (1-\alpha) A^t (x_y^t)^{\alpha} (H_y^t)^{-\alpha} \quad (9.2)$$

$$w_L^t = (1-\alpha) A^t (x_z^t)^{\alpha} (L)^{-\alpha} \quad (9.3)$$

在 p_x^t 满足式(9.1)(也是中间品价格相等条件)时,可得中间品的总需求为

$$x^t = x_z^t + x_y^t = \left[1 + (p_y^t)^{\frac{1}{(1-\alpha)}} \frac{H_y^t}{L}\right] x_z^t \quad (9.4)$$

由于经济处于完美的知识产权保护中,在第 $t+1$ 代技术出现之前的每个瞬间,中间品(传递技术的商品)都由第 t 代技术的知识产权拥有者垄断经营。第 t 代技术的知识产权拥有者瞬间的利润最

第九章 产业结构差异下的增长路径与人力资本错配下的占优决策

大化问题是

$$\max_{x_z^t} \pi^t = (p_x^t - A^t c_x^t) \ x^t = A^t$$

$$[\alpha \ (x_z^t)^{\alpha-1} \ (L)^{1-\alpha} - c_x^t]$$

$$\left(1 + (p_y^t)^{\frac{1}{(1-\alpha)}} \frac{H_y^t}{L}\right) x_z^t$$

其中，$c_x^t = cp_y^t$，为 1 单位中间品生产需要使用 $A^t c$ 单位的高技术最终产品，即中间品生产对 Y 的消耗也随着技术的进步而增加（均衡时，技术进步仅仅放大最终产品的产量，而不会放大中间品的产量，使得均衡存在）。此问题最优解满足 $x_z^{t(*)} = (\alpha^2/c_x^t)^{1/(1-\alpha)} L$（由一阶条件给出）。因此，根据式（9.4），中间品的总供给（等于总需求）将满足

$$x^{t(*)} = x_z^{t(*)} + x_y^{t(*)} =$$

$$[L \ (p_y^t)^{\frac{-1}{(1-\alpha)}} + H_y^t] \ (\alpha^2/c)^{\frac{1}{(1-\alpha)}} \quad (9.5)$$

由此可见，中间品的总供给与 Y 的价格 p_y^t 成反比，且与 Y 消耗的人力资本 H_y^t 成正比。直观上，p_y^t 上升将使中间品的成本上升（来自"干中学"的设定），致使其供给减少；由于 Y 的生产函数是 Cobb-Douglas 型，中间品和人力资本的投入将成正比，当 H_y^t 增加时，技术密集型产业对于中间品的需求也会增加。进一步，垄断者的瞬时利润满足

$$\pi^{t(*)} = A^t \ [\alpha \ (x_z^{t(*)})^{\alpha-1} \ (L)^{1-\alpha} - c_x^t]$$

$$\left[1 + (p_y^t)^{\frac{1}{(1-\alpha)}} \frac{H_y^t}{L}\right] x_z^{t(*)} = \frac{1-\alpha}{\alpha} \alpha^{\frac{2}{(1-\alpha)}} A^t$$

$$(c)^{\frac{-\alpha}{(1-\alpha)}} \left[L (p_y^t)^{\frac{-\alpha}{(1-\alpha)}} + p_y^t H_y^t\right] \quad (9.6)$$

可见，利润有可能随着 H_y^t 增加，但也有可能随着 p_y^t 增加：如果 $(p_y^t)^{1/(1-\alpha)} H_y^t \geqslant \alpha L/(1-\alpha)$，$\partial \pi^{t(*)}/\partial p_y^t \geqslant 0$；反之，$\partial \pi^{t(*)}/\partial p_y^t < 0$。直观上，$p_y^t$ 对于垄断者的利润有两个效用：收益效应和成本效应。如前所述，p_y^t 上升会增加成本，但也会带来更高收益 [根据式（9.1）p_x^t 随着 p_y^t 上升]，所以 p_y^t 对于利润的影响取决于这两个效应的大小关系。

采用 Aghion 和 Howitt（1988）的内生增长模式：假设在 τ 期 $[\tau \in [0, +\infty)]$ 最前沿的技术是第 t（$t = 0, 1, 2, \cdots$）代。

τ 到 $\tau + T$ 期（任意 $T \geqslant 0$），假设此期间参与研发的人数恒为 H_R^t，那么第 $t+1$ 代技术被发明出来的概率是 $1 - e^{-\lambda H_R^t T}$，其中 $\lambda > 0$ 为单个高质量劳动力研发的成功率。或者说，技术创新被一个以 λH_R^t 为频率的泊松过程控制。我们假设了第 $t+1$ 代技术将完全取代第 t 代技术，那么第 t 代知识产权拥有者垄断经营的时间服从指数分布。第 t 代知识产权的期望收益为

$$V^t = \int_{s=0}^{\infty} (\pi^{t(*)}) e^{-\lambda H_R^t s} ds = \pi^{t(*)}/\lambda H_R^t \quad (9.7)$$

此时，高质量劳动力从事研发的激励来自 V^{t+1}（第 $t+1$ 代技术的预期收益），因此个体研发瞬时的激励是 λV^{t+1}（个人研发成功率乘以第 $t+1$ 代技术的预期收益）。这个瞬时激励恰好等于 w_H^t，否则要么无人研发（$H_R^t = 0$），要么无人参与 Y 的生产（$H_y^t = 0$）。

将 $x_z^{t(*)} = (\alpha^2/c_x^t)^{1/(1-\alpha)} L$ 代入式（9.4）后再代入式（9.2），得到技术密集型产业的人力资本工资为

$$w_H^t = p_y^t (1-\alpha) A^t (x_y^{t(*)})^\alpha (H_y^t)^{-\alpha} = (1-\alpha) \alpha^{\frac{2\alpha}{(1-\alpha)}} A^t (c)^{\frac{-\alpha}{(1-\alpha)}} p_y^t \quad (9.8)$$

因此，高质量劳动力研发和生产 Y 之间的无套利条件为 $w_H^t = \lambda V^{t+1} = \pi^{t+1(*)}/H_R^{t+1}$。这里假设发达国家不生产 Z，因此也就没有人力资本"1 型错配"，即 $H_R^{t+1} = H - H_y^{t+1}$；且技术质量的变化比例恒定，即 $A^{t+1}/A^t = g > 1$，因此根据式（9.6）和式（9.8），无套利条件等价于

$$(H - H_y^{t+1}) \alpha p_y^t = g \left[L (p_y^{t+1})^{\frac{-\alpha}{(1-\alpha)}} + p_y^{t+1} H_y^{t+1} \right] \quad (9.9)$$

由式（9.9）给出的动态过程所决定的稳态均衡 (H_y^*, p_y^*) 必然满足

$$H_y^* = \frac{\alpha H - g \ (p_y^*)^{\frac{-1}{(1-\alpha)}} L}{g + \alpha} < H \quad (9.10)$$

此时，期望的经济增长速度是 $g\lambda (H - H_y^*)$，即技术进步带来的产量提升幅度乘技术进步的瞬时概率。

$H_y^* < H$ 保证了"2 型错配"不会发生，然而稳定均衡 (H_y^*, p_y^*) 的存在性还需要另外两个条件：①$H_y^* > 0$；②一次齐次的代表性效用函数。将 $x_z^{t(*)} = (\alpha^2 / c_x^t)^{\frac{1}{(1-\alpha)}} L$ 代入式 (9.3)，得到

$$w_L^t = (1-\alpha) \ A^t \ (x_z^{t(*)})^\alpha \ (L)^{-\alpha} =$$
$$(1-\alpha) \ \alpha^{\frac{2}{(1-\alpha)}} A^t \ (cp_y^t)^{\frac{-\alpha}{(1-\alpha)}} \quad (9.11)$$

如果劳动者预期到人力资本配置 $H_y^* > 0$ 和高技术产品的相对价格 p_y^* 不变，那么当技术没有进步时，由式 (9.5)、式 (9.6)、式 (9.8) 和式 (9.11) 知 $x^{t(*)}$、$\pi^{t(*)}$、w_H^t 和 w_L^t 与两种最终产品的量都保持不变；而当技术进步时，$x^{t(*)}$、$\pi^{t(*)}$、w_H^t 和 w_L^t 与两种最终产品的量都以 g 的比例增加。这意味着代表性消费者的预算要么不变，要么以 g 的比例增加[发达国家的预算为 $(\pi^{t(*)} + w_H^t H_y^*)/H$，而后发国家的预算为 w_L^t]，且最终产品的总供给也是要么不变，要么以 g 的比例增加。当预算不变时，需求则

第九章 产业结构差异下的增长路径与人力资本错配下的占优决策

不变,此时与不变的总供给相等,形成 p_y^*;当总预算以 g 的比例增加时,由于给出的效用函数是一次齐次的,因此两种最终商品的需求都将增加 g 倍,与此同时,两种最终产品的总供给也恰好上升了 g 倍,这样可以保持 p_y^* 继续使最终产品市场的需求等于供给。而根据式(9.9),p_y^* 的出现将产生稳定的人力资本配置 H_y^*,于是,预期的稳定均衡(H_y^*,p_y^*)就可以自动实现了。

$H_y^*>0$ 仍是必不可少的:不仅是因为消费者需求,还因为"干中学"的设定,即没有高技术产品就没有新的技术,且 $H_y^*>0$ 还保证了"1 型错配"确实不会发生。由式(9.10)知,当且仅当 $p_y^*>[(gL)/(\alpha H)]^{1-\alpha}$,$H_y^*>0$。这里 $g>1$ 代表技术进步程度,$0<\alpha<1$ 代表生产技术,$L>H$ 则表示后发国家的人口优势,因此

$$(p_y^*)^{1/(1-\alpha)} > (p_y^*)^{1/(1-\alpha)}\frac{\alpha H}{L} > g \qquad (9.12)$$

由于 Z 是完美流动的,当且仅当后发国家的人均收入 w_L^t 高于发达国家的人均收入时,发达国家才会有人力资本愿意生产 Z。在稳态均衡中,有 $w_H^{t-1}=\pi^{t(*)}/H_R^* = w_H^t/g$,所以发达国家的人均收入是($\pi^{t(*)}+w_H^t H_y^*$)$/H = w_H^t(H_R^*/g + H_y^*)/H$。根据式(9.8)和

式（9.11），高质量劳动力的工资与低质量劳动力的工资比为 $w_H^t/w_L^t = (p_y^*)^{\frac{1}{(1-\alpha)}}$。所以根据式（9.12），两国人均收入比满足

$$\frac{w_H^t}{w_L^t} \frac{H_R^*/g + H_y^*}{H} = (p_y^*)^{1/(1-\alpha)}$$

$$\frac{H_R^*/g + H_y^*}{H} > \frac{H_R^* + gH_y^*}{H} = 1 + (g-1)\frac{H_y^*}{H} > 1$$

(9.13)

又因为 $H_y^* > 0$ 和 $H_R^* > 0$ 可以保证"2 型错配"不会发生，得到以下命题。

命题 9.1：如果市场完备，后发国家和发达国家之间的人力资本差异不变，当 Y 的相对价格 $p_y^* >[(gL)/(\alpha H)]^{1-\alpha}$ 时，初始人力资本差异将造成国家间的产业结构差异，此时没有人力资本的错配，且后发国家和发达国家的平均增长速度相同，都为 $g\lambda(H - H_y^*)$，其中 H_y^* 由式（9.10）给出。

虽然在模型中永远存在中间品垄断方，但市场仍是完备的：垄断利润由无套利条件给出，说明人力资本要素市场是完全竞争的。命题 9.1 说明比较优势如果可以长期存在（是稳态均衡），那么增长符合索洛框架的收敛结果（两国的经济增长率会趋同），此时没有人力资本的错配：高质量劳动力从

事技术密集型产业和研发,不从事劳动密集型产业。但是两国的人均收入却因为长期存在的比较优势而不可趋同——后发国家的人均收入目前无法追赶上发达国家,因此产生比较优势陷阱。

推论9.1:后发国家在劳动密集型产业上的比较优势,建立在发达国家技术密集型产品相对价格较高的基础上。这意味着后发国家的劳动密集型产业在国际贸易中处于附加值较低的地位。即便完美的技术外溢使其和发达国家的经济增长速度相同,但和发达国家在人均收入上的差距并不会缩小,从而产生比较优势陷阱。

第二节 人力资本错配下的占优决策

命题9.1和推论9.1在理论上给出了后发国家启动经济转型的必要性,即若后发国家保持传统的比较优势,就不能提高人均收入,无法成为发达国家。

以人力资本存量从无到有为条件,这里定义"经济转型":从"人力资本存量不足"到"没有人力资本错配"的经济发展时期。以下使用比较静态方法分析市场环境中,经济转型在不同约束下的两条路径:

（1）$\left.\begin{array}{c}\text{技术密集型无进入门槛}\\ \text{出现少量人力资本}\end{array}\right\}$→"2型错配"→人力资本增加→转型成功；

（2）$\left.\begin{array}{c}\text{技术密集型有进入门槛}\\ \text{出现少量人力资本}\end{array}\right\}$→"1型错配"→转型失败。

假设在此均衡路径上，单个人力资本在后发国家出现，且发达国家人力资本总数 $H \gg 1$。接下来，本章将探讨在市场条件下，高质量劳动力是选择从事传统行业 Z 的生产，还是在后发国家生产 Y，即推动后发国家的产业结构调整，抑或是进行研发。

在均衡路径上，单个人力资本生产 Z 的收益为式（9.11）给出的 w_L^t，这也是后发国家新增人力资本发生"1型错配"时的收入。

假设后发国家高新技术企业的发展没有限制。如果人力资本进入本国的高新技术产业，由于 Y 在后发国家的价格是 $\delta p_y^* > p_y^*$（发达国家的价格），且高新技术产品从后发国家运输到发达国家也需要运输成本，因此后发国家的高新技术企业必然将产品投放到本国市场销售，基于式（9.8）可知，此时人力资本的收入为 $\delta w_H^t > w_H^t > w_L^t$。所以，技术密集型企业在后发国家的低进入门槛可以规避"1型错配"

的发生。

现在考察人力资本是否会理性选择兼顾研发，规避"2型错配"。如果进行研发，人力资本所预期的研发成功的瞬时利润为 $\pi_{LDC}^{t+1(*)} = \pi^{t+1(*)}(\delta)^{-\alpha/(1-\alpha)} < \pi^{t+1(*)}$，其中 $\pi^{t+1(*)}$ 由式（9.6）给出。这是因为 Y 在后发国家的价格上升源自高技术产品运输中的损失，无法增加后发国家知识产权拥有者的收益，仅增加其生产中间品的成本。当且仅当 $\pi_{LDC}^{t+1(*)}/H_R^* \geqslant \delta w_H^t$ 时，单个人力资本被激励从事研发工作。再由发达国家人力资本无套利条件 $\pi^{t+1(*)}/H_R^* = w_H^t$，得

$$\delta w_H^t > \max\{\pi_{LDC}^{t+1(*)}/H_R^*, w_L^t\}$$

即以市场完备为基础，当我们忽略技术密集型产业进入后发国家的门槛时，后发国家新增人力资本在市场激励下将进入技术密集型产业，因此发生"2型错配"。

命题9.2：如果技术密集型产业没有进入门槛，在完备市场环境下，后发国家的经济转型伴随着人力资本的"2型错配"，此时有高技术产品，没有研发与创新。

命题9.2强调，对于后发国家的人力资本而言，其在本国开创技术密集型产业的意愿高于其进行自主研发。这会带来后发国家（短期的）人力资本的

"2型错配",然而这对于人力资本储备不足的国家而言是有效率的——由市场决定的结果。产业升级和经济转型是我国近年来的主要发展思路,但我们无法立刻实现本国的创新驱动,应当在进一步地储备人力资本的同时,优先产业升级,允许短期人力资本的"2型错配",以摆脱长期的比较优势陷阱。进一步,随着人力资本的积累和产业的持续升级,后发国家研发部门对发达国家中间品产品的依赖将逐渐消失,即后发国家的研发将不再有成本劣势(研发所需的中间品不再需要进口,因而免于付出运输成本),"2型错配"也会因此逐渐消失,保证了经济转型的成功。

推论9.2:在经济转型中,如果实体经济未能储备足够多的人力资本,应当优先做好产业升级,而不是创新驱动,这样经济整体的收益会更高,也更容易摆脱比较优势陷阱。因此,让后发国家的人力资本在本国推动产业结构调整是短期的占优策略,随着人力资本的进一步积累和产业的充分升级,经济转型更可能获得成功。

然而现实中,技术密集型产业除需要人力资本外,还可能需要投入大量货币资本和改变国际贸易协定的有关框架,即技术密集型产业存在较高的进入门槛，那么少量的高质量劳动力可能无法推动后发国家的产业升级。此时，少量人力资本对于后发国家的意义只可能在于研发，其激励来自

$$w_L^t = w_H^t \ (p_y^*)^{\frac{-1}{(1-\alpha)}} \leqslant \pi_{LDC}^{t+1(*)}/H_R^*$$

$$= \pi^{t+1(*)} \ (\delta)^{\frac{-\alpha}{(1-\alpha)}}/H_R^* \quad (9.14)$$

所以当且仅当 $p_y^* \geqslant (\delta)^\alpha$ 时，后发国家中出现高质量劳动力且会进行研发。反之，如果 δ 足够大，人力资本在后发国家将不得不发生"1型错配"。

进一步，如果市场会导致"1型错配"，依照 Aghion 和 Howitt（1988）的设定，研发单位的利润是短期的，会被下一代技术的发明者取代而失去市场，将使后发国家不得不在未能占据技术高点时补贴研发，也不得不在占据了技术高点后，继续补贴下一代技术的研发，以期待未来还能持续地占据技术高点，因此在市场会产生"1型错配"的条件下，优先创新驱动，可能会造成国家对研发部门进行持续的补贴。一旦补贴不可持续（补贴来自税收，持续的研发补贴将产生对生产部门的"死亡税率"），经济转型必将失败。

推论 9.3：如果存在技术密集型产业的进入门槛，人力资本不能推动后发国家产业结构的调整。当高技术产品 Y 的运输成本足够大时，后发国家在

储备人力资本的过程中会发生人力资本的"1型错配":人力资本进入劳动密集型产业生产。而此时优先创新驱动,后发国家不得不对研发部门进行持续性补贴,一旦不能持续,经济转型可能失败。

推论9.3比推论9.2更进一步地强调了后发国家产业升级的作用。如果后发国家不能生产Y,在"冰川消融"(中间品生产的原材料必须从发达国家进口)的作用下,后发国家的高质量劳动力参与研发的激励会减小,导致人力资本更愿意从事劳动密集型产业,造成"1型错配"。事实上,这种情境下无效率的是后发国家技术密集型产业存在门槛造成的市场失灵。因此,后发国家需要优先推动产业升级,从各个领域出台政策,如放松高技术产业的信贷条件,增加保护技术密集型产业健康发展的公共投入等。并且在实体经济的人力资本储备不足的现实中,应当尊重市场经济规律。反之,如果后发国家过多地强调自主创新,忽视产业升级,则可能导致既没有创新也没有产业升级的局面,无法逃脱比较优势陷阱。

第三节 小结与启示

如何将专业化人力资本形成过程与产业结构调

第九章 产业结构差异下的增长路径与人力资本错配下的占优决策

整过程相结合,以实现新时代下经济的平稳过渡和高质量发展是一个重要的理论和现实问题。本章理论部分推出了一个产业"比较优势演进受阻"的具体形式:两个国家的经济增长速度会趋同,但后发国家与发达国家在人均收入上的差距不会消失;后发国家在劳动密集型产业上的比较优势,是建立在发达国家技术密集型产品的相对价格较高的基础之上的,即便完美技术外溢,和发达国家在人均收入上的差距也不会缩小。在市场条件下,后发国家的经济转型伴随人力资本与产业结构错配,其产业政策应该优先做好产业升级,而不是优先创新驱动,通过产业升级引致人力资本与产业结构的适宜匹配。同时,在存在人力资本与产业结构错配的情况下,后发国家如果过多地强调自主创新,而忽视产业升级,可能会导致既没有创新也没有产业升级的局面,无法摆脱以往的比较优势。

基于此,本章提出几点建议:第一,确保存量改革和市场化改革双管齐下,稀释长久以来阻碍行业发展的行政垄断势力,扭转激励机制扭曲,进而缓解人力资本错配。一方面,通过加快推进存量调整,推动传统赶超模式中的"纵向"干预体制向"横向"竞争机制转换,引入科教文卫体等公共服务部门和事业单位的市场化改革，破除垄断行业自身利益壁垒；另一方面，通过提高高技能产业的投资回报以及建立工资正常增长机制以降低创新风险等途径，改善高技能产业的内外部环境，使其与垄断行业达到平等竞争的格局。第二，当前中国人力资本错配主要表现为大量高人力资本向非生产性、非创新性部门的过度集中。在决定高层次人力资本的流向上，制度约束力量似乎比市场垄断力量更强大。为此，加快政府和事业单位的用工、社会保障制度改革，以及推动国内统一市场的建设，成为打破人力资本流动尤其是高层次人力资本流动的制度障碍的关键。第三，推进第二产业内部的升级，积极鼓励和发展现代服务业，调整产业发展路径。同时，加快推进医疗、卫生、信息技术、生物技术、教育、研发等产业，尤其是战略性新兴产业的发展，以全面优质的发展吸纳高质量劳动力，改变由过去增长惯性造成的人力资本错配局面，为高技能人力资本发挥外部性功能制造更多机遇。

第十章 人力资本错配下顺序选择：自主创新抑或产业升级？

第一节 基于互补关系的实证模型

由于我国正处在经济转型期，且国内市场不完备，本章将进一步实证分析，在我国目前人力资本与产业结构错配的状况下，是否有"人力资本进入高技术产业（用 hsm 代表高技术产业的人力资本比重增长率）对产业产出增长的正向作用显著高于人力资本进入研发部门的作用（用 hrd 代表行业研发部门人力资本增长率）"。具体而言，本章借鉴 Antràs 和 Chor（2013）的方法，构造了基于互补关系的实证模型：令 y 代表行业产出增长率，如果以下两个结构都显著成立：

$$y = control + \beta_1 hsm + \lambda_1 \min \{hrd,$$

$hsm\} + \varepsilon$ 且 $\beta_1 > 0$, $\lambda_1 \leq 0$ (10.1)

$$y = control + \beta_2 hrd + \lambda_2 \min\{hrd, hsm\} + \varepsilon$$

且 $\beta_2 \leq 0$, $\lambda_2 > 0$ (10.2)

则 hsm 将主导 y 增加，hrd 在 y 的增长过程中为从属变量（因素）。在式（10.1）和式（10.2）中，Leontif 式 $\min\{hrd, hsm\}$ 用于刻画二者的互补关系。若 $\beta_1 > 0$ 且 $\beta_2 \leq 0$，说明在剔除互补关系影响后，hsm 比 hrd 对 y 的作用更大。若 $\lambda_1 \leq 0$ 且 $\lambda_2 > 0$，则说明在单独考虑 hsm 对 y 的作用时，hrd 与 hsm 的互补作用不能促进 y 的提升；而在单独考虑 hrd 对 y 的作用时，hrd 与 hsm 的互补作用却能明显地提升 y。若式（10.1）和式（10.2）都显著成立，那么在转型期，hsm 主导 y 增加，hrd 在 y 的增长过程中起从属作用。另外，本章通过对 (y, hsm, hrd) 进行回归，判别是否可以在不改变最终产品的比较优势的情况下（不进行产业升级，保留传统产业在后发国家最终产品生产中的主导地位），仅通过自主创新，让后发国家跨越经济转型期。考虑到遗漏变量问题，本章还引入以下因素作为控制变量（$control$）：①产业外部经济规模 [$\log(tsr)$]，选择产业总销售收入的对数值来度量外部经济规模；②对外开放度（$open$），选择对外开放度指标来衡量国际贸易情况，具体用进出口总额与实际产出比值衡量；③产业研发强度（r&d），主要反映产业研发投入情况，具体用研发投入与实际产出比值来衡量；④技术引进水平［log（leti）］，选择用企业技术引进经费支出对数值衡量；⑤汇率（exchange）。本章根据国家统计局公布的产业统计分类目录，选择高技术产业五大类23个行业的数据作为样本进行实证分析，时间范围为2000—2015年。首先对式（10.1）进行估计。

第二节 自主创新和产业升级之间先后顺序

表10.1第（1）列实证结果显示，hsm估计系数β_1在1%的显著性水平下显著为正，min$\{hrd, hsm\}$估计系数λ_1在1%的显著性水平下显著为负。随后，表10.1的第（2）—第（5）列通过不断控制其他影响因素，以及控制行业个体效应和时间效应，实证结果都是一致的。表10.2为式（10.2）的估计结果。表10.2的实证结果显示，通过控制其他影响因素以及控制行业个体效应和时间效应，实证结果一致显示，hrd估计系数β_2在1%的显著性水平下显著为负，min$\{hrd, hsm\}$估计系数λ_2在1%的显著性水平下显著为正。

表 10.1　　　　　　　　式（10.1）的估计结果

变量	(1)	(2)	(3)	(4)	(5)	(6)
hsm	4.0783*** (0.2348)	4.0309*** (0.2319)	4.3471*** (0.2646)	4.3346*** (0.2615)	4.3229*** (0.2600)	4.3092*** (0.2578)
$\min\{hsm, hrd\}$	−4.1105*** (0.2314)	−4.0531*** (0.2292)	−4.3506*** (0.2618)	−4.3352*** (0.2588)	−4.3256*** (0.2572)	−4.3228*** (0.2550)
$r\&d$		0.0628*** (0.0123)	0.0436*** (0.0150)	0.0130 (0.0189)	0.0423** (0.0238)	0.0619*** (0.0251)
$\log(leti)$			0.0437*** (0.0115)	0.0323** (0.0121)	0.0277** (0.0123)	0.0217** (0.0125)
$\log(tsr)$				0.0695** (0.0268)	0.0494** (0.0284)	0.0358 (0.0288)
$open$					−0.5497** (0.2730)	0.3748 (0.4878)
$exchange$						0.0182** (0.0080)
行业控制	控制	控制	控制	控制	控制	控制
时间控制	控制	控制	控制	控制	控制	控制
F	79.90***	63.64***	47.47***	42.61***	38.26***	35.18***
R^2	0.5125	0.5311	0.5406	0.5531	0.5605	0.5699

注：括号内为标准差，***、**分别表示1%、5%显著性水平。

由以上对式（10.1）和式（10.2）的估计可知，基于中国处于经济转型期的事实，人力资本进入高技术产业对产业产出增长的正向作用显著高于人力资本进入研发部门的作用。并且，在不改变最终产品的比较优势的情况下，仅通过自主创新，让后发国家跨越经济转型期的结论是否定的。这意味着，在人力资本与产业结构错配的情境下，如果过多地强调自主创新，而忽视产业结构升级，可能会造成既没有创新也没有产业升级的局面。

表 10.2　　　　　　　式（10.2）的估计结果

变量	(1)	(2)	(3)	(4)	(5)	(6)
hrd	-4.2085*** (0.2691)	-4.1473*** (0.2509)	-4.1663*** (0.2651)	-4.1372*** (0.2672)	-4.1164*** (0.2686)	-4.1108*** (0.2726)
$\min\{hsm, hrd\}$	4.1130*** (0.2740)	4.0757*** (0.2556)	4.0938*** (0.2694)	4.0656*** (0.2713)	4.0439*** (0.2728)	4.0376*** (0.2776)
$r\&d$		-0.0145 (0.0123)	-0.0039 (0.0152)	-0.0148 (0.0195)	-0.0024 (0.0247)	-0.0012 (0.0265)
$\log(leti)$			-0.0154* (0.0118)	-0.0193* (0.0126)	-0.0211* (0.0128)	-0.0214* (0.0130)
$\log(tsr)$				0.0251 (0.0279)	0.0169 (0.0297)	0.0161 (0.0304)
$open$					-0.2315 (0.2860)	-0.1753 (0.5158)
$exchange$						0.0011 (0.0085)
行业控制	控制	控制	控制	控制	控制	控制
时间控制	控制	控制	控制	控制	控制	控制
F	65.20***	57.70***	43.52***	37.39***	32.75***	28.99***
R^2	0.4617	0.5066	0.5190	0.5206	0.5219	0.5219

注：括号内为标准差，***、*分别表示1%和10%显著性水平。

借助韩国等国家及地区的成功经验，得出类似的成长路径。这些国家和地区在经济转型过程中同样带来人力资本与产业结构错配，但是其发展路径优先实现产业结构调整升级，通过产业结构升级使现有的高人力资本适宜匹配,从而带动创新和长期增长。比如,韩国在1960年之前,由于大力发展教育,积累大量人力资本,到20世纪80年代,其大学生总数增长到321.9万人。这段时间,韩国依然以劳动密集型产业为主,存在大量高人力资本与产业结构错配。韩国政府实施产业政策,有意识地建立国内的工业体系,并且逐渐实现不断增长的人力资本与产业结构适宜匹配。到2004年,韩国的入学率位居世界第三,而毕业生主要集中于技术专业研发领域和现代服务业部门。随后十几年间,韩国大力加强研发投入,提高自主创新能力,从而实现了持续增长。由于最小二乘估计容易受到样本极端值(outliers)的影响,因此,本章逐步选择0.25、0.50和0.75分位数进行估计,具体结果见表10.3。

表10.3　　　　　　　　不同分位数估计结果

变量	(Ⅰ)式(10.1)			(Ⅱ)式(10.2)		
	$q=0.25$	$q=0.50$	$q=0.75$	$q=0.25$	$q=0.50$	$q=0.75$
hsm/hrd	4.8345*** (0.5770)	5.1642*** (0.4030)	5.4160*** (0.2251)	-6.2101*** (0.8787)	-5.0133*** (1.1866)	-3.5903*** (1.2625)
min{hsm, hrd}	-4.8842*** (0.5899)	-5.1746*** (0.4040)	-5.4198*** (0.2274)	6.1583*** (0.8900)	4.9751*** (1.1724)	3.5389** (1.2362)
$r\&d$	0.0408* (0.0244)	0.0156** (0.0097)	0.0095** (0.0049)	0.0254* (0.0176)	0.0163 (0.0265)	-0.0015 (0.0361)

续表

变量	（Ⅰ）式（10.1）			（Ⅱ）式（10.2）		
	$q=0.25$	$q=0.50$	$q=0.75$	$q=0.25$	$q=0.50$	$q=0.75$
$\log(leti)$	0.0055 (0.0074)	0.0042 (0.0041)	0.0015 (0.0028)	-0.0233** (0.0093)	-0.0131 (0.0120)	-0.0338* (0.0226)
$\log(tsr)$	0.0269 (0.0366)	0.0299*** (0.0089)	0.0338*** (0.0068)	-0.0026 (0.0169)	0.0049 (0.0221)	0.0361 (0.0404)
$open$	0.5485** (0.3470)	-0.0830 (0.1502)	-0.1915** (0.1025)	0.4253 (0.4858)	-0.6721 (0.6517)	-1.1156* (0.8183)
$exchange$	0.0138** (0.0068)	0.0014 (0.0021)	-0.0004 (0.0013)	0.0104* (0.0068)	-0.0070 (0.0088)	-0.0132 (0.0138)
行业控制	控制	控制	控制	控制	控制	控制
时间控制	控制	控制	控制	控制	控制	控制
R^2	0.3716	0.5267	0.6791	0.4349	0.2373	0.1468

注：括号内为标准差，***、**和*分别表示1%、5%和10%显著性水平。

表10.3的第（Ⅰ）列为式（10.1）的估计结果。实证结果显示，当控制其他影响因素以及控制行业个体效应和时间效应之后，在不同分位数水平下，hsm估计系数β_1在1%的显著性水平下一致显著为正，并且$\min\{hrd, hsm\}$估计系数λ_1在1%的显著性水平下一致显著为负。进一步，表10.3的第（Ⅱ）列为式（10.2）的估计结果。同样，通过控制其他影响因素以及控制行业个体效应和时间效应之后，在不同分位数水平下，实证结果也一致显示，hrd估计系数β_2在1%的显著性水平下显著为负，$\min\{hrd, hsm\}$估计系数λ_2在1%的显著性水平下显著为正。表10.3的估计结果表明，在克服样本极

端值的影响之后,不同分位数估计提供了上述实证结果稳健性的一个佐证。

表10.4 进一步采取工具变量(Ⅳ)估计方法进行估计。本章选择滞后1期的 hsm 和滞后1期的 hrd 作为各自的工具变量,式(10.1)和式(10.2)的估计结果见表10.4。表10.4 第(Ⅰ)列为式(10.1)的估计结果。实证结果显示,不论是否控制其他影响因素,以及行业个体效应与时间趋势效应,hsm 估计系数 β_1 一致显著为正,$\min\{hrd, hsm\}$ 估计系数 λ_1 一致显著为负。表10.4 的第(Ⅱ)列为式(10.2)的估计结果,估计结果显示,hrd 估计系数 β_2 显著为负,而 $\min\{hrd, hsm\}$ 估计系数 λ_2 显著为正。因此,考虑到内生性之后,工具变量的估计结果有力说明了以上实证结论的稳健性。

表10.4　　　　　　工具变量估计结果

变量	(Ⅰ)式(10.1)			(Ⅱ)式(10.2)		
hsm/hrd	2.9875* (1.8309)	4.2547** (2.4643)	3.8039** (1.8439)	-1.7534** (0.7964)	-4.8005*** (1.3757)	-4.9735*** (1.2624)
$\min\{hsm, hrd\}$	-3.0475** (1.7948)	-4.2868** (2.4540)	-3.8434** (1.8257)	1.6498** (0.7957)	4.7623*** (1.3922)	4.9353*** (1.2779)
$r\&d$		0.0785** (0.0320)	0.0805** (0.0360)		-0.0347 (0.0384)	-0.0223 (0.0390)
$\log(leti)$		0.0245 (0.0229)	0.0209 (0.0167)		-0.0258** (0.0041)	-0.0270** (0.0155)

续表

变量	（Ⅰ）式 (10.1)			（Ⅱ）式 (10.2)		
log（tsr）	0.0158 (0.0289)	0.0133 (0.0348)		0.0523** (0.0291)	0.0357 (0.0346)	
$open$	0.7911 (0.6833)	1.0205** (0.5930)		−1.0188* (0.5584)	−1.005 (0.7378)	
$exchange$	0.0240** (0.0102)	0.0285** (0.0285)		−0.0135 (0.0122)	−0.0122 (0.0139)	
行业控制		控制			控制	
时间控制		控制			控制	
Wald chi2	12.70***	39.46***	42.10***	7.06**	53.93***	59.96***
R^2	0.4513	0.5658	0.5560	0.3182	0.5427	0.5387

注：括号内为标准差，***、**和*分别表示1%、5%和10%显著性水平。

此外，上述估计还可能因为 hsm 和 hrd 两个变量在每年都有很大的相关性，从而造成估计结果偏误。因此，本章采取 hsm 平均值处理方式降低 hsm 与每年的 hrd 之间的相关性，并且用指示函数 I 把变量间的相关性去除，再用 hrd 大于 hsm 的均值做反事实检验，即构建如下结构模型：

$$y = control + \beta_3 hsm + \lambda_3 I\{hrd > average(hsm)\} + \varepsilon \quad (10.3)$$

如果估计结果指示函数 I 系数 λ_3 不显著为正，那么之前的实证结果就是稳健的。表10.5为式（10.3）的估计结果。实证结果显示，hsm 估计系数 β_3 一致显著为正，$I\{hrd > average(hsm)\}$ 估计系数 λ_3 一致显著为负。因此，用指示函数把变量间的相关性去除之后，表 10.5 的反事实检验也说明了以上实证结果的稳健性。

表 10.5　　　　　式 (10.3) 的估计结果

变量	(1)	(2)	(3)	(4)	(5)	(6)
hsm	0.0866*	0.1096**	0.1408**	0.1393**	0.1335**	0.1232**
	(0.0614)	(0.0601)	(0.0672)	(0.0669)	(0.0669)	(0.0669)
$I\{hrd > average(hsm)\}$	-0.2494***	-0.2555***	-0.2684***	-0.2603***	-0.2531***	-0.2562***
	(0.0703)	(0.0680)	(0.0724)	(0.0722)	(0.0723)	(0.0720)
$r\&d$		0.0161	0.0147	-0.0160	0.0113	0.0329
		(0.0170)	(0.0213)	(0.0272)	(0.0342)	(0.0364)
$\log(leti)$			0.0217*	0.0102	0.0057	0.0009
			(0.0163)	(0.0174)	(0.0177)	(0.0181)
$\log(tsr)$				0.0698**	0.0514	0.0368
				(0.0386)	(0.0411)	(0.0418)
$open$					-0.5187	0.4811
					(0.3968)	(0.7084)
$exchange$						0.0198**
						(0.0116)
行业控制	控制	控制	控制	控制	控制	控制
时间控制	控制	控制	控制	控制	控制	控制
F	3.66***	3.37***	3.02***	3.08***	2.91***	2.93***
R^2	0.0461	0.0568	0.0699	0.0824	0.0889	0.0998

注：括号内为标准差，***、**和*分别表示1%、5%和10%显著性水平。

第三节　小结与启示

由于我国正处于经济转型期，且国内市场不完备，本章进一步实证分析，在我国目前人力资本与产业结构的错配状况下，是否有人力资本进入高技

第十章 人力资本错配下顺序选择：自主创新抑或产业升级？

术产业对产业产出增长的正向作用显著高于人力资本进入研发部门的作用。具体而言，本章计量模型借鉴 Antràs 和 Chor（2013）的方法，构造了基于互补关系的实证模型进行实证分析。研究结论显示，基于中国处于经济转型期的事实，人力资本进入高技术产业对产业产出增长的正向作用显著高于人力资本进入研发部门的作用。并且，在不改变最终产品的比较优势的情况下，仅通过自主创新，让后发国家跨越经济转型期的结论是不成立的。这意味着，在人力资本与产业结构错配的情境下，如果过多地强调自主创新，而忽视产业结构升级，可能会导致既没有创新也没有产业升级的局面。同时，借助美国、韩国等国家的成功经验，得出类似的成长路径。这些国家在经济转型过程中同样存在人力资本与产业结构错配，其发展路径为优先实现产业结构调整升级，通过产业结构升级使现有的高人力资本适宜匹配，从而带动创新和长期增长。

本章研究的政策启示为，后发国家在转型期即从依赖简单劳动力比较优势的增长均衡转变到依赖人力资本的增长均衡的一段过渡期，应当在人力资本错配时，优先进行产业结构调整，促进国内高新技术产业的形成，而不是优先创新驱动，刺激研发成果，并推断：只有当产业结构升级充分后，再进行创新驱动，才能实现经济更快速的转型，即后发国家的经济转型伴随着人力资本与产业结构错配，市场存在优先做好产业升级的动力。因此，中国应该顺应市场规律，着重强调高技术产业的发展，而不是通过加大研发投入尽快实现创新驱动。

第十一章 主要结论和政策含义

第一节 主要结论

本书主要结论如下。

第一,利用多种方法测算人力资本存量,对我国人力资本规模、增速进行测算分析,找出人力资本规模与积累的特点,从人力资本的角度找寻实现高质量发展的优化路径;并对典型代表性国家的人力资本水平和结构特征进行刻画和比较研究,找寻人力资本在增长不同阶段的变动规律。采用收入法、成本法和特征法三种方法对人力资本发展进行测算分析,发现我国人力资本存量的快速增长和质量改善,高水平人力资本占比不断上升,人力资本高级化日趋显现。通过代表性国家的人力资本水平和结构的比较研究发现，经济体由低收入阶段向高收入阶段的演进过程中，会伴随人力资本结构的梯度升级。在此过程中，追赶成功的经济体将依次经历初级人力资本的倒"U"形变动，中级人力资本的倒"U"形变动，并一直伴随高级人力资本的不断积累和提升。此外，经济体跨越低收入陷阱的时间点往往发生在初级教育劳动者占比出现下降的拐点处；向高收入阶段迈进时，跨越中等收入陷阱的时间点则会略微滞后于中级教育占比下降的拐点。

第二，分析人力资本错配形成机制与特征事实。在人力资本错配形成机制方面，现阶段经济发展模式和制度结构、人力资本被动分割，人力资本供需结构失衡成为重要动因。在人力资本错配特征分析方面，相对于生产部门，我国人力资本过度集中于政府管制或垄断竞争部门，而生产部门人力资本则相对不足，激励扭曲造成人力资本使用效率低下。具体表现为，我国垄断竞争部门和政府管制部门的工资差异使市场部门和非市场部门存在劳动力市场的二元分割，造成体制内和体制外的人才在收入、激励和福利等方面存在巨大差距，人力资本过多集中于非生产性、非创新性部门，严重制约人才的流动和优化配置，高层次人才使用效率低下。此外，

第十一章 主要结论和政策含义

知识消费相关的现代服务业发展不充分成为我国知识消费水平落后且增长缓慢的主要原因，市场竞争的缺乏使相关产业活力不足，从提供服务的数量或质量来看，均有待发展和改善。

第三，考察专业需要与高校专业方向错配及其动态变化，分析人力资本供需结构。在专业需要与高校专业方向错配度方面，平均而言，2017上半年我国总体教育专业方向与就业岗位错配度为0.242。其中，医学、经济学和历史学错配度最低，只有5%；其次为教育学、法学、农学和文学，有10%；排名最高的为工学、理学和管理学，超过30%。具体到各个专业的测算结果可以看出，理学、医学、文学和管理学变化较稳定，但经济学、教育学和艺术学变化幅度较大。不同学科专业的职位需求会因经济增长波动所处不同阶段而存在较大差异。

第四，从人力资本错配如何影响总产出的视角，提出了一个测算行业间人力资本错配的理论模型，对我国19个行业中的人力资本错配问题进行全面探讨。研究发现，我国第一、第二、第三产业存在不同程度的人力资本错配。第一产业人力资本供给过剩的错配度较高，且增加态势明显。第二产业面临人力资本供给不足的错配，但有下降趋势。第三产业存在人力资本供给过剩的错配,但下降趋势明显。第二产业和第三产业内各行业依然面临不同程度的人力资本错配。第二产业内与实体经济密切相关的采矿业和制造业面临人力资本供给不足的错配,且有上升趋势。第三产业内,住宿和餐饮业、居民服务修理和其他服务业两个生活性服务业人力资本供给过剩的错配度较高,但有下降态势。行业间人力资本错配导致行业实际产出偏离资源最优配置状态下的产出,不管在横截面层面上还是在时间层面上,行业人力资本供给不足错配越严重,行业产出损失越大;行业人力资本供给过剩错配越严重,行业产出过剩越严重。特别是在规模大的行业中,人力资本供给过剩容易导致产出过剩,但人力资本供给不足将造成更大的产出损失。我国行业间人力资本处于低效率的配置状态,无法达到人们所向往的"物尽其用"的理想境界,不仅会降低市场配置资源的有效性,而且会加大下一步推进要素市场改革的难度,进而抑制经济总产出的增加。

第五,讨论解决技术生产部门(中间品部门)和最终产品部门之间发生的人力资本错配为什么是中国经济稳增长政策面临的难题。基于"新卡尔多事实",把信息共享和知识传递作为有效引致创新部门内部初始知识积累和整个社会人力资本积累适宜匹配，从而实现创新和经济稳定增长的实施条件。研究发现，人力资本错配将会引发创新动力不足，使经济陷入低增长，如果政府不能有效解决错配，增长将不稳定，人力资本错配成为稳增长中的一个"难题"。然而，中间品企业转型为创新型企业的策略并非完全无效，其可以提高经济体的技术与资本存量比，达到增长跨越的初始技术门槛条件，实现转型后的经济向高稳态均衡处收敛。

第六，分析人力资本错配对经济高质量增长"四面"的影响。从产业结构上，构建一般均衡理论模型和实证研究框架，探讨人力资本与产业结构错配时的比较优势问题。研究发现，人力资本与产业结构错配时，一国人力资本规模的提升虽然会在短期引致产业比较优势增加，但增加的幅度逐渐减小，长期无法引致比较优势的动态演进。从长期而言，人力资本与产业结构错配使人力资本规模的增加只能形成静态比较优势，难以形成产业比较优势的动态演进过程。人力资本与产业结构错配限制了人力资本外部性释放范围，以及使产业不能在学习曲线向上移动的时间段里形成规模经济效应，从而表现出产业比较优势动态演进受阻。从消费增长上，构建一个包含公共部门和生产部门的两部门模型，从消费的角度分析了公共部门和生产部门之间人力资本比例失衡对消费增长的作用机制，以揭示公共部门人才膨胀影响消费增长的过程。研究发现，在全社会人力资本总量一定时，大量人力资本积聚在公共部门一方面使社会人力资本的潜在生产能力未能得到激发，生产效率低下，社会产出不高；另一方面使公共部门和生产部门收入差距增大，我国公共部门人力资本占比过高，从而对消费支出具有显著的负向影响。从技术创新上，构建一般均衡理论模型和实证研究框架，基于中性技术进步和偏向性技术进步两个维度，考察人力资本和研发投入匹配和技术进步之间的经验关系，从理论和经验两个方面给出了理解产生研发投入"索洛悖论"这一反常结果的形成机制。研究发现，产生研发投入"索洛悖论"的原因之一是中国研发投入与研发人力资本投入错配。从长期来看，研发部门创新效率低下，要素报酬下降，将进一步恶化高人力资本向研发部门的聚集。但是，实现人力资本与研发投入适宜匹配，可以规避研发投入递增与技术进步递减并存的困境。从生态发展效益上，通过构建增长模型，分析创新部门人力资本缺失对生态发展影响的内在机制。研究发现，创新部门人力资本缺失对生态发展具有显著的抑制作用，且研发存量对知识生产的积累效应和干中学效应越大，负向作用越明显。

第七，构建企业创新驱动过程中研发投入和技术应用效率相互联系的增长模型，以人力资本市场配置为切入点，刻画企业在研发和提升技术应用效率之间的短期动态平衡及其与经济增长路径的相互影响。相关理论认为，在企业完备契约情景中，如果社会技术水平和技术应用效率都较低，人力资本错配就可能是短期市场竞争的均衡结果。在一定的历史条件下，如果技术应用效率提升足够有效，提高技术应用效率是经济增长过程中的必然趋势，且技术应用效率的提升可以有效地解决企业人力资本错配问题。在企业不完备契约情景中，如果企业仅依靠市场均衡来处理人力资本错配问题，其对于短期经济增长率的提升，可能比通过提高企业技术应用效率带来的增长率要低。研究发现，从制度上为提升企业技术应用效率提供便利，可以引致经济增长走向更加稳健的增长路径。技术应用效率依赖社会和市场对技术使用者能力的保护与激励，所以由提升技术应用水平引致的高质量发展也就受限于人力资本发展不平衡不充分的现状。通过比较市场性政策优化人力资本配置以促进经济增长，与以国家创新驱动战略为抓手推动经济增长的政策效果，发现后者对应的均衡发展路径要明显优于前者。

第八，从理论上分析经济转型和产业结构调整间的必然联系，探讨人力资本错配下自主创新和产业升级之间的先后顺序。本书推出了产业"比较优势演进受阻"的具体形式，考察发达国家和后发国家在不同产业集聚优势下的收入差距问题。在市场条件下，后发国家的经济转型伴随人力资本与产业结构错配，其产业政策应该是优先产业升级，而不是优先创新驱动。通过产业升级引致人力资本与产业结构的适宜匹配。同时，在存在人力资本与产业结构错配的情况下，后发国家如果过多地强调自主创新，而忽视产业升级，可能会导致既没有创新也没有产业升级的局面，无法摆脱以往的比较优势。

第二节　政策含义

第一，继续加大教育投资，完善职业技能培训，释放最大人才红利。坚定实施"科教兴国战略"和"人才强国战略"的基本国策，继续加大对公共教育的投入，尤其是高等教育和科技创新的投入；积极推进教育改革，强化以市场需求为导向的人才培养模式，注重教育培养主体的多元化和社会化趋势，加快教育培养方式和培养手段的现代化，逐步构建形成终身学习的现代化教育体系。通过引导各层次人力资本质量提升，逐步完成人力资本结构升级，为经济高质量发展积累和培育更多高素质的人才资源。完善职业技能培训，通过规范职业技能培训，拓展中级教育劳动者人力资本积累渠道，提升现有中层教育劳动者的教育质量。针对中级教育劳动者占比高而教育质量不足的现状，拓宽生产工人和技术工人的技能、教育培训渠道，强化教育激励，推动形成一套系统的、有效的职业技能培训体系。大力破除中国职业技能培训体系碎片化的局面，建立职业技能培训的统一机构，搭建企业公共的职业培训平台，引导和调动市场和企业在工人职业教育和技能培训中的积极性。

第二，加速推进产教融合，培育市场创新主体，重塑人力资本优势。推进产教融合是党的十九大报告中明确提出的改革任务，通过推进产教融合，能够促进人才供给端和需求端深度融合，提高人力资本配置效率，激发企业创新活力。通过政策组合拳引导和激励企业深入参与并加速推进向产教融合型企业的转型，更好地促进教育链、人才链和产业链、创新链的有机衔接，提高人才使用效率，重塑人力资本优势，推进经济向高质量发展转型。政府应实施"先行者先受益"的激励政策，鼓励率先探索建设产教融合型企业。同时，各级政府应站在创新体系建设的战略高度，统筹教育、产业和科技资源，加大对产教融合协同创新的支持力度。此外，创新人才管理机制，培养具备工匠精神的高技能人才，推动产业结构和人才结构优化升级，积极鼓励和发展现代服务业，调整产业发展路径。加快推进医疗、卫生、信息技术、生物技术、教育、研发等高技术产业，尤其是战略性新兴产业的发展，以全面优质的发展吸纳高质量劳动力，改变由过去增长惯性造成的人力资本错配局面，为高技能人力资本发挥外部性功能制造更多机遇，为实现高质量发展和现代化建设提供人才支撑。

第三，加快服务业供给侧结构性改革，提升服务业供给效率，改善人力资本积累效率。服务业是未来经济增长的核心动力，市场化激励可以增加服务业（尤其是体现"知识生产消费一体化"的现代服务业）的高层次人力资本集聚。要积极推进科教文卫体等事业单位和公共服务部门的转型和改革，积极引入社会资本发展相关行业,提高行业发展的市场化程度。围绕科教文卫体等提升"广义人力资本"消费支出的现代服务业的建立,实现人力资本积累和消费升级之间的动态效率补偿,引发知识部门的知识生产和消费过程,促进人力资本提升和引致消费结构升级。推进教育、医疗、健康等与人力资本积累有关行业的市场化进程,增强多层次多样化供给能力,提高相关服务的供给效率,更好实现社会效益和经济效益相统一。此外,要将事业单位改革和放松管制相结合,盘活现有的人力资本存量,以提升服务业供给效率和人力资本积累效率。

第四,完善社会保障制度,提高社会福利水平,保障人力资本积累。通过完善社会保障机制,改变人们对市场化生产部门的不稳定预期,实现人力资本在公共部门和生产部门之间的适宜配置。增加政府公共资源用于科教文卫体支出等措施,激发个人进行人力资本投资的动力。同时,加快政府和事业单位的用工和社会保障制度改革,政府通过加大教育、医疗、养老等公共福利方面的支出,积极推进公共福利均等化,缓解个人进行人力资本投资的压力,推进整个社会人力资本结构升级进程。当前,我国人力资本错配主要表现为大量高人力资本向非生产性、非创新性部门的过度集中，在决定高层次人力资本的流向上，制度约束力量似乎比市场垄断力量更强大。为此，加快政府和事业单位的用工、社会保障制度改革，以及推动国内统一市场的建设，成为打破人力资本流动尤其是高层次人力资本流动的制度障碍的关键。

第五，改革人才体制机制，优化人力资本结构，形成多层次、多类别的人才体系。人力资本是人力资源的重要组成要素，当前，我国人力资本结构不合理不完善，高质量的人力资本比例较小，人才方面的储备量较少。国民经济的增长靠的不是劳动力数量，而是真正有能力的高素质的人才资本。政府在不断提高国民整体素质的同时，应加快改革人才发展的体制机制，推动人才培养、使用、流动、引进、评价、激励和分配等重点领域和环节的改革，营造有利于人才培养的良好条件和社会环境，搭建有利于高层次人才施展能力的平台，实施更积极、更开放、更有效的人才政策，落实科研人员股权激励政策，通过"识才""爱才""用才""容才""聚才"之举，提高科技人员的科研水平。此外，政府应加强国家科技人才梯队的顶层设计，形成多层次、多类别的人才体系。

第六，减少政府干预配置，建设统一开放、竞争有序的人力资本市场体系。将人力资本错配与结构转型和稳增长问题结合起来，从广度和深度上推进市场化改革，使市场在人力资本配置中起决定性作用，减少政府对人力资本配置的直接干预，加快建设统一开放、竞争有序的人力资本市场体系，推动人力资本配置实现效益最大化和效率最优。为了突破结构性减速的阻碍，实现经济稳定增长，除有效提高人力资本生产要素供给外，还需要改变当前制度结构不利于经济减速对非效率部门的淘汰机制，以培育和激励人力资本向生产部门配置。关注劳动力市场的供给侧结构性改革，通过改善劳动力市场就业制度分割和社会保障制度分割状况，引致人力资本向研发部门流入，从而提高人力资本投入在创新中的作用，带动产业结构由高污染、高排放的低端产业形态向以高新技术产业与服务业为主的高端产业形态跃迁、推动形成经济与生态目标一致发展、以创新为主要驱动的高质量经济增长模式。

第七，纠正激励机制扭曲，缓解人力资本错配，构建创新增长模式。制定和完善人力资本配置的利益分配与激励补偿机制，完善人力资本契约环境建设，破除人力资源尤其是高层次人力资本流动的制度障碍，引导具备创新潜力的人力资本进入研发创新部门，提高研发部门的人力资本存量。确保存量改革和市场化改革双管齐下，稀释长久以来阻碍行业发展的行政垄断势力，纠正激励机制扭曲，进而缓解人力资本错配。通过提高高技能产业的投资回报及建立工资正常增长机制以降低创新风险等途径改善高技能产业的内外部环境，使其与垄断行业达到平等竞争的格局。此外，提升人力资本要素的薪酬回报，激励人力资本积累及其合理配置，引导人力资本流入创新生产部门，实现创新驱动的增长模式。为了突破结构性减速的阻碍，实现经济稳定增长，除有效提高人力资本生产要素供给外，还需要改变当前制度结构不利于经济减速对非效率部门的淘汰机制，以培育和激励人力资本向生产部门配置。

参考文献

一 著作

阿吉翁·霍伊特：《内生增长理论》，陶然等译，北京大学出版社2004年版。

罗伯特·巴罗：《经济增长的决定因素》，李剑译，中国人民大学出版社2017年版。

中国经济增长前沿课题组：《中国经济增长蓝皮书（2017—2018）——迈向高质量的经济发展》，社会科学文献出版社2018年版。

中国人力资本与劳动经济研究中心：《中国人力资本指数报告2019》，中央财经大学出版社2019年版。

二　期刊

蔡昉：《中国的人口红利还能持续多久》，《经济学动态》2011年第6期。

陈斌开等：《住房价格、资源错配与中国工业企业生产率》，《世界经济》2015年第4期。

代谦、别朝霞：《FDI、人力资本积累与经济增长》，《经济研究》2006年第4期。

戴魁早、刘友金：《要素市场扭曲与创新效率——对中国高技术产业发展的经验分析》，《经济研究》2016年第7期。

盖庆恩等：《劳动力市场扭曲、结构转变和中国劳动生产率》，《经济研究》2013年第5期。

龚刚等：《建设中国特色国家创新体系跨越中等收入陷阱》，《中国社会科学》2017年第8期。

龚关、胡关亮：《中国制造业资源配置效率与全要素生产率》，《经济研究》2013年第4期。

何珺子等：《终生收入法计量人力资本之研究评述》，《劳动经济研究》2019年第6期。

韩剑、郑秋玲：《政府干预如何导致地区资源错配——基于行业内和行业间错配的分解》，《中国工业经济》2014年第11期。

胡鞍钢：《从人口大国到人力资本大国：1980—2000年》，《中国人口科学》2002年第5期。

纪雯雯、赖德胜：《人力资本配置与中国创新绩效》，《经济学动态》2018年第11期。

季书涵、朱英明：《产业集聚的资源错配效应研究》，《数量经济技术经济研究》2017年第4期。

靳卫东：《人力资本与产业结构转化的动态匹配效应——就业、增长和收入分配问题的评述》，《经济评论》2010年第6期。

赖德胜、纪雯雯：《人力资本配置与创新》，《经济学动态》2015年第3期。

李静等：《提高企业技术应用效率 加强人力资本建设》，《中国社会科学》2019年第6期。

李静、楠玉：《人才为何流向公共部门——减速前经济稳增长困境及人力资本错配含义》，《财贸经济》2019年第2期。

李静等：《中国经济增长减缓与稳定增长动力》，《中国人口科学》2015年第3期。

李静等：《中国经济稳增长难题：人力资本错配及其解决途径》，《经济研究》2017年第3期。

李静、楠玉：《人力资本匹配、产业技术选择与产业动态比较优势转化》,《宏观质量研究》2017年第4期。

李世刚、尹恒:《政府—企业间人才配置与经济增长——基于中国地级市数据的经验研究》,《经济研究》2017年第4期。

刘贯春等:《最低工资标准的资源错配效应及其作用机制分析》,《中国工业经济》2017年第7期。

刘平:《以需求为导向培养技术应用型人才——对独立院校发展建设与人才培养的思考》,《中国教育报》2008年第5版。

刘伟:《转变发展方式的根本在于创新》,《北京大学学报》(哲学社会科学版)2014年第1期。

李力行等:《土地资源错配与中国工业企业生产率差异》,《管理世界》2016年第8期。

林伯强、杜克锐:《要素市场扭曲对能源效率的影响》,《经济研究》2013年第9期。

李欣泽、黄凯南:《中国工业部门要素错配变迁:理论与实证》,《经济学家》2016年第9期。

马颖等:《行业间人力资本错配及其对产出的影响》,《中国工业经济》2018年第11期。

楠玉等:《新时代中国区域协调发展与迈向中高端研究》,《经济体制改革》2018年第2期。

聂辉华、贾瑞雪：《中国制造业企业生产率与资源误置》，《世界经济》2011年第7期。

裴长洪、倪江飞：《论习近平新时代中国特色社会主义经济思想的主题》，《财贸经济》2019年第12期。

裴政、罗守贵：《人力资本要素与企业创新绩效——基于上海科技企业的实证研究》，《研究与发展管理》2020年第4期。

钱雪亚：《人力资本水平统计估算》，《统计研究》2012年第8期。

钱雪亚、缪仁余：《人力资本、要素价格与配置效率》，《统计研究》2014年第8期。

乔红芳、沈利生：《要素合理配置视角下中国潜在产出测算》，《宏观经济研究》2015年第12期。

乔红芳、沈利生：《中国人力资本存量的再估算：1978—2011年》，《上海经济研究》2015年第7期。

曲玥：《中国工业企业的生产率差异和配置效率损失》，《世界经济》2016年第12期。

曲玥、程文银：《资源错配、要素市场总扭曲及福利损失测算——基于单位要素成本的生产率分解视角》，《经济理论与经济管理》2017年第5期。

人力资本结构研究课题组：《人力资本与物质资本的匹配及其效率影响》，《统计研究》2012年第4期。

邵文波等:《人力资本结构、技能匹配与比较优势》,《经济评论》2015年第1期。

沈可挺、刘煜辉:《技术进步、工资变动与汇率调整——基于一般均衡模型的分析》,《金融评论》2010年第2期。

沈坤荣、赵倩:《以供给侧结构性改革推进经济创新发展》,《经济纵横》2016年第9期。

陶小龙等:《人力资本结构优化与我国比较优势动态化》,《工业技术经济》2012年第8期。

武鹏:《行业垄断对中国行业收入差距的影响》,《中国工业经济》2011年第10期。

王恕立、刘军:《中国服务企业生产率异质性与资源再配置效应——与制造业企业相同吗?》,《数量经济技术经济研究》2014年第5期。

王芃、武英涛:《能源产业市场扭曲与全要素生产率》,《经济研究》2014年第6期。

王林辉、袁礼:《资本错配会诱发全要素生产率损失吗》,《统计研究》2014年第8期。

王竹泉等:《资本错配、资产专用性与公司价值——基于营业活动重新分类的视角》,《中国工业经济》2017年第3期。

严成樑:《社会资本、创新与长期经济增长》,《经济研究》2012 年第 11 期。

尹志超、甘犁:《公共部门和非公共部门工资差异的实证研究》,《经济研究》2009 年第 4 期。

袁富华等:《超越集聚:城市化与知识经济的一类理论认识》,《北京工业大学学报》(社会科学版) 2020 年第 2 期。

袁富华等:《长期增长过程中的人力资本结构:兼论中国人力资本梯度升级问题》,《经济学动态》2015 年第 5 期。

袁帅:《人力资本存量测算方法探讨研究》,《现代管理科学》2019 年第 4 期。

袁志刚、解栋栋:《中国劳动力错配对 TFP 的影响分析》,《经济研究》2011 年第 7 期。

杨振、陈甬军:《中国制造业资源误置及福利损失测度》,《经济研究》2013 年第 3 期。

杨志才、柏培文:《要素错配及其对产出损失和收入分配的影响研究》,《数量经济技术经济研究》2017 年第 8 期。

张帆:《中国的物质资本和人力资本估算》,《经济研究》2000 年第 8 期。

张平、陈昌兵:《加快我国现代化建设,实现第二个百年奋斗目标》,《经济学动态》2018 年第 2 期。

周文等:《土地流转、户籍制度改革与中国城市化:理论与模拟》,《经济研究》2017年第6期。

张小蒂、赵榄:《企业家人力资本结构与地区居民富裕程度差异研究》,《中国工业经济》2009年第12期。

赵雅婧:《地区人力资本分布与出口比较优势——基于行业特征研究视角》,《现代管理科学》2013年第9期。

张杰等:《要素市场扭曲抑制了中国企业R&D?》,《经济研究》2011年第8期。

张帆:《中国的物质资本和人力资本估算》,《经济研究》2000年第8期。

张建华、邹凤明:《资源错配对经济增长的影响及其机制研究进展》,《经济学动态》2015年第1期。

张原、陈建奇:《人力资本还是行业特征:中国行业间工资回报差异的成因分析》,《世界经济》2008年第5期。

张同斌:《研发投入的非对称效应、技术收敛与生产率增长悖论——以中国高技术产业为例》,《经济管理》2014年第1期。

张同斌:《从数量型"人口红利"到质量型"人力资本红利"——兼论中国经济增长的动力转换机

制》,《经济科学》2016 年第 5 期。

邹薇、代谦:《技术模仿、人力资本积累与经济赶超》,《中国社会科学》2003 年第 5 期。

周黎安等:《资源错配与政治周期》,《金融研究》2013 年第 3 期。

郑江淮、沈春苗:《部门生产率收敛:国际经验与中国现实》,《中国工业经济》2016 年第 6 期。

中国经济增长前沿课题组:《突破经济增长减速的新要素供给理论、体制与政策选择》,《经济研究》2015 年第 11 期。

中国经济增长前沿课题组:《增长跨越:经济结构服务化、知识过程和效率模式重塑》,《经济研究》2016 年第 10 期。

中国经济增长前沿课题组:《中国经济增长的低效率冲击与减速治理》,《经济研究》2014 年第 12 期。

三 英文文献

Acemoglu, D., et al., "Vertical Integration and Distance to Frontier", *Journal of the European Economic Association*, Vol. 1, No. 2003, pp. 630 – 638.

Acemoglu, D., et al., "The Environment and Directed Technical Change", *American Economic Review*, Vol. 102, No. 1, 2012, pp. 131 – 166.

Acemoglu, D. , "A Microfoundation for Social Increasing Returns in Human Capital Accumulation", *Quarterly Journal of Economics*, Vol. 111, No. 3, 1996, pp. 779 – 804.

Acemoglu, D. , "Directed Technical Change", *The Review of Economic Studies*, Vol. 69, No. 4, 2002, pp. 781 – 809.

Acemoglu, D. , "Labor-and Capital-Augmenting Technical Change", *Journal of the European Economic Association*, Vol. 1, No. 1, 2003, pp. 1 – 37.

Acemoglu, D. and Guerrieri, V. , "Capital Deepening and Nonbalanced Economic Growth", *Journal of Political Economy*, Vol. 116, No. 3, 2008, pp. 467 – 498.

Acemoglu, D. and Robinson, J. A. , "Persistence of Power, Elites, and Institutions", *American Economic Review*, Vol. 98, No. 1, 2008, pp. 267 – 293.

Adamopoulos, T. and Restuccia, D. , "The Size Distribution of Farms and International Productivity Differences", *American Economic Review*, Vol. 104, No. 6, 2014, pp. 1667 – 1697.

Agenor, P. and Canuto, O. , "Middle-Income Growth Traps", *Research in Economics*, Vol. 69, No. 4, 2015, pp. 641 – 660.

Aghion, P. and Howitt, P. , "A Model of Growth Through Creative Destruction", *Working Paper*, No. 3223, 1990.

Aghion, P. , *Endogenous Growth Theory*, Cambridge: the MIT Press, 1998.

Aghion, P. and Howitt, P. , *Endogenous Growth Theory*, Cambridge: The MIT Press, 1998.

Aiyar, S. , *Growth Slowdowns and the Middle-Income Trap*, International Monetary Fund, 2013.

Akcigit, U. , et al. , "Buy, Keep, or Sell: Economic Growth and the Market for Ideas", *Econometrica*, Vol. 84, No. 3, 2016, pp. 943 – 984.

Alverez Cuadrado and Poschke, F. M. , "Structural Change Out of Agriculture: Labor Push Versus Labor Pull", *American Economic Journal*, Vol. 3, No. 3, 2011, pp. 127 – 158.

An, C. B. and Jeon, S. H. , "Demographic Change and Economic Growth: An Inverted-U Shape Relationship", *Economics Letters*, Vol. 92, No. 3, 2006, pp. 447 – 454.

An, C. B. and Jeon, S. H. , "Demographic Changes and Economic Growth in Korea", APEA Conference, 2006, pp. 103 – 113.

Antràs, P. and Chor, D. , "Organizing the Global Value Chain", *Econometrica*, Vol. 81, 2013, pp. 2127 – 2204.

Aoki and Shuhei, "A Simple Accounting Framework for the Effect of Resource Misallocation on Aggregate Productivity", *Journal of the Japanese and International Economies*, Vol. 26, No. 4, 2012, pp. 473 – 494.

Asuyama, Y. , "Skill Distribution and Comparative Advantage: A Comparison of China and India", *World Development*, Vol. 40, No. 5, 2012, pp. 956 – 969.

Autor, D. H. and Dorn, D. , "The Growth of Low-skill Service Jobs and the Polarization of the US Labor Market", *American Economic Review*, Vol. 103, No. 5, 2013, pp. 1553 – 1597.

Autor, D. , et al. , "Concentrating on the Fall of the Labor Share", *American Economic Review*, Vol. 107, No. 5,

2017, pp. 180 – 185.

Basu, S. and Weil, D. N., "Appropriate Technology and Growth", *The Quarterly Journal of Economics*, Vol. 113, No. 4, 1998, pp. 1025 – 1054.

Bailey, M. J., "More Power to the Pill", *Quarterly Journal of Economics*, Vol. 121, No. 1, 2006, pp. 289 – 320.

Becker, G. S., *Human Capital: A Theoretical and Empirical Analysis, with Special Reference to Education*, Chicago: University of Chicago Press, 2009.

Beckerman, W., The Sources of Economic Growth in the United States and the Alternatives Before Us, 1962.

Benabou, R. and Tirole, J., "Bonus Culture: Competitive Pay, Screening and Multitasking", *Journal of Political Economy*, Vol. 124, 2016, pp. 305 – 370.

Benabou, R. and Tirole, J., "Instrinc and Extrinsic Motivation", *The Review of Economic Studies*, Vol. 70, 2003, pp. 489 – 520.

Busso, M., et al., "Productivity and resource misallocation in Latin America1", *The BE Journal of Macroeconomics*, Vol. 13, No. 1, 2013, pp. 903 – 932.

Blanchard, E. J. and Olney, W. W., "Globalization and Human Capital Investment: Export Composition Drives Educational Attainment", *Journal of International Economics*, Vol. 106, 2017, pp. 165 – 183.

Brandt, L., et al., "Factor Market Distortions Across time, Space and Sectors in China", *Review of Economic Dynamics*, Vol. 16, No. 1, 2013, pp. 39 – 58.

Berman, E. and Machin, S., "Skill-biased Technology Transfer Around the World", *Oxford Review of Economic Policy*, Vol. 16, No. 3, 2000, pp. 12 – 22.

Camacho, M. and Perez Quiros G., "Introducing the Euro-sting: Short Term Indicator of Euro Area Growth", *Journal of Applied Econometrics*, Vol. 25, No. 4, 2010, pp. 663 – 694.

Caselli, M., "Trade, Skill-biased Technical Change and Wages in Mexican Manufacturing", *Applied Economics*, Vol. 46, No. 3, 2012, pp. 336 – 348.

Caselli, F. and Coleman, W. J., "The World Technology Frontier", *American Economic Review*, Vol. 96, No. 3, 2006, pp. 499 – 522.

Caselli, F., "Accounting for Cross-country Income Differences", *Handbook of Economic Growth*, No. 1, 2005, pp. 679 – 741.

Caselli, F. and Coleman, W. J. , "The US Technology Frontier", *American Economic Review*, Vol. 92, No. 2, 2002, pp. 148 – 152.

Christina Patterson, "Working hard in the Wrong Place: A Mismatch-based Explanation to the UK Productivity Puzzle", *European Economic Review*, Vol. 84, 2016, pp. 42 – 56.

Ciccone, A. and Papaioannou, E. , "Human Capital, the Structure of Production and Growth", *The Review of Economics and Statistics*, Vol. 91, No. 1, 2009, pp. 66 – 82.

Costinot, A. , et al. , "Comparative Advantage and Optimal Trade Policy", *The Quarterly Journal of Economics*, Vol. 130, No. 2, 2015, pp. 659 – 702.

Dash, S. , "Human Capital as a Basis of Comparative Advantage Equations in Services Outsourcing: a cross Country Comparative Study", *International Conference on Information and Communication Technologies and Development*, 2006, pp. 165 – 175.

David, H. and Dorn, D. , "The Growth of Low-skill Service Jobs and the Polarization of the US Labor Market", *American Economic Review*, Vol. 103, No. 5,

2013, pp. 1553 – 97.

Daley, J., et al., "Regional Patterns of Australia's Economy and Population", Melbourne: Grattan Institute, 2017.

Denison and Edward. F., "Education, Economic Growth, and gaps in Information", *Journal of Political Economy*, Vol. 70, No. 2, 1962, pp. 124 – 128.

De Vries, G. J., "Productivity in a Distorted Market: The Case of Brazil's Retail Sector", *Review of Income and Wealth*, Vol. 60, No. 3, 2014, pp. 499 – 524.

Devereux, M. and Lapham, B., "The Stability of Economic Integration and Endogenous Growth", *Quarterly Journal of Economics*, Vol. 109, No. 1, 1994, pp. 299 – 308.

Dixit, A. K. and Stiglitz, J. E., "Monopolistic Competition and Optimum Product Diversity", *The American Economic Review*, Vol. 67, No. 3, 1977, pp. 297 – 308.

Duarte, M. and Restuccia, D., "The Role of the Structural Transformation in Aggregate Productivity", *The Quarterly Journal of Economics*, Vol. 125, No. 1, 2010, pp. 129 – 173.

Eichengreen, B., et al., "When Fast-Growing

Economies Slow Down: International Evidence and Implications for China", *Asian Economic Papers*, Vol. 11, No. 1, 2012, pp. 42 – 87.

Eichengreen, B., et al., "The Impact of China on the Exports of Other Asian Countries", *NBER Working Paper*, No. 10768, 2004.

Engel, E., *Der Wert des Menschen*, Verlag von Leonhard Simion, Berlin, 1883.

Garicano, L., et al., "Firm Size Distortions and the Productivity Distribution: Evidence from France", *The American Economic Review*, Vol. 106, No. 11, 2016, pp. 3439 – 3479.

Grossman, G. M. and Helpman, E., "Quality Ladders and Product Cycles", *The Quarterly Journal of Economics*, Vol. 106, No. 2, 1991, pp. 557 – 586.

Heckman, J. J., "China's Investment in Human Capital", *Economic Development and Cultural Change*, Vol. 51, No. 4, 2003, pp. 795 – 804.

Hsieh, C. and Klenow, P. J., "Misallocation and Manufacturing TFP in China and India", *The Quarterly Journal of Economics*, Vol. 124, No. 4, 2009, pp. 1403 – 1448.

Hsieh, C. and Klenow, P. J., "The Life Cycle of Plants in India and Mexico", *Quarterly Journal of Economics*, Vol. 129, No. 3, 2014, pp. 1035 – 1084.

Iranzo, S., et al., "Skill Dispersion and Firm Productivity: An Analysis with Employer-Employee Matched Data", *Journal of Labor Economics*, Vol. 26, No. 2, 2008, pp. 247 – 285.

Ishise, H. and Sawada, Y., "Aggregate Returns to Social Capital: Estimates Based on the Augmented Augmented-Solow Model", *Journal of Macroeconomics*, Vol. 31, No. 3, 2009, pp. 376 – 393.

Jones, C. and Romer, P., "The New Kaldor Facts: Ideas, Institutions, Population and Human Capital", *American Economic Journal: Macroeconomics*, Vol. 2, No. 1, 2010, pp. 224 – 245.

Jones, R. and Chiripanhura, B., "Measuring the UK's Human Capital Stock", *Economic and Labour Market Review*, Vol. 4, No. 11, 2010, pp. 36 – 63.

Jorgenson, D. W. and Fraumeni, B. M., "Investment in Education", *Educational Researcher*, Vol. 18, No. 4, 1989, pp. 35 – 44.

Jorgenson, D. W., et al., *Productivity and U. S.*

Economic Growth, Cambridge: Harvard University Press, 1987.

Kalemliozcan, S. and Sørensen, B. E. , "Misallocation, Property Rights and Access to Finance: Evidence from within and across Africa", *NBER Working Papers*, No. 18030, 2012.

Kendrick, J. W. , *The Formation and Stocks of Total Capital*, NBER Books, 1976.

Khandelwal, A. K. , et al. , "Trade Liberalization and Embedded Institutional Reform: Evidence from Chinese Exporters", *American Economic Review*, Vol. 103, No. 6, 2013, pp. 2169 - 2195.

Krusell, P. and Rios-Rull, J. V. , "Vested Interests in a Positive Theory of Stagnation and Growth", *The Review of Economic Studies*, Vol. 63, No. 2, 1996, pp. 301 - 329.

Krugman, P. , "The Narrow Moving Band, the Dutch Disease and the Competitive Consequences of Mrs Thatcher: Notes on Trade in the Presence of Dynamic Scale Economies", *Journal of Development Economic*, Vol. 8, No. 27, 1987, pp. 41 - 55.

Lagakos, D. and Waugh, M. E. , "Selection, Agriculture, and Cross-country Productivity Differences", *American Economic Review, Vol. 103, No. 2, 2013, pp. 948 – 980.

Laffont, J. J. and Tirole, J. , A Theory of Incentive in Procurement and Regulation, Cambridge: The MIT Press, 1993.

Lanjouw, J. O. and Mody, A. , "Stimulating Innovation and the International Diffusion of Environmentally Responsive Technology: The Role of Expenditures and Institutions", Research Policy, No. 4, 1995, pp. 549 – 571.

Lee, R. and Mason, A. , "Fertility, Human Capital and Economic Growth over the Demographic Transition", European Journal of Population, Vol. 26, No. 2, 2010, pp. 159 – 182.

London, S. , et al. , "Human Capital and Innovation: A Model of Endogenous Growth with A 'Skill-loss Effect'", Economics Bulletin, Vol. 15, No. 7, 2008, pp. 1 – 10.

Lucas, R. E. , "On the Mechanics of Economic Development", Journal of Monetary Economics, Vol. 22, 1988, pp. 3 – 42.

Lucas, R. E. , "On the Mechanics of Economic Development", Journal of Monetary Economics, Vol. 22,

No. 1, 1988, pp. 3 – 42.

Manca, F., "Human Capital Composition and Economic Growth at a Regional Level", *Regional Studies*, Vol. 46, 2009, pp. 1367 – 1388.

McMillan, M., et al., "Globalization, Structural Change, and Productivity Growth, with an Update on Africa", *World Development*, Vol. 63, 2014, pp. 11 – 32.

Michaels, G., et al., "Has ICT Polarized Skill Demand? Evidence from Eleven Countries over Twenty-five Years", *Review of Economics and Statistics*, Vol. 96, No. 1, 2014, pp. 60 – 77.

Midrigan, V. and Xu, D. Y., "Finance and Misallocation: Evidence from Plant-Level Data", *American Economic Review*, Vol. 104, No. 2, 2014, pp. 422 – 458.

Mincer, J., *Schooling, Experience and Earnings*, New York: Columbia University Press, 1974.

Nelson, R. R. and Phelps, S. E., "Investment in Humans, Technological Diffusion and Economic Growth", *American Economic Review*, Vol. 56, 1966, pp. 69 – 75.

Ohno, K., "Avoiding the Middle-income Trap: Renovating Industrial Policy Formulation in Vietnam",

ASEAN Economic Bulletin, 2009, pp. 25 – 43.

Peretto, P. F. and Valente, S., "Growth on a Finite Planet: Resources, Technology and Population in the Long Run", *Journal of Economic Growth*, Vol. 20, No. 3, 2015, pp. 305 – 317.

Ranasinghe, A., "Property Rights, Extortion and the Misallocation of Talent", *European Economic Review*, Vol. 98, 2017, pp. 86 – 110.

Raustiala, K. and Sprigman, C., *The Knock off Economy: How Imitation Sparks Innovation*, Oxford: Oxford University Press, 2012.

Redding, S., "Path Dependence, Endogenous Innovation, and Growth", *International Economic Review*, Vol. 43, No. 4, 2002, pp. 1215 – 1248.

Redding and Stephen, "Specialization Dynamics", *Journal of International Economics*, No. 58, 2002, pp. 299 – 334.

Restuccia, D. and Rogerson, R., "Misallocation and Productivity", *Review of Economic Dynamics*, Vol. 16, No. 1, 2013, pp. 1 – 10.

Restuccia, D. and Rogerson, R., "Policy Distortions and Aggregate Productivity with Heerogeneous

Plants", *Review of Economic Dynamics*, Vol. 11, No. 4, 2008, pp. 707 - 720.

Romalis, J. , "Factor Proportions and the Structure of Commodity Trade", *American Economic Review*, 2004, pp. 67 - 97.

Romer, P. M. , "Increasing Returns and Long-run Growth", *Journal of Political Economy*, Vol. 94, No. 5, 1986, pp. 1002 - 1037.

Romer, P. M. , "The Origins of Endogenous Growth", *American Economic Association*, Vol. 8, No. 1, 1994, pp. 3 - 22.

Romer, P. , "Endogenous Technological Change", *Journal of Political Economy*, Vol. 98, No. 5, 1990, pp. 71 - 102.

Satchi, M. and Temple, J. , "Labor Market and Productivity in Developing Countries", *Review of Economic Dynamics*, Vol. 12, No. 1, 2009, pp. 183 - 204.

Schultz, T. W. , "Investment in Human Capital", *The American Economic Review*, Vol. 51, No. 1, 1961, pp. 1 - 17.

Sequeira, T. N. , "High-Tech Human Capital: Do the Richest Countries Invest the Most?", *The B. E. Journal of Macroeconomics*, Vol. 3, No. 1, 2003, pp. 1 – 28.

Shimer, R., "The Cyclical Behavior of Equilibrium Unemployment and Vacancies", *American Economic Review*, Vol. 95, No. 1, 2005, pp. 25 – 49.

Strulik, H., et al., "The Past and Future of Knowledge-based Growth", *Journal of Economic Growth*, Vol. 18, No. 4, 2013, pp. 411 – 437.

Teixeira, A. and Queirós, A., "Economic Growth, Human Capital and Structural Change: A Dynamic Panel Data Analysis", *Research Policy*, Vol. 45, No. 8, 2016, pp. 1636 – 1648.

Temple, J., "Aggregate Production Functions and Growth Economics", *International Review of Applied Economics*, Vol. 20, No. 3, 2008, pp. 301 – 317.

The World Bank, "China 2030: Building a Modern, Harmonious and Creative High-income Society", The World Bank and Development Research Center of the State Council, http://www.worldbank.org, 2014.

Tirole, J., *The Theory of Industrial Organization*, Cambridge: The MIT Press, 1988.

Uzawa, H., "Optimum Technical Change in an Aggregative Model of Economic Growth", *International*

Economic Review, Vol. 6, No. 1, 1965, pp. 18 – 31.

Vandenbussche, J., et al., "Growth, Distance to Frontier and Composition of Human Capital", *Journal of Eeconomic Growth*, Vol. 11, 2006, pp. 97 – 127.

Ventura and Jaume, "A Global View of Economic Growth", *Handbook of Economic Growth*, 2005, pp. 1419 – 1497.

Vollrath, D., "The Efficiency of Human Capital Allocations in Developing Countries", *Journal of Development Economics*, Vol. 108, 2014, pp. 106 – 118.

Vollrath, D., "How Important are Dual Economy Effects for Aggregate Productivity?", *Journal of Development Economics*, Vol. 88, No. 2, 2009, pp. 325 – 334.

The World Bank, "State and Trends of Carbon Pricing 2014", *World Bank Publications*, 2014.

Yang, C. H. and Chen, Y. H., "R&D, Productivity and Exports: Plant-level Evidence from Indonesia", *Economic Modelling*, Vol. 29, No. 2, 2012, pp. 208 – 216.

Young, A., "Invention and Bounded Learning by Doing", *Journal of Political Economy*, Vol. 101, 1993, pp. 443 – 472.

后　记

历经 6 年之久，本书终于付梓出版。这 6 年间，我研究的主题围绕转型期人力资本错配的形成机制、人力资本错配与经济稳增长难题，经济高质量增长目标下人力资本配置与补偿机制的改革方案，以及纠正人力资本错配的"转型—激励"规制设计等。因此，本书是在前期系列研究的基础上集成的，包括《中国经济稳增长难题：人力资本错配及其解决途径》(《经济研究》2017 年第 3 期)、《提高企业技术应用效率　加强人力资本建设》(《中国社会科学》2019 年第 6 期)、《人力资本错配下的决策：优先创新驱动还是优先产业升级？》(《经济研究》2019 年第 8 期)、《行业间人力资本错配及其对产出的影响》(《中国工业经济》2018 年第 11 期)，以及《人才为

后 记

何流向公共部门——减速期经济稳增长困境及人力资本错配含义》(《财贸经济》2019年第2期)等。

实际上,本书的研究内容是对上一本专著《中国外向型经济发展方式转变——人力资本动态匹配视角》的进一步深化。此书立足于产业视角,围绕规模经济这一核心思想,在区分内部规模经济和外部规模经济的基础上,考察如何通过人力资本动态匹配实现我国外向型经济发展方式的转变。《在"错配"中增长:人力资本错配和形成》一书,则基于当前我国人力资本在数量上虽已达到一定规模,但在传统"赶超"模式下引起的人力资本错配严重影响中国"转方式,调结构"战略实施成功的可能性。在面临投资增长动力和劳动力增长动力趋于消失以及"干中学"效应递减的压力下,实现经济高质量增长的可行途径之一是如何改善人力资本配置效率,释放人力资本红利。因此,本书是以经济高质量增长与高速增长之间的区别为主线,通过评估推动经济转型、实现经济高质量增长的作用效果来度量人力资本配置效率,替代原来新古典中增长速度的标准。同时,本书阐明人力资本市场化配置水平不能满足经济转型与经济高质量增长的要求,如何构建合适的人力资本配置与补偿机制是我国现阶段经济发展的主要问题。

　　但必须承认的是，本书在研究过程中，因思路和研究视角的改变，内容出现跳跃、理论观点发生演变，甚至理论范畴前后也产生差异，这些都为读者阅读此书增加了困难。好在研究的主题比较集中，作者在写作中也特别注重理论逻辑的关联性，因此，读者从中仍可以发现作者探索的轨迹、思想的脉络。同时需要说明的是，本书的最终出版得到诸多师长和同人的帮助，感谢中国社会科学出版社王曦老师以及编辑团队的其他成员为本书出版付出的巨大努力，当然，也感谢武汉理工大学何清博士和我的博士研究生司深深、刘璐和高楠，以及硕士研究生秦玉春、郭新宇和曾祥玉等的大量助研工作，没有他们的帮助，此书很难顺利完成。

李　静

2023 年 7 月 31 日